**기본**을 넘어
**고수**의 스킬까지

# 땅은 거짓말하지 않는다

**기본**을 넘어
**고수**의 스킬까지

# 땅은 거짓말하지 않는다

**김형선 박사** 지음

# 프롤로그

부동산투자에서 가장 중요한 대상은 땅이다. 그리고 그런 땅에 대한 애착을 우리 선조들은 다음과 같은 말로 표현하였다.

"토지를 가진 자는 만물을 소유한 것과 같다."(夫有土者 有大物也 부유지·유대물야)

그만큼 땅은 동서고금을 막론하고 많은 사람들의 관심사였다. 물론 현대 사회에 있어서도 최고의 재테크 방법으로 부동산이 꼽힌다는 데 이의를 제기하는 이들은 거의 없다.

그러나 문제는 생각하는 것만큼 부동산투자가 쉽지 않다는 것이다. 실제로 부동산투자 기법과 왕도를 터득한다는 것은 매우 어려운 일이다.

부동산투자를 하려고 하는 사람들은 나름대로 최선의 노력을 다하여 수익을 극대화 시킬 수 있는 의사결정을 행하고자 노력한다. 그렇다고 해서 노력한 만큼 기대하는 성과가 보장되는 것은 아니다. 게다가 과거와 같이 주먹구구식 투자 방법은 백전백패百戰百敗의 결과를 가져올 수밖에 없는 것이 현실이다.

그럼에도 부동산은 일반 재화와 달리 나름대로의 특성을 갖고 있는 만큼, 그 특성을 잘 활용하여 효율적인 투자를 한다면 남들보다도 빠르게 재테크에 성공할 수 있을 것이며, 이 책이 가지고 있는 목적은 바로 그 방법론을 제시하는 데 있다. 땅 투자는 축적된 지식과 경험, 치밀한 과학적 분석으로 투자 리스크를 줄이고, 효율성을 높일 수 있는 방법을 연구하여야 한다. 물론 토지에 관한 풍부한 지식과 경험 그리고 정확한 판단력을 갖춘다는 게 결코 하루아침에 달성될 수 있는 영역은 아니다. 그것은 부동산 관련 학문이 종합 응용사회과학에 속해 있을 정도로 시간을 두고 연구하는 노력을 게을리해서는 맥을 잡기가 쉽지 않은 분야이기 때문이다. 즉 부동산 환경이 다양한 만큼 투자에 대한 의사결정에 영향을 미치는 요소들 또한 무궁무진하고, 세분화 되어 있으며, 많은 부동산 분야에서 활동하고 있는 전문가들의 경험담이나 이론들을 주의 깊게 연구해야만 부동산투자에 대한 이해와 안목을 키울 수 있을 것이다.

**땅에 대한 투자는 미래를 사는 일이다.** 물론 사람마다 미래를 준비하고자 하는 태도나 방법은 다양할 것이고, 처해 있는 상황과 조건도 모두 다르겠으나 그럼에도 미래는 반드시 준비해야만 한다. 이제 사회에 뛰어든 20대부터 노후를 준비해야 하는 50대 이상까지도. … 그렇다면 자신의 연령에 비춰 어떻게 투자에 나서야 할까?

대부분의 사람들은 30대 중반부터 재테크를 시작하면 충분하다고 생각하는 경향이 있다. 하지만 과연 30대 중반부터 시작하면 충분할까?

출생, 성장, 취업, 결혼, 자녀양육, 은퇴, 노후 그리고 죽음에 이르기까지 우리의 삶은 하나의 사이클을 이루고 있다. 자녀에서 부모로 역할만 바뀔 뿐 전체적인 흐름은 반복된다. 이를 보면 출생과 함께 재테크가 시작된다는 것을 알 수 있다. 때문에 재테크는 첫 단추가 중요하다는 게 필자의 생각이다. 20대일수록 특히, 어떻게 재테크의 첫 단추를 꿰느냐에 따라 10년 후 또는 20년 후의 모습이 달라진다. 따라서 이제 땅 투자에 대한 각 세대별 마인드에 대해 지극히 간략한 제언을 필자는 해보고자 한다.

## 첫 단추가 중요한 20대

20대는 대학을 갓 졸업하고 사회생활을 시작하는 대부분의 입사 초년생들이 많다. 이들은 우선 하고 싶은 것도 많고 자신이 버는 돈으로 여유 있게 쓰고 싶어 하는 경향이 강하다. 필자를 찾아왔던 H도 이 같은 유형이었다. 대학을 졸업하고 공기업 입사 2년차 직장인인 H는 그동안 크게 어려움을 겪지 않고 지냈다. 부모님과 함께 생활한 까닭이다. 그런데 점차 시간이 지나면서 어느새 친구들이 하나 둘씩 결혼을 하기 시작하였다.

이때부터 그에게도 결혼 독촉이 시작되었다. 문제는 사랑하는 사람을 만나 결혼을 하려고 할 때 발생했다. 막상 결혼을 하려고 하니 엄청난 비용에 주눅이 들고 말았다. 그러면서 일찌감치 재테크를 시작하지 않은 것을 후회하였지만 이미 버스는 떠난 후였다.

H가 필자를 찾은 사연은 재테크를 시작하고 싶은데 방법을 모르겠다는 것이었다. 이미 타이밍이 늦었기에 땅 투자를 통해 만회하겠다는 생각을 가지고 있었다.

사실 많은 사람들은 재테크라고 해서 여유자금을 갖고 금융상품이나 주식 또는 부동산에 투자하는 것으로만 알고 있다. 하지만 그것은 잘못된 생각이다.

재테크의 시작은 자신의 수입과 지출을 절도 있게 관리하는 것부터라고 할 수 있다. 20대부터 나름대로 원칙을 세우고 이를 실천하면 인생을 알차게 살아갈 수 있다. 이 시기에는 무엇보다 인생설계와 자금계획을 세우는 것이 중요하다. 사회생활을 시작한다는 것은 경제적으로도 독립한다는 것을 의미한다. 때문에 20대는 재테크 입문기로서 매우 중요한 시기다. 지금 이 순간부터 미리미리 평생 필요자금에 대한 계획을 세우고 준비하는 자세가 필요하다.

그러면 자금을 마련하기 위한 방법은 무엇일까?

일단 월 소득의 40% 이상을 저축하는 습관을 갖도록 하자. 물론 힘이 들겠지만 부양가족 없이 자신의 소득으로 혼자 생활하는 미혼의 시기에는 월 저축률이 도시 가계 근로자 평균저축률(약 30%)보다 높아야 한다. 먼저 저축할 돈을 떼어내고 나머지 돈으로 생활하는 습관부터 들이도록 해야 한다. 그래야 돈을 모을 수 있다. 쓰고 남는 돈을 저축한다는 생각을 하면 종자돈을 모을 수가 없다.

재테크의 기본은 종자돈을 모으는 것부터가 시작이다. 여유자금이 없는 사람이 대출을 일으켜 주식이나 부동산, 땅 등에 투자하는 것은 위험천만한 행동이다.

20대는 종자돈이 많지 않은 경우가 거의 대다수다. 따라서 부족한 돈으로 땅 투자에 나설 때는 환금성 위주로 접근해야 한다. 잘만 고르면 저축상품 이자보다 몇 배의 이익을 얻을 수도 있다.

우선 시세보다 저렴하면서도 개발 가능성이 있는 땅을 찾아보자. 도로에 접해 있는 땅을 찾는 것부터 시작한다. 이들 땅은 환금성과 함께 수익성까지 안겨줄 가능성이 높다. 물론 이런 땅은 이미 가격이 올라 있을 가능성이 높지만 그럼에도 땅의 가치는 도로와의 관계성에서부터 시작된다는 점을 마음 깊이 새겨두는 것부터가 투자 준비의 시작이다.

임야나 농지도 고려해볼 만하다. 물론 이때는 장기적인 관점에서 접근해야 한다. 장기적금에 들었다고 생각하고 묻어둬야 하는 것이 땅 투자이다. 땅을 빌려주고 임대료를 챙길 수도 있고 현지 주민에게 빌려줘 수익성이 높은 재배 식물을 심게 한 뒤 수익금을 나누는 방법도 있다.

재테크에서는 처음 천만 원 모으기가 힘들지 일단 모아놓고 나면 그 후 5천만 원으로 늘리는 것은 어렵지 않다. 따라서 아무리 큰 부자라도 그 시작은 종자돈부터 시작했다는 사실을 명심하자. 천천히 차곡차곡 종자돈을 모으는 것이 이 시기 최선의 방법이다.

가만히 앉아만 있는다면 부자는 될 수 없다. 적극적으로 뛰고 준비해야 하는 것은 당연하다. 30대에 해당하는 사람들에게 필자는 왕성하게 벌고 깍쟁이처럼 아끼라고 권한다. 30대에 목돈이나 집을 마련하지 못하면 40대로 들어서도 계속 허덕거리며 살아야 한다.

서울 충정로의 한 언론사에 근무하는 C씨는 고민이 많았다. 돌이 갓 지난 아들과 아내와 함께 살아갈 미래의 인생설계를 하다 보니 돈에 대한 강력한 생각을 버리지 못했다. 하지만 부지런히 돈을 벌고 자산 증식을 해야 하겠다는 마음만 간절했지 실천에 옮기지 못하고 있는 실정이었다.

방법을 몰랐던 것이다.

은행을 기웃거려 보기도 하고, 주식에도 손대봤지만 생각만큼 만만치가 않았다. 그러던 중 주변 친구가 땅 투자에 성공해 은행 이자보다 몇 배나 많은 수익을 얻었다는 얘기를 전해 듣고 필자를 찾아왔다.

30대는 결국 도전의 시대다. 또한 자산 증식의 토대를 마련하는 최적기이기도 하다. 때문에 이때를 놓친다면 평생을 두고 후회하게 되리라는 것만큼은 자명하다. 중요한 것은 자산 증식에 필요한 돈을 어떻게 마련할 수 있는가이다. 자산 증식을 위해서는 종자돈이 필요하다. 따라서 사전에 철저히 계획을 세워 실천해 나가지 않으면 큰 어려움이 따른다.

30대는 과감한 시도가 필요하다. 지나치게 현실에 안주하는 사람에게는 돈을 벌 기회도 그만큼 줄어든다. 일례로 주변을 둘러보면 집을 자주 사고파는 사람과 한 집에 10년 이상 장기 거주하는 사람을 비교했을 때 자주 거래를 했던 사람들이 훨씬 큰 평수의 주택을 소유하고 있는 것을 볼 수 있다.

부자가 되려면 목돈을 잘 굴려야 된다. 그래야 큰돈이 된다. 물론 큰돈을 마련하기 위해 땅 투자에 나서는 사람들은 많지만 이럴 경우에는 보다 신중한 접근이 필요하고 치밀한 계획이 있어야 한다.

우선 환금성이 투자 포인트다. 이를 위해 수도권 인근 자투리땅을 찾아 나서보자. 자투리땅은 잘만 고르면 큰 수익을 올릴 수 있는 투자처다. 게다가 이런 땅은 도시와 가까워 수요가 넉넉해서 환금성까지 갖추고 있는 경우가 많다. 아울러 개발 가치도 높은 만큼 투자하기에 적격인 상품이라고 할 수 있다.

장기투자를 목적으로 한다면 수도권 땅이나 임야는 되도록 투자를 자제하는 것이 바람직하다. 하지만 시세보다 싼값으로 나온 우량물건일 경우에는 투자해볼 만하다. 향후 시세차익을 기대할 수 있기 때문이다.

30대를 도전의 시기라고 해서 지나치게 공격적인 재산관리는 위험을 자초할 수 있다. 젊은 층은 다소 위험을 감수하더라도 기대수익이 높으면 과감하게 투자하는 공격적인 재산 운용을 할 가능성이 높은데, 일반적으로 기대수익이 높으면 원금이나 이자를 손해볼 가능성도 크다는 점을 유의해야 한다.

30대 자산 증식은 항상 수익성과 안전성을 적절히 고려해 재산을 분산해서 투자하는 지혜가 필요하다. 이것이 바로 포트폴리오portfolio 설계이다. 또한 여유자금으로 투자하는 것이 좋다. 다른 곳에 써야 할 목적이 정해져 있는 돈으로 투자하면 큰 낭패를 볼 수 있다. 만일 큰 손실을 보게 된다면 그만큼 자산 증식을 이룰 수 있는 시기는 늦어질 수밖에 없다. 게다가 그렇게 실패를 경험하게 되면 그 실패를 만회하기 위해 일확천금만 노리게 되기 쉽고, 그렇게 되면 자산 증식의 꿈은 영원히 멀어진다.

## 인생의 성숙 '맘껏' 활용하는 40대

공자님은 나이 마흔을 일러 '불혹(四十不惑)'이라고 했다. 유혹에 흔들림이 없다는 말뜻을 생각해 본다면, 아마도 이 나이는 인생의 황금기로서 어느 정도 원하는 것을 얻고 있는 시기라는 의미일 것이다. 현실적으로 일반적인 40대는 대부분 최고 소득을 얻는 시기다. 따라서 이 시기의 재테크 기본은 안정적인 운용이라고 할 수 있다.

필자가 잘 알고 있는 O씨는 요즈음 주말마다 땅을 찾아 나서고 있다. 이번 목표는 땅 투자를 통해 재산 가치를 높이는 것이었다. 그가 이처럼 목표를 설정하고 투자에 나선 까닭은 중년에 접어든 나이이고 자녀들이 커가다 보니 지출도 많아진 데 있다. 이번 기회에 자녀들은 물론 노후을 대비해 재산을 늘리고 싶은 게 그의 희망이다.

O씨처럼 40대에 접어들면 자산 증식과 노후 대비라는 두 가지 명제를 가진 얼굴을 마주하게 된다. 이때 자산 증식을 목표로 한다면 가장 투자 가치가 높은 곳에 돈을 집중시키는 판단이 필요하고, 경우에 따라서는 명예퇴직 등 뜻하지 않은 사태에 대비해야 한다. 나이가 들면서 전에는 없던 잔병치레를 하는 등 질병과 사고에 대비해야 할 필요성도 느낀다.

필자는 이 같은 이유로 이 시기에는 무리한 투자를 금하고 노년기를 위한 자금 마련에 주력하는 것이 좋다고 권한다. 여윳돈으로 투자에 나서는 것은 좋지만 일정 한도의 수익률을 정하고 과욕은 갖지 말아야 한다.

땅 투자를 한다면 안정성과 수익성, 환금성을 감안한 자산 포트폴리오를 구성하는 데 신경을 써야 한다. 만일 투자 가치가 높은 땅을 찾고 있다면 규제가 풀리는 그린벨트 주변이나 기반시설이 제대로 갖춰진 수도권지역에 있는 물건을 골라보자. 주거지로서 사람들의 통행은 별로 없더라도 도로에 접해 있는 땅을 골라보는 것도 좋다.

이런 땅을 찾으려면 무조건 현장을 찾아야 한다. 여러 곳을 찾아다니면서 검증해 보고 전문가를 통해 자문을 구해 보면 투자에 성공할 확률이 높아진다.

필자가 이 같은 땅을 권하는 이유는 이런 땅의 경우 거의 활용하지 않고 있는 경우가 많기 때문이다. 또한 개발 여지와 활용성이 높다.

개발을 목적으로 하는 땅도 고려해 볼 필요가 있다. 싼 값에 나온 수도권 주변의 전원주택지나 그린벨트 땅을 사서 개발하면 재산 증식 차원에서 유용하다. 물론 이때는 중·장기적인 안목에서 접근해야 하며 신뢰할 만한 개발업자(Developer)와 함께 투자 가치가 높은 토지 개발에 나선다면 안정적인 수익을 기대할 수 있다.

40대 땅 투자는 어느 정도 위험을 감수하더라도 상황에 따라 시장의 평균수익률 이상을 노려야만 재산가치가 높아질 수 있다.

## 성공적 노후를 준비하는 50대

50대부터는 이제 슬슬 노후를 위한 준비를 해야 할 시기다. 지금부터 천천히 준비를 해 남은 인생을 즐기고 싶을 때이기도 하다. 하지만 자녀들의 혼사 문제도 생각해 보아야 할 때이다. '자식에게 당당한 부모' '어디든 갈 수 있는 건강과 여유' '한적한 시골의 전원주택' 등이면 늙는다는 게 꼭 안타깝지만은 아닐 듯싶다. 그러기 위해서는 지금까지 모은 재산을 관리할 계획이 필요하다.

돈은 인격체(person)다. 풍족한 부를 이루는 데 성공하려면 돈을 인격체로 대하며 돈과 함께 사는 법을 배워야 한다.

돈은 스스로 다니는 길이 있다. 돈을 강제로 깔고 앉아 있다 보면 반드시 무리가 따른다. 여윳돈이 있다고 해서 넓은 아파트를 깔고 앉아 있는 건 돈의 흐름을 막는 길이다. 재산을 한 곳에 집중하다 보면 수익도 사라진다.

50대부터는 돈이 들어갈 곳이 많아지고, 소득 자체는 늘어나지 않는다. 때문에 원금을 떼인다든지 손해를 보게 되면 가계에 큰 부담을 주게 된다. 따라서 지금까지 이와 같은 자산 구성, 즉 아파트 한 채에 재산을 몰빵하는 식으로 지내왔다면 이제 분산 투자로 방향을 바꾸어야 한다. 분산 투자로 수익을 늘리면서도 위험을 낮추는 쪽으로 포트폴리오를 재구성해야 한다. 당연히 지금보다 수익이 높을 것으로 예상될 때만 투자에 나서야 한다.

대개 50대부터 땅으로 눈을 돌리는 경우를 많이 보게 된다. 하지만 무리한 땅 투자는 만류하고 싶다. 사실 50살이 넘은 시기에 무리한 부동산투자는 금물이라는 생각을 한다. 특히 개발용 땅을 산다든지 하는 것은 좋은 투자 방법이 아니다.

땅 투자에 나선다면 환금성보다는 안정성에 맞추어야 한다. 어렵게 마련한 여유자금을 날려버리면 이를 되찾을 수 있는 시간적 여유가 없는 것이다. 때문에 덩치 큰 땅에 한꺼번에 돈을 묻는다거나, 한곳에 몰빵 투자에 나서는 것은 바람직하지 못하다. 우선 환금성이 떨어진다. 만약 경기 불황이 닥치면 그 여파로 치명상을 입을 수도 있다.

필자가 권하고 싶은 것은 전원주택 부지나 수도권 농가주택이다. 전원주택지는 구입한 뒤 개발하면 수익도 얻을 수 있고 활용 가치도 높다. 수도권 농가주택도 마찬가지다. 싸게 구입하면 전원형 주택으로 안성맞춤이다. 노후에 거주할 경우 자녀들이 찾기도 쉽고 텃밭이 있다면 수익성이 높은 재배 작물을 키울 수도 있다.

50살이 넘은 이 시기 땅 투자는 노후를 대비한 본격적 분산 투자를 해야 한다는 것을 명심하자. 투자 위험성이 적은 땅이나 활용 가치가 높은 땅을 찾도록 하자. 안정성 위주의 투자가 포인트다. 땅 투자에 과욕을 부렸다가는 노후에 고생할 수 있다는 것을 절대 잊지 말자.

부동산 학문에 애착과 깊은 관심을 기울여 연구하고 노력하는 자세로 필자는 40년 가까이 최선을 다해 왔다. 그럼에도 여전히 부족함을 느낀다. 다만 부동산투자를 위해, 나아가서 땅 투자를 위해 공부하고자 하는 이들에게 조금이라도 도움을 줄 수 있다면 이 또한 큰 보람이 아닐까 싶어 <땅은 거짓말하지 않는다> 라는 이 책을 엮고 있다. 이 글들이 누군가에게는 투자 성공을 위한 바탕이 되고 또 누군가에겐 실패를 예방할 수 있는 조언이 될 수 있다면 그보다 큰 기쁨이 없겠다.

워낙 천학비재淺學菲才한 필자인지라 부족하기 그지없는 마음이지만 모쪼록 이 글을 읽고 계시는 모든 분들의 소원성취와 건승하심을 진심으로 기원한다.

부동산투자 전략연구소에서

김 형 선 씀

# 차 례

## 5장 성공과 실패 사례로 배우는 **땅 투자 전략**

## 부록

# 1장

# 재테크의 화룡점정, 땅

# 미래의 꿈을 사는 땅 투자

직장인 A씨는 스스로는 물론이고 남들이 보기에도 재테크 마니아다. 20여 년 동안 쉬지 않고 샐러리맨 생활을 했지만 월급을 아껴 저축하는 것만으로는 집 한 칸 장만하기도 어렵다고 생각한 그는 10여 년 전부터 꾸준히 각종 재테크에 손을 대왔다.

한때는 주식투자에 미쳐 근무시간까지 할애하며 주식공부를 하기도 했고, 펀드가 유행할 때는 중국, 인도 등 각국의 펀드에 투자를 하기도 했다. 몇 년 전부터는 경매에 눈을 돌려 아파트나 상가 등을 낙찰 받기 위해 발품을 팔기도 했다.

하지만 결과적으로 A씨에게 남은 것은 별로 없었다. 모든 재테크에서 조금씩 이익을 보기도 했지만 시간과 노력을 따져보면 사실 남는 것은 거의 없었다. 그가 꿈꾸는 '대박'은 어디에도 없었다.

결국 일주일에 로또 몇 장을 사는 것으로 만족하며 자포자기하고 있던 A씨는 땅 투자로 성공했다는 사람들로부터 재테크 투자 이야기를 들었다. 땅 투자 역시 다른 재테크와 별다를 게 없으리라 여겼던 A씨에게 그들의 성공담은 매우 솔깃했다. 무엇보다 다른 부동산과는 다른 토지의 속성이 그를 끌어당겼다.

그러면 재테크 수단으로 토지가 가치 있는 이유는 뭘까?

먼저 토지는 한정되어 있는 자원이라는 것이다. 각종 재개발로 활용할 수 있는 땅이 늘어나고는 있지만 한계는 분명하다. 특히 우리나라처럼 높은 인구밀도를 가진 나라에서 더욱 그러하다. 새만금이나 서산 간척지처럼 활용할 수 있는 토지를 늘린다고 해봐야 땅값을 떨어뜨릴 정도로 국토를 늘리지는 못하고 그만큼 경제 활동에 필요한 공간이 넓어지기 때문에 토지 부족 현상은 지속되는 것이다.

급속하게 진행되는 도시화 또한 땅값 상승을 부추긴다. 도시가 확장되면서 특정 지역에 직장과 인구가 몰리게 되면 당연히 한계가 있는 토지 여건상 주변 지역까지 개발이 되면서 전체적으로 땅값이 오르게 된다. 특히 수도권 주변 개발 지역은 더더욱 그렇다.

땅에 대한 또 다른 투자의 신화는 수익률이다. 대한민국 국민들은 이미 땅 투자로 엄청난 부를 쌓은 이들에 대한 신화를 깊이 인식하고 있다. 서울 특히, 서울에서도 땅값이 가장 비싸다는 강남을 보면서 사람들은 땅에 대한 대박의 꿈을 공유하고 있다.

강남 압구정 일대는 1960년대 초만 해도 평당 90~120원 정도의 싸구려 땅이었다. 그런데 1966년 제3한강교가 완공되면서 이 지역 땅값은 평당 6,000원으로 치솟았다. 여기에서 그치지 않았다. 1970년대 전반에는 1만 4,000~1만 6,000원까지 올랐고 1979년에는 35~40만 원까지 기하급수적으로 올랐다. 즉 20여 년 동안 4,000배가 올라간 것이다.

이로 인해 강남 부자, 졸부, 복부인 등의 말이 생기면서 하루아침에 벼락부자가 된 사람들이 넘쳐나기도 했다. 물론 이는 빈부 격차를 낳고 강남과 강북의 엄청난 차이를 만들어내는 악영향을 끼쳤지만 땅 투자로 어느 정도의 수익을 낼 수 있는지를 보여주는 단적인 실제 사례가 되기도 한다.

땅 투자의 또 다른 특성은 "땅값은 떨어지지 않는다." "땅으로 손해 보는 사람은 없다"는 '토지 신화'에 있다. 사실 과장이 아니다. 오를 때는 수십 배씩 치솟지만 떨어질 때는 하락폭이 그리 크지 않기 때문이다.

이런 현상은 왜 벌어질까?

그 이유 중 하나는 땅에 투자를 하는 사람들과 다른 부동산에 투자하는 사람들 사이에 존재하는 차이가 있기 때문이다. 보통 땅에 투자를 하는 사람들은 단기 투자를 하지 않는다. 여유자금으로 땅을 사서 있어도 그만, 없어도 그만이라는 여유로운 생각을 가지고 기다린다. 당연히 땅값이 오르면 팔고 그렇지 않으면 묻어둔다. 따라서 땅값은 쉽게 내려가지 않는다.

우리는 "땅을 사서 망하는 사람은 없다."는 명언을 기억해야 한다.

같은 부동산이지만 '땅'에 투자하는 재테크와 다른 부동산 재테크는 다르다. 그리고 그런 특성과 매력이 오늘도 투자자들을 유혹한다.

하지만 이론과는 달리 땅 투자로 실패를 보는 사람 또한 허다하다. 소위 말하는 '묻지마 투자'를 하는 사람들이 이에 해당한다. 어떤 지역에 개발이 될 것이라는 뜬소문을 믿고 분석도 없이 투자를 하는 사람들이 빠질 수 밖에 없는 함정이다.

현장답사 없이 감으로만 땅에 투자하는 것은 위험하다. 제대로 된 땅을 고르는 눈을 가지는 것은 전문가들에게도 쉽지 않은데, 현장답사도 없이 자신의 실력을 믿는 것은 위험한 일이다. 여유자금이 아니라 돈을 빌려 투자에 나서는 것은 더더욱 실패로 가는 지름길이다.

한번 땅을 매입했다면 일희일비하지 말아야 한다. 오르고 내리는 추세를 보지 말라. 있어도 그만, 없어도 그만인 돈으로 땅에 묻어두고 느긋하게 기다려야 성공할 수 있다. 땅에 투자를 하는 것을 우리가 '미래의 꿈을 사는 것'이라고 말하는 것은 바로 이 때문이다.

---

**▶▶▶ 콕 짚어 주는 땅 투자 포인트 ◀◀◀**

**땅 투자의 핵심 포인트는 '도로'와 '접근성'이다.**

도로는 땅 투자에서 가장 중요한 사항이다. 큰 도로에 붙어 있는 토지라면 금상첨화겠지만 이런 토지는 시세가 비싼 경우가 대부분이다. 큰 도로에서 갈라진 도로와 붙어 있는 토지가 가격 면에서 적당하고, 실제 활용할 때도 큰 차이가 없으며, 창고를 지어 임대할 경우도 굳이 큰 도로를 고집할 이유는 없는 것이다. 다만, 진입도로가 비좁거나 외진 산 속에 있는 토지는 효용성이 떨어지며, 접근성도 땅 투자에서는 중요한 고려 요소가 된다.

대도시에서 1~2시간 이내, 중소도시에서 30분 내외의 땅 투자가 좋으며 이는 도시에서 가까울수록 주말농장 또는 주택지, 근린생활시설 용지가 될 확률도 높기 때문에 땅 투자를 할 때는 '도로'와 '접근성'을 중점적으로 살펴봐야 한다.

---

# 왜 부동산투자인가?

한국인들의 자산 구조를 살펴보면 60% 이상이 부동산에 투자되어 있다. 그럼에도 불구하고 부동산투자라고 하면 자신과는 상관이 없거나 관심은 있지만 어렵다고 생각해 외면하는 경우가 많다.

하지만 부동산투자의 원리와 흐름을 이해하기만 한다면 다른 투자 종목에 비해 '로우 리스크, 하이 리턴Low lisk, Hi return'의 투자라는 것도 알게 된다.

여기에서는 왜 부동산이 투자 종목으로서 각광을 받고, 어떠한 강점을 가지고 있는지를 우선 알아보기로 하겠다.

**첫째, 부동산은 물의 흐름과 같다.**

부동산은 한번 오르면 쉽게 떨어지지 않는다. 물이 위에서 아래로 흐르는 것처럼 부동산 가격의 흐름도 로얄 지역에서부터 오르기 시작해 서서히 비로얄 지역으로 흐른다.

이때 비로얄 지역까지 부동산 가격이 오르게 되면 정부는 규제책을 통하여 가격을 억제한다. 당연한 순서다. 때문에 부동산 시장에서는 흐름을 파악하는 것이 무엇보다 중요하다.

부동산 가격이 내릴 때는 반대 방향으로 이루어진다. 지방이나 서울 주변의 수도권에서 가격 하락이 감지되다가 중간에서 중지되는 경우도 있지만 만약 그 하락이 로얄 지역까지 확대된다면 부동산 하락기에 접어들었다고 봐야 한다. 여기서 알아두어야 할 점은 부동산은 오를 때는 저지선이 없으나 내릴 때는 하방경직下方硬直 현상이 강하다는 것이다. 따라서 바닥없이 폭락하는 상황은 거의 드물다. 명심해야 할 점이다.

**둘째, 동일한 부동산은 없다.**

부동산 세계에서는 동일한 부동산이라는 단어가 없다. 또한 그 누구도 동일한 부동산을 만들어내지 못 한다. 이것은 각각의 부동산이 모두 독특한 상품이라는 것을 의미한다. 따라서 하찮은 시골의 임야라도 용도에 따라, 시기와 환경에 따라 황금으로 변할 수 있다는 사실을 기억해야 한다. 아마 지금은 아무 쓸모없는 서해안 무인도가 30년 뒤에는 도시의 대지보다도 더 중요한 땅으로 변할 수도 있음을 아무도 부정하지 못할 것이다.

부동산에는 쓸모없는 것이 하나도 없다. 다만 부동산을 소중하게 생각하고 세월에 따라 변화하는 적절한 타이밍을 잡는 것이 중요하다. 타이밍에 따라 부동산의 중요성이 달라진다. 그래서 부동산투자에서는 세월을 낚는 인내가 필요하다는 것이다.

미래 어느 곳, 어느 땅이 대박을 가져올지는 누구도 알 수 없는 일이다. 과거 20년 전에 용인, 안성, 천안, 아산, 화성, 당진, 서산의 시골 땅이 오늘처럼 각광을 받을 것이라고 누가 예측을 하였겠는가. 누가 용인 SK하이닉스 반도체 클러스터가 조성되는 용인시 처인구 원삼면 일대의 땅이 천지개벽이 될 것이라고 예언할 수가 있었단 말인가.

어느 것 하나 무가치한 땅은 없다는 것을 아는 사람만이 부동산을 정복하고 빛을 내면서 돈을 벌 수 있을 것이다.

**셋째, 땅은 재생산이 없다.**

시간별, 계절별, 지역별, 층별, 브랜드별 아파트 가격이 각각 다 다르고, 땅의 선호도도 각각 다른 면을 보여준다. 왜냐하면 선호하는 사람의 층이 다르고 매매하는 시점이 각각 다르기 때문이다. 아파트뿐 아니라 토지는 더더욱 그렇다. 모양이나 활용도, 개발 방법에 따라 변화하는 것이 천차만별이다. 땅은 재생산이 없고 단지 그 땅의 활용과 환경 변화에 의한 가치만 달라질 뿐이다. 도로와 접한 땅과 맹지가 극과 극의 가격 차이를 보이는 것도 재생산이 되지 않기 때문이다.

**넷째, 부동산은 부의 원천이 된다.**

유유상종이라는 말이 있다. 부자가 되고 싶으면 먼저 부자들과 함께 지내라는 의미다. 헬스클럽은 물론이고 골프나 사회적인 모임도 부자들과 함께 한다. 특히 부동산 부자 주변에는 전문가가 항상 함께 한다.

따라서 부동산 부자들과 함께 시간을 보내다 보면 부자 자신들은 물론이거니와 주변의 전문가도 자연스럽게 접하게 되어 많은 정보를 얻을 수 있다. 회자되는 정보나 이야기가 부동산이나 그 밖의 재테크 이야기가 많다. 당연히 정보와 판단이 정확해지고 경제 흐름이나 부동산 주변 상황 분위기를 읽을 수 있어 큰 도움을 받을 수 있을 것이다.

그러나 주의할 게 있다. 부동산 부자들을 만나 정보를 얻고 교류한다고 해서 자신의 분수를 넘어서는 안 된다는 것이다. 부동산 부자들은 그들만의 리그가 있다. 부화뇌동해서 과욕을 부린다면 오히려 해가 되어 돌아올 수 있기 때문이다.

**다섯째, 부동산은 안정적 기반을 형성해 준다.**

부동산 부자들의 투자 특성 중 하나가 자기관리 능력 범위 내에 투자한다는 것이다. 그런데 부동산을 처음 배우는 보통사람들은 부동산 공부를 하고 있다는 걸 주변에 소문내고 다니는 경향이 있다. 그러다가 이웃이나 아는 친척으로부터 부동산 컨설팅을 의뢰를 받게 되면 흐뭇한 마음에 정성을 다해 부동산 거래에 조언을 아끼지 않는다.

그러나 이러한 일은 상당히 어려운 일이 아닐 수 없다. 만약 다행스럽게 매입한 부동산 가격이 오른다면 큰 문제가 없겠지만 세월이 흘러도 해당 부동산 가격이 보합 또는 하락한다면 상황은 급변하게 된다. 조언을 해 준 사람을 만나기가 민망해지고, 심한 경우 조언자가 컨설팅한 사람에게 책임을 떠넘기는 황당한 일을 당할 수도 있다.

부동산은 자기관리 내에서 투자하는 것이라는 점을 잊어서는 안 된다.

### ▶▶▶ 콕 짚어 주는 땅 투자 포인트 ◀◀◀

**귀 얇은 사람은 투자에 실패한다**

땅 투자를 하다 보면 갖가지 유혹에 시달리는 경우가 많다. 이런 유혹은 정상적이지 않은 경우가 많다. 뻔히 의심 가는 투자 방식인데도 일반인들은 속는다. 특히 상식을 넘는 고수익을 제시할 경우 몸을 움츠려야 한다. 덥석 물었다가는 투자금을 날리기 일쑤다.

이런 때는 분석부터 하는 게 수순이다. 분석을 해보면 약藥인지 독毒인지 걸러낼 수 있기 때문이다.

# 재테크, 결국은 부동산

## 부동산에 대한 소유욕이 매우 강한 국민성

대한민국 국민 치고 부동산 싫다는 사람은 한 명도 없을 것이다. 좁은 땅덩어리에 많은 인구가 모여 사는 것이 한국인들의 운명이라면 운명이다. 여기에 농사를 경제 활동의 근간으로 삼았던 옛날과 근대에 있어서 농경사회는 토지 소유욕에 불을 지폈다. 땅을 가졌느냐 못 가졌느냐가 곧 먹고 사는 문제와 직결돼 있었기 때문이다.

역사책만 펼쳐도 한국인의 땅에 대한 욕심은 고스란히 나타난다. 새로운 왕조의 탄생 후 가장 먼저 착수한 것이 토지개혁이었고, 1948년 이승만 대통령의 대한민국 정부 수립 후에도 우리 정부가 가장 먼저 손을 댄 것은 토지개혁이었다. 그만큼 국민이나 정부 모두 부동산의 소유욕이 강하다는 것이 부동산에 투자해야 하는 첫 번째 이유다. 그것이 현실적으로 부의 척도로 작용하고 있기 때문이다.

## 대한민국 부동산 가격은 반드시 오른다

많은 사람들이 재테크 방법 중 부동산투자를 첫째로 꼽는 이유는 땅에 돈을 묻어 놓으면 언젠가는 이득을 얻을 수 있다는 믿음이 있기 때문이다. 수요는 넘치지만 공급은 항상 부족한 탓에 부동산 가격은 역대 정부 이래 떨어졌을 때가 없다. (예외로 김영삼 정부 당시 외환위기(IMF)로 인해 딱 한 번 곤두박질 친 사례는 있었다.)

그래서 우리 국민은 부도나 파산 등 피치 못할 사정이 있는 경우를 제외하고는 자신이 구입한 부동산을 손해 보고 팔지 않는다. 경기침체 등으로 어느 순간 자신이 땅을 샀던 시기보다 땅값이 떨어지는 경우에도 불안해 하지 않는다. 언젠가는 부동산 가격이 오른다는 신념을 가지고 있기 때문에 부동산 시장이 회복될 때까지 버티는 것이 일반적이다.

가치가 높은 부동산일수록 특히, 땅값이 오를 때 더 큰 폭으로 값이 오르는 경우가 많아 외국계 투자자들은 알짜 부동산, 즉 수익성 부동산을 더 선호하기도 한다.

## 대한민국 투자의 대명사는 부동산

모든 것이 그렇듯 투자도 대세를 따르는 것이 비교적 안전하다. 현재 투자의 대세는 역시 부동산이다.

수십억 원대 자산가부터 박봉의 월급쟁이까지 부동산투자에 관심을 가지는 사람들은 갈수록 늘고 있다. 부동산투자만이 가지고 있는 특수성과 매력이 투자자들의 발길을 이끌고 있기 때문이다. 특히 앞날을 예측할 수 없는 평범한 소시민들 사이에서 불고 있는 부동산투자 열기는 여간해서 꺾이지 않는다.

보통의 직장인들이 경제적 안정을 찾는 시간은 짧지 않다. 한 달 한 달 들어오는 월급은 생활하기도 빠듯해 노후 대비를 하는 것은 꿈도 못 꿀 일이기도 하다. 이런 상황에서 대한민국 국민들은 가장 안전하고 실속 있는 자산을 모으기 위한 수단으로 부동산투자를 꼽고 있다. 물가상승률을 고려할 경우 예금 금리가 낮아 기대할 만한 수익률을 올리기 어렵고 반면 주식은 위험성Risk이 크다. 따라서 비교적 위험에 비해 수익률이 높은 부동산에 투자하는 것이다.

## 땅이 가지고 있는 특성, 부증성不增性

땅이 가지고 있는 가장 큰 특성은 '부증성'이다. 어느 누구도 물리적인 토지의 양을 증가시키지 못 한다는 뜻이다. 그렇기 때문에 누구도 동일한 땅을 만들어내지 못 한다. 같은 건물을 찍어내듯 모든 조건이 같은 땅을 만들 수는 없다.

따라서 토지 하나 하나는 모두 독특한 특성을 가진 상품이다. 이는 땅이 가진 가장 강력한 매력이다. 그리고 이와 같은 특성이 가진 힘은 날로 두드러지고 있다. 전 국토가 각종 개발 계획에 따라 탈바꿈을 거듭하고 있다.

신도시개발, 기업도시, 혁신도시, 행정복합도시, 뉴타운, 산업단지 개발 등 각종 이름을 달고 벌어지는 토지의 변화는 눈이 돌아갈 지경이다. 이 점이 부동산투자를 더욱 가치 있게 만드는 것이다.

20~30년 전에 경기도 분당과 광주, 용인과 화성 동탄, 파주, 김포 등을 보라. 오늘처럼 각광을 받을 것이라고는 그 누구도 예견하지 못했다. 지금은 비록 보잘것없는 땅이라 해도 언젠가는 금싸라기 땅으로 바뀔 수 있는 여지는 얼마든지 있다.

하지만 그 어느 누구도 물리적인 토지의 양을 증가시키지 못하는 것이 토지 부증성의 매력이다.

## 미래 가치를 보고 부동산에 투자한다

'아무리 망해도 땅은 살아 남아 있는 것이 부동산투자'라는 말이 있다. 이는 부동산이 가지고 있는 미래 가치를 단적으로 표현하는 말이다.

다른 모든 재산의 가치가 떨어지고 한순간에 주저앉는 상황을 맞는다 해도 땅은 남아 있으므로 희망 또한 남아 있다. 미래에 자신이 가지고 있는 부동산이 어느 정도의 가치를 가진 부동산으로 변모할지는 아무도 모르기 때문이다.

최근 부동산으로 돈을 번 사람들의 이야기를 들어보면 이는 뜬구름 잡는 희망이 아니란 것을 알 수 있다.

몇 년 전부터 진행되고 있는 서울 강북 재개발과 강남의 재건축 바람 등으로 아파트 값의 경우 몇 배씩 가격이 급등했다. 이 지역의 부동산으로 재미를 본 사람들은 공통점이 있다. 미래의 부동산 가치를 크게 보고 투자를 했다는 것이다.

부동산으로 돈을 버는 사람들을 부러워하고만 있지 않아도 된다. 부동산의 미래 가치에 좀 더 관심을 가지고 정보를 모아 투자를 하면 언젠가는 〈땅은 거짓말하지 않는다〉 이 책을 읽고 있는 당신도 부동산 부자가 될 수 있다.

## 대한민국에서만큼은 부동산이 부의 원천이다

한국에서 첫 손가락에 꼽히는 S그룹은 땅 부자로도 유명하다. 기업 총수뿐만 아니다. 소위 부자라고 불리는 사람 치고 부동산을 가지고 있지 않는 사람은 없다. 땅이 곧 부를 가져다 준다는 것을 일찌감치 깨달은 이들은 땅에 투자하는 것에 주저하지 않았기 때문에 더 큰 부를 가져다 주고 있다.

부자들이 부동산 관련 전문가와 친밀하게 지내는 것도 이와 무관하지 않다. 그래서 부자들과 함께 하면 배울 것이 많다. 부자인 당사자는 물론이거니와 주변의 부동산 전문가와도 인맥을 쌓을 수 있어 많은 정보를 얻을 수 있다. 이런 정보를 꾸준히 얻다 보면 경제 흐름이나 부동산업계가 돌아가는 분위기를 읽을 수 있어 여러 모로 부자로 가는 길이 빨라진다.

고故 이건희 삼성그룹 회장이 어록에서 “부자가 되고 싶으면 부자

옆에 서라"고 하였다. 이 말은 그만큼 부자들과 함께 하면 배울 것이 많고, 부자가 되는 첩경이 된다는 것이다.

## 대한민국 부동산 가격은 폭락하지 않는다

대한민국 부동산 가격은 큰 폭으로 가격이 떨어지는 일이 거의 없다. 이는 투자를 하는 데 있어 매우 중요한 요소다. 폭락의 위험성이 상대적으로 적다는 것은 땅 투자가 가지고 있는 매력 중 하나다.

일례로 WTO 체제 하에서 투자 자본이 개방되자 외국계 투자자들은 대한민국 부동산투자에 적극적인 모습을 보였다.

외국인 부동산투자가들에게 한국의 부동산에 투자하는 이유가 무엇이냐고 물어보면 한결같은 공통점이 있다. 바로 대한민국 부동산 가격은 절대 폭락하지 않으므로 안전한데다 수익성이 뛰어나다고 꼽는다는 것이다.

부동산투자와 주식투자를 비교해 봐도 부동산투자가 훨씬 더 리스크가 적다는 것을 알 수 있다. 코스피지수가 널을 뛰듯 대폭락을 거듭했던 때가 있었다. 외국인 투자자들이 위험성이 높다고 판단되는 시장에서 투자한 돈을 빼갔기 때문이다. 이는 우리나라 주식시장이 가지고 있는 위험성이 얼마나 높은지를 보여준 단적인 예다.

이에 비해 부동산은 폭락할 가능성이 적고 안전성이 높아 투자자들의 사랑을 꾸준히 받고 있다.

## 부동산은 한번 오르면 떨어지지 않는다

부동산은 한번 오르면 절대 떨어지지 않는다. 게다가 상대적으로 빠르게 가치가 상승하는 속성을 가지고 있다. 이런 특성은 투자자들을 부동산 시장으로 눈을 돌리게 만든다.

서울의 부동산을 예로 들어보자. 이른바 로얄 지역으로 불리는 강남, 서초, 송파 지역 등의 부동산이 오르기 시작하면 서서히 강북 등의 지역도 오르기 시작한다. 마치 물이 흐르듯이 부동산 가치 상승도 한 지역에서 다른 지역으로 옮겨간다.

물론 부동산 가격 상승이 비정상적으로 높고 건강한 경제 흐름을 방해할 정도면 정부가 메스를 들게 마련이다. 각종 부동산 규제정책을 만들어 가격을 억제하게 된다. 하지만 이 같은 변수가 존재하는데도 불구하고 부동산투자를 해야 하는 이유가 있다. 부동산은 오를 때는 한계가 없지만 내릴 때는 쉽게 하락하지 않는다는 특성 때문이다.

## 부동산투자는 노력만 있다면 얼마든지 정보 파악이 가능하다

정보전쟁에서 이기는 자만이 돈을 벌 수 있는 세상이다. 특히 남들이 모르는 고급 정보를 선점한 사람은 돈으로도 바꿀 수 없는 보물을 가진 거나 다름없다. 한마디로 "부동산 정보는 곧 돈, 돈, 돈(Real Estate Information is Money Money, Money!)이다." 부동산투자 역시 마찬가지다. 어느 지역이 개발 가능성이 있는지, 어떤 곳에 새로운 도로가 뚫리고 지하철역이 생기는지 등의 정보를 알고 관련 지역에 투자를 하면 기대 이상의 수익을 얻을 수 있다.

하지만 초보 투자자들은 이런 정보를 어디서 어떻게 구해야 하는지 막막할 때가 많다. 그런데 부동산과 관련된 정보를 구하는 것은 생각보다 그리 어렵지 않다. 먼저 신문이나 뉴스에서 경제 관련 보도를 꼼꼼히 살펴보는 것이 중요하다. 경제 흐름은 곧 부동산 시장과도 직결되어 있어 대체적인 부동산 시장 흐름을 알게 해 준다.

언론에서 보도한 도시기본계획과 개발계획, 산업단지개발 등을 통해 지역 정보를 파악할 수도 있다. 인터넷이나 유튜브 채널 역시 잘 만 활용하면 부동산 정보를 빠르게 얻을 수 있는 소스가 된다.

부동산 관련 동호회, 카페, 블로그 등에 참여해 전문가들과 인맥을 쌓는 것은 정보를 구하는 데 필수적이다.

## 부동산투자는 실패를 해도 실체가 남는다

잘 만 하면 투자 대비 큰 이익을 볼 수 있는 것이 재테크다. 하지만 순간의 실수 또는 경기 흐름에 따라 심각한 손해를 입을 수 있는 것 역시 재테크다. 실제로 주변에 있었던 사례로 벤처기업을 운영하면서 많은 돈을 벌었던 40대 중소기업체 사장이 코스닥에 상장된 모 기업에 '올인'을 했다가 그동안 힘들게 벌어놓은 수십억 원을 한순간에 날려버리고 휴지조각만 손에 쥔 채 한숨만 쉬는 모습을 보았다. 의외로 이러한 사례는 적지 않다. 주식이나 펀드 등 대부분의 재테크는 언제든지 손해를 볼 수 있는 위험부담을 안아야 한다.

그러나 부동산은 다르다. 사기를 당하지 않는 한 땅은 그 자리에 움직이지 않는다. 즉 땅이라는 그 실체는 그대로 남아 있다. 설령 생각보다 땅값이 오르지 않더라도 부동산은 얼마든지 활용 가치가 있다. 집이 있다면 그곳에 들어가 살면 되고, 땅이 있다면 배추나 고추를 심으며 전원생활을 즐길 수도 있는 것이다. 즉 비록 이익을 남기지 못했다고 하더라도 땅은 남아 있기 때문이다.

▶▶▶ **투자 명언** ◀◀◀

**주식, 펀드 등에 투자해서 실패하면 휴지 조각만 남지만, 부동산은 실패해도 그 실체는 남는다.**

DJ 정부 시절 필자가 잘 알고 있는 벤처업체 대표는 주가의 폭락으로 폭삭 망했지만, 그래도 잘 나가는 시점에서 땅에도 투자해 보라고 조언을 해 주었더니 수도권 주변에 땅을 사놓은 것이 있어 그 땅을 근간으로 다시 사업을 시작하여 지금은 알아주는 벤처 사업가가 되어 있다.

부동산투자에 있어서 명심해야 할 것이 있다. 본인의 투자 지역과 거주 지역을 구분하여 투자해야 한다는 것이다. 즉 투자 지역의 장점과 단점을 파악하고 분석하는 능력을 길러야 한다. 거주 지역은 자기의 상황과 여건에 맞게 살 수 있지만 투자 지역은 철저한 투자 수익률을 계산하여 투자하여야 할 것이다.

만약 부동산을 너무 비싼 가격에 샀고, 지금보다 더 떨어지면 어떻게 되는지, 오르지 않으면 어떻게 하는지 고민하지 않기를 바란다. 고민한다고 해서 문제가 해결되는 부동산은 하나도 없기 때문이다.

### ◈◈◈ 이것만은 알고 가자! ◈◈◈

땅에 대한 투자에 있어 한번 결단을 내렸다면 뒤돌아보지 말아야 한다. 미련도 갖지 말아야 한다. 후회하면 후회할수록 자신에게 전혀 도움이 되지 않고 판단만 흐려지기 때문이다.
만약 잘못된 선택을 했다고 판단했다면 투자 금액과 세금 문제를 고려해 언제 어느 때 손절매를 하는 것이 좋을지 고민하는 편이 훨씬 더 발전적이다.

2장

# 고수로 가는
# 내공쌓기

# 좌우명으로 삼아야 할 땅 투자 10계명

## 개발 예정지 인근에 노른자위가 있다

토지에 대한 정부의 관련 부동산 정책은 수시로 바뀐다. 그에 따라 땅값도 가파르게 움직인다. 이런 빠른 움직임 속에서 알짜배기를 찾으려면 어떻게 해야 할까? 개발 예정지 인근을 찾아볼 만하다.

용인 SK하이닉스 반도체가 들어서는 용인시 처인구와 각종 개발 호재가 많이 있는 안성시 토지를 필자는 적극 추천하고 싶다.

정부기관이나 대기업이 대규모로 개발하거나 개발이 예정되어 있는 주변의 땅이나 임야 구입은 성공 투자를 약속해 준다. 그동안 택지지구 주변과 산업단지 공단조성 지역은 평균 이상으로 땅값 상승이 컸던 지역으로 꼽힌다.

결국 신도시 개발이나 택지 조성은 정부가 추진하는 가장 정확한 개발 정보라고 할 수 있다. 각 지방자치단체가 지정하는 개발예정용지 인근 지역 역시 투자유망 지역으로 성공 가능성이 높다.

일례로 과거 신행정도시로 결정됐던 연기·공주 등 충남지역을 보면 결정이 발표되자마자 땅값은 천정부지로 치솟았다. 행정도시와 세종시 개발 호재에 따른 혜택이라고 볼 수 있다.

## 땅 투자는 마라톤이다

땅 투자는 장기투자다. 단기적으로 투자를 많이 하는 주식이나 펀드와는 다르다. 결국 땅 투자의 해답은 장·단기적으로 토지 시장을 읽을 줄 알아야 한다는 것이다. 그리고 멀리 볼 줄 아는 능력이 그만큼 중요하다.

부자들은 땅을 사 두면 나중에 돈이 된다는 믿음이 확고하다. 그래서 돈이 들어오면 땅을 사는 경향이 강하다. 실제로 그들이 땅을 매입하는 동안 한적하기만 했던 농촌이나 어촌 지역이 대한민국 물류의 중심축으로 발전하거나 국제공항으로 변모하는 사례는 많다.

당장 10~20% 올랐다고 해서 팔지 못 해 안달을 하거나 조금 떨어졌다고 해서 불면증에 시달린다면 땅으로 대박을 터트릴 가능성은 그만큼 멀어진다. 땅 투자는 투자기간과 수익률이 비례하지 않는다는 생각을 가지고 투자에 나서는 것이 성공의 지름길이다.

땅은 주변의 변화에 의해 가치 상승을 보는 시간이 필요하다. 예컨대 이 시간은 초단기의 경우 3~6개월, 단기의 경우 1~2년, 중기의 경우 3~5년, 장기의 경우 5~10년 이후로 보면 된다. 개발순위가 바뀌는 등의 리스크가 있기는 하지만 언젠가는 오르는 것이 대한민국 땅이다.

## 도로를 읽어라

도로가 있어야 진짜 땅이라고 할 수 있다. 땅값은 새로 나는 길을 따라 상승한다는 이유에서다. 도로와 붙어 있어 사람들이 찾아오기 쉽고 접근성이 좋은 땅은 가치가 올라갈 수밖에 없다. 도로가 땅의 가치를 좌우한다고 해도 과언이 아닌 셈이다.

접근성과 유동성이 좋아지게 되면 생활환경이 좋아지고 투자가 활성화되게 마련이다. 때문에 개설되거나 개설 예정인 고속도로나 국도 인근의 토지와 임야는 확실한 투자처로 꼽히게 마련이다. 이 같은 곳은 땅값이 오를 수밖에 없어서다.

실제로 도로가 뚫리면 자동차 속도가 빨라진다. 자동차 속도가 빨라지면 빨라진 만큼 부동산 가격 상승도 빨라지기 마련이다. 다만 통과 도로인지 아니면 유동인구가 접근하게 되는 도로인지의 성격을 분석해볼 필요가 있다. 단순하게 도로가 뚫리는 것이 아니라 그 도로가 사람들에게 어떤 영향을 끼치게 될 것인지 분석해야 하는 것이다.

일반적으로 새로 길이 뚫리면 개통 직전 10~30%, 개통 후 30~50% 땅값이 오르게 된다. 서해안고속도로나 중앙고속도로나 신설국도 개통지역 주변의 땅값이 크게 뛰어올랐던 것이 그 증거다.

이제는 제2경부고속도로라 불리는 '세종-포천간 고속도로'와 재2외곽순환고속도로에 집중적인 관심을 가져도 결코 후회하지 않을 것이다.

세종~포천간 고속도로(2024년 개통 예정)

## 배산임수의 명당 터가 최고다

땅 투자자들이 의외로 실수하는 것 중 하나가 주변 경치에 취해 대충 둘러본 후 덜컥 계약을 하는 것이다. 하지만 이 같은 투자는 '백이면 백' 실패할 수밖에 없다. 땅에도 족보가 있고 품격이 있다. 좋은 땅이 있는 반면 나쁜 땅도 있는 것이다.

만일 좋은 땅을 봐 두었다면 주변의 경치와 지형을 둘러보자. 북쪽이나 북서쪽에 산이나 언덕이 있으면 좋다.(배산背山) 장마에도 물이 범람하지 않는 곳도 좋은 곳이다.(임수臨水) 멀리 산이나 강, 하천을 조망할 수 있는 곳이 배산임수 조건에까지 해당한다면 그 땅은 노른자위라고 할 수 있다. 다만 이런 땅은 일반적으로 비싸다는 점을 염두에 두고 접근해야 한다.

반대로 들판 가운데 있거나 산에 바짝 붙어 있거나 하는 것은 좋은 땅이 아니다. 집을 짓는다고 가정했을 때 전망이 산으로 가려지거나 어둡거나 한 땅도 좋지 않다. 경계 옆에 비닐하우스가 있는 땅도, 땅 옆의 밭이나 산이 홍수 피해나 토사 유출, 붕괴, 함몰 등의 전력이 있거나 그럴 위험이 있다면 당연히 좋지 않다. 이와 같은 땅은 무조건 피하고 보는 게 상책이다.

## 여윳돈으로 투자해야 승산이 높다

땅 투자에서 중요한 것 중 하나는 투자 자금의 조달 방법이다. 자신이 보유하고 있는 자금을 점검해 얼마를 투자하고 얼마가 더 필요한지 등에 대한 예산을 세워야 한다. 가능한 여윳돈을 가지고 투자하는 것이 바람직하다.

땅 투자는 레버리지가 통하지 않는 특성을 가지고 있다. 주변에서 단기 거래를 목적으로 투자해 성공했다고 하는 경우가 종종 있는데, 이는 단지 운이 좋았을 뿐이다.

땅 투자는 잠깐 쉬는 자금으로는 투자하지 않는 것이 원칙이며 무리한 투자는 금물이다. 덩치가 큰 땅을 찾기보다 자신의 자금 동원 능력을 감안해 투자하는 자세가 필요한 것이다.

땅에 대한 투자는 시간과의 싸움이라고 보면 된다. 땅 투자의 성패와 수익률 달성 여부는 시간과의 싸움에서 누가 오래 견딜 수 있는가에 달려 있다. 자기 생전에 이익을 보지 못 한다면 자식에게 유산으로 넘겨줘도 좋다는 자세로 투자에 임하는 것이 현명하다.

차분하게 기다릴 수 없다면 땅에 대한 미련은 접는 것이 현명하다.

## 적절한 타이밍을 계산한다

적절한 타이밍에 대한 계산은 땅 투자의 기본원칙이다. 땅 투자는 시장의 흐름이나 부동산 경기 등을 분석해 언제 사고, 언제 팔 것인가를 결정하는 판단력이 기본이다. 단기적인 투자일 경우에는 환금성을 중요시하는 게 좋지만 장기적인 투자일 경우에는 투자 수익률이 높을 것으로 예상되는 상품을 고르는 것이 현명한 선택이다.

매수와 매도 타이밍이 중요한 또 다른 이유는 자칫 곤욕을 치를 수 있어서다. 경기도 분당과 판교를 대표적 실례로 꼽을 수 있다. 당시 이 지역은 개발이 기정사실로 굳어지는 동안 초기 투자자들은 개발과 함께 발을 빼 상당한 이익을 남겼다. 반대로 개발이 진행되면서 뛰어들었던 투자자들은 거래제한과 보상가격을 놓고 마찰을 빚는 등 어려움을 겪었다.

실제로 정부는 대규모 택지개발예정지역 등 땅값이 급등하거나 급등할 가능성이 큰 지역에 대해 토지 거래허가구역으로 지정하기 마련이다. 당연히 이에 대한 주의를 기울여야 투자 자금을 지킬 수 있다.

어떤 지역의 개발계획이 예상되어 외지인들이 매수 세력으로 가세할 경우 땅값은 단기간에 급상승하기 시작한다. 이와 같은 상황에서

냉정한 판단 없이 뒤늦게 뛰어든 투자자들이 추가로 가격을 상승시키는데, 이때가 가장 위험하다는 것을 명심해야 한다.

## 접근성이 좋은 땅은 복덩어리다

땅을 살 때는 접근성을 조목조목 따져봐야 한다. 그렇지 않으면 실수를 하게 된다. 실수는 경제적으로나 정신적으로 큰 피해를 가져다 주기 때문에 현장을 직접 찾아가 확인하는 것이 좋다.

땅은 접근성이 좋을수록 복덩이가 된다. 예컨대 도심지와의 거리(㎞)를 알아보고 소요시간도 알아보면 접근성 여부를 판단할 수 있다. 고속도로 인터체인지(IC)나 국도 또는 지방도로에서 얼마나 들어가는지를 보는 것도 방법이다. 면사무소에서 얼마나 들어가는지 파악하는 것도 좋다.

전체적으로는 집에서 출발해 대강 몇 시간 몇 분이 걸리는지도 계산해 보면 접근성이 좋은지 나쁜지 알 수 있다. 가는 길이 포장도로인지, 비포장도로인지, 폭이 몇 미터인지도 따져보면 보다 정확하게 접근성에 대해 따져볼 수 있다.

접근성을 따질 때 빼놓을 수 없는 게 진입도로 점검이다. 만일 눈독을 들이고 있는 땅이 기존도로에 접해 있고 포장이 되어 있으며 도로의 폭이 넓다면 효자 노릇을 할 수 있다고 보면 된다. 반대로 도로가 포장되어 있지 않고 폭도 좁다면 신중하게 고려해야 한다.

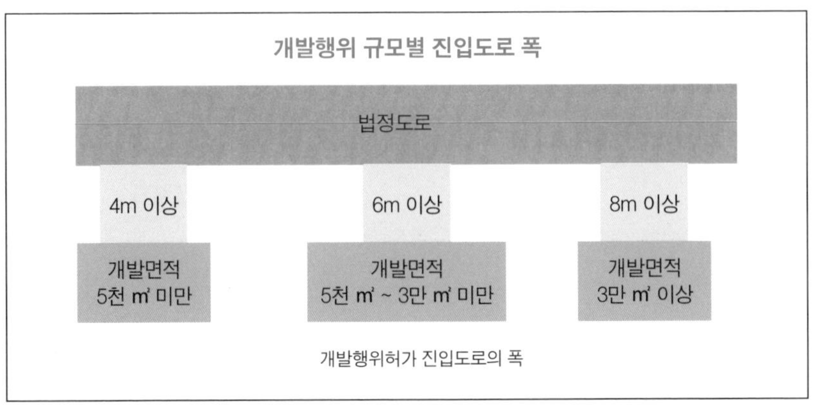

개발행위허가 진입도로의 폭

◈◈◈ 이것만은 알고 가자! ◈◈◈

| 도로폭 | 개발규모 면적 |
|---|---|
| 4M | 5,000㎡ 미만 |
| 6M | 5,000~30,000㎡ 미만 |
| 8M | 30,000㎡ 이상 |

## 지역 선정이 중요하다

투자 지역을 선정할 때 중요하게 고려해야 할 기준은 바로 미래 가치와 그 지역의 발전 가능성이다. 이와 같은 호재가 있어야 투자 수익을 기대할 수 있다. 예컨대 향후 개발이 추진될 예정이거나 지속적인 성장 국면에 있는 곳이 투자 가능한 지역이다. 여기에다 자연 환경이 좋은 지역이라면 더 말할 나위 없다.

하지만 이와 같은 조건이 만족된다고 무작정 계약에 나서는 것은 바람직하지 못 하다. 곳곳에 복병이 숨어 있기 때문이다. 계약을 하기 전에 자주 현장을 찾아 마을사람들을 통해 땅의 이력을 자세히 파악해야 한다. 자칫 현장이 오래된 집성촌이라든가, 막무가내로 행동하는 사람이 옆에 살고 있다든가, 살인과 같은 과거 좋지 않은 사건이 있었던 기억이 공유되어 있는 땅은 후회를 부르기 마련이다.

주변 2㎞ 이내에 혐오시설이 있어도 마찬가지다. 주변에 공동묘지나 화장장 또는 하수종말처리장이나 쓰레기 매립장, 고압선, 광산 등이 있으면 좋은 땅이라고 할 수 없다. 좋은 물을 얻지 못 한다는 이유에서다. 염색가공, 가죽, 목재가구공장 등 공해 공장이나 레미콘 공장 등이 있어도 사정은 같다. 이런 곳에 있는 땅은 피하고 볼 일이다.

## 토지 공부서류 분석이 성패를 좌우한다

땅 투자에서 무엇보다 성패를 좌우하는 것은 서류다. 토지공부서류를 제대로 분석하지 못 하고 투자에 나섰다가는 낭패를 보기 쉽다. 따라서 토지공부서류는 반드시 직접 확인해야 한다.

〈토지이용계획확인원〉, 〈토지대장〉, 〈지적도〉, 〈개별공시지가확인서〉, 〈부동산등기부〉(등본) 등이 땅을 거래할 때 확인해야 할 기본적 서류에 해당한다. 이들 서류와 현황이 일치하는지 살펴보아야 하는 것이다.

가령 〈토지이용계획확인원〉에서 확인해야 할 내용을 보자. 이중에서는 농지 표시란에 진흥구역이나 보호구역 표시가 없는 진흥구역 밖의 땅을 유심히 볼 필요가 있다. 이런 땅은 관리지역(계획 · 생산 · 보전)으로 개발이 쉽고 향후에도 땅값 상승폭이 커 투자 가치도 높다.

지목이 산지(임야)인 경우는 산림란에 보전임지가 표시되어 있으면 쳐다보지도 말아야 한다. 개발허가를 받는 게 어렵기 때문이다. 게다가 지방 임야의 경우 지번이나 현황, 형상, 심지어 면적이 일치하지 않는 경우도 자주 있다.

전·답이 농림지역이면서 농지 표시란에 농업진흥구역(절대농지)으로 되어 있거나 임야는 산림란에 보전임지일 경우에도 손대지 않는 게 좋다. 개인이 개발하기 힘들고 향후 땅값 상승폭도 작으며 투자 가치가 떨어진다. 이 같은 땅은 꼭 확인한 후에 매입해야 한다.

농림지역이면서 농업진흥구역은 개발이 허용되지 않는다. 이런 땅은 농사가 목적일 경우에만 손을 대야 한다. 개발이 쉽지 않고 땅값 상승폭도 크지 않다는 게 그 이유다.

## 호재가 겹치는 곳에 메리트가 있다

땅은 부동산 중 개별적인 규제가 가장 많은 종목이다. 투자 목적으로 토지를 구입했다고 해도 본인 마음대로 개발을 할 수 있는 상품이 아니다. 때문에 구입 목적에 맞게 활용할 수 있는지의 여부를 따져보는 게 필수적인 수순이다.

그러면 어떤 곳에 있는 땅이 메리트가 있을까?

바로 호재가 겹치는 곳이다. 사실 실수요자라고 하더라도 나중에 땅값이 올라야 투자에 재미를 느끼게 마련이다. 예컨대 신도시와 기업도시가 합쳐지는 곳, 신도시와 혁신도시가 합쳐지는 곳, 전철 개통과 기업도시가 합쳐지는 곳, 고속도로 개통과 기업도시가 합쳐지는 곳, 전철 개통과 산업단지 개발이 합쳐지는 곳, 고속도로 개통과 혁신도시, 대기업 공장이 합쳐지는 곳, 도로 개통과 신도시, 택지개발, 산업단지, 혁신도시가 합쳐지는 곳 등이 이에 해당한다.

### ▶▶▶ 콕 짚어 주는 땅 투자 포인트 ◀◀◀

**절대 해서는 안 되는 땅 투자 금기**

미래를 예측하기 힘든 부동산 시장 상황에서 원칙 없는 투자는 백전백패다. 따라서 투자자들이 금기로 삼아야 금과옥조가 있다.

- '묻지마 투자'는 절대 해서는 안 된다. 남이 하니까 나도 하는 떼거리 투자도 금물이다.
- 과도한 대출을 낀 부동산투자는 피해야 한다.
- 절대 정부의 부동산 정책에 대립되는 투자를 하지 마라.
- "부동산은 무조건 사 두면 오른다"는 말을 맹신하지 마라.
- 바람 부는 땅은 피하라.
- 사고 팔고를 너무 자주하지 마라.
- 집에서 먼 곳이나 생소한 곳은 피하라.
- 불확실한 정보를 믿고 투자하거나 주관적 판단은 피하라.
- 절대 앞서가지 마라.
- 아내와 협의하지 않는 일방적 투자는 하지 마라.

# 투자하기 전에 가야 할 방향을 먼저 정하라

## 땅의 미래 가치를 탐색하라

### 불황을 모르는 개발 지역 토지

아무리 거센 불황이 다가와도 투자자들을 움츠러들게 해도 개발이 확정되거나 예정된 지역의 땅은 투자자를 실망시키지 않는다. 이는 과거 미국 발 금융위기로 인해 투자심리가 얼어붙었던 2009년 전국의 지가 상승폭을 보면 알 수 있다.

#### 그렇다면 어떤 땅을 주목해야 하는가?

먼저 국가정책 변화에 집중해야 한다. 2008년 전 세계를 휩쓸었던 미국 발 서브프라임 모기지Subprime Mortgage 등의 금융위기로 한국 역시 한동안 부동산 시장이 얼어붙었다. 그럼에도 개발 지역의 땅은 꾸준히 상승했다. 특히 2009년 2/4분기부터는 서울과 인천 등 수도권 지역의 땅값이 오르기 시작했고, 그린벨트 해제나 각종 개발계획이 발표되면서 개발 호재가 이어졌다.

서울 강남지역은 그린벨트 해제의 영향으로 녹지 가격이 많이 올랐고, 뉴타운과 서울시 르네상스 개발계획 등이 발표된 용산구, 성동구, 노원구, 구로구, 도봉구 등의 땅값 역시 오르기 시작했다.

하남시, 과천시, 안산시 등 서울 인근지역 지가도 상승세를 보였다. 토지보상비 유입, 택지지구개발 본격화 등이 지가상승을 불렀는데, 일례로 하남시는 미사지구의 시범지구개발의 영향을 받아 땅값이 급등한 곳이다.

하지만 개발 지역이라고 해서 무작정 땅을 매입해선 안 된다. 호재로 이미 입소문을 탄 지역은 이미 전문 부동산 투기꾼들이 한차례 휩쓸고 지나간 뒤기 때문이다. 이런 지역은 이미 땅값이 오를 대로 오른 곳이고, 이미 발 빠르게 뛰어들었던 전문가들이 다른 땅으로 관심을 옮겨간 곳으로 더 이상 차익을 노리기는 힘들다.

그러면 땅 투자의 방향을 잡기 어려울 땐 어떤 것에 중점을 두어야 할까?

가장 확실한 방법은 정부의 정책 방향을 읽는 것이다. 정부의 부동산 정책 방향을 보면 크게 두 가지 줄기로 나뉜다. 국토의 균형 발전과 투기 억제다. 결국 이 두 가지 큰 정책 축에 따른 방향만 제대로 읽으면 돈의 흐름, 즉 투자 방향도 알 수 있다.

먼저 국토균형발전은 행정복합도시건설, 기업도시건설, 공기업 이전, 지방 레저타운건설 등의 정책으로 구체화되고 있다. 이로 인해 이미 충청권, 강원권, 호남권 등 전국 땅값이 크게 요동친 바 있다. 자칫 하다간 땅 투기가 전국을 휩쓸 분위기가 닥치자 당시 정부에서는 개발 규제를 하나씩 내놓는 등의 조치를 취하기도 했다. 가령 행정복합도시 인근지역의 땅을 토지 거래허가구역으로 묶거나 건축행위를 제한하는 정책이 그것이다.

하지만 이런 정부의 정책에도 불구하고 상대적으로 규제가 약한 토지는 있게 마련이다. 이와 같은 땅은 지역 선택에 따라 장기투자에 적합하다. 정부 예산이 집중 투입되는 지역은 철도와 도로 등 교통 여건과 생활 여건 개선으로 땅값이 오르지 않을 수 없기 때문이다. 다만 토지는 아파트에 비해 환금성이 떨어지고 매입 용도 등에 제한이 따르는 단점이 있으나 그럼에도 불구하고 정책 방향, 경기 흐름, 개발 호재 등을 고려하면 결국 여유자금으로 투자할 곳은 주택보다 땅이 훨씬 낫다고 본다.

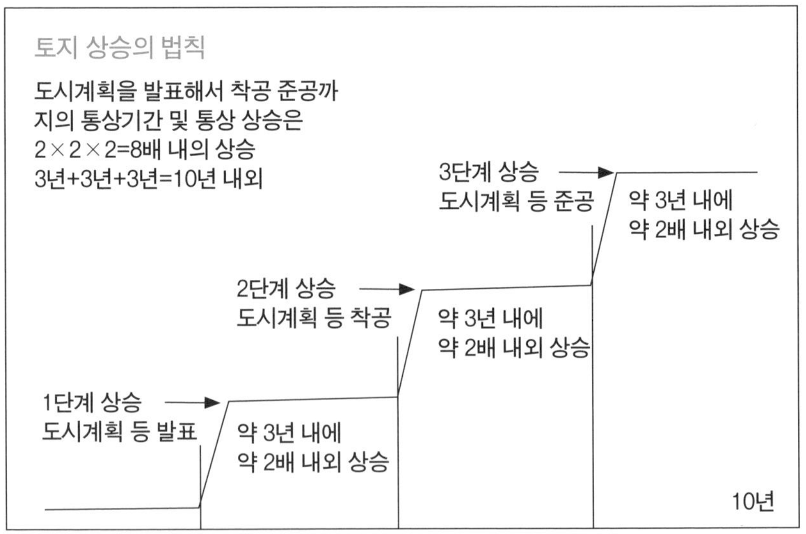

## 개발 지역 땅 투자를 위한 전략

땅에 투자해 돈을 버는 것은 전문가들의 영역이므로 일반 투자자가 접근하기가 어렵다는 생각을 하고 있는 사람들이 의외로 많다. 하지만 생각보다 간단하다. 땅값이 떨어졌을 때는 현금을 가지고 있고 땅값이 오를 때는 땅을 가지고 있으면 된다. 땅의 가치를 따질 필요가 없는 것이다. 결국 투자 포인트만 제대로 선택하면 얼마든지 돈을 벌 수 있다.

문제는 투자 포인트를 어떻게 선택하는가 하는 것이다. 땅 투자는 예측할 수 없는 도박과도 같은 속성을 가지고 있다. 아무리 호재가 있더라도 땅을 파는 사람이 많으면 땅값은 떨어질 수밖에 없다. 경제학에서 말하는 수요 · 공급의 법칙이다.

반면에 아무리 호재가 없더라도 그 땅을 사려는 사람이 많으면 땅값은 올라간다. 땅값이 수요와 공급에 따라 움직인다는 말이다. 땅값의 결정적인 요인은 바로 매수세와 매도세에 따른 힘의 우열이다. 따라서 보다 정밀한 투자 전략이 필요하다.

땅 투자는 상승 여력만 보이거나 가치가 있다고 판단되면 과감하게 실행할 수 있어야 한다. 이럴 경우에는 아무리 높은 가격이라도 성공할 가능성이 매우 높다고 할 수 있다. 가령 수도권지역의 땅에 투자를 고려하고 있다고 치자. 이때 투자자들 가운데는 몇 가지 망설이는 요소들이 존재할 수 있다. 예컨대 자금 규모가 커야 한다든지, 땅값이 이미 오를 대로 올라 메리트가 없다든지 하는 것들이다.

하지만 이는 착각이다. 수도권지역은 의외로 매력적인 곳이 많다. 특히 용인, 안성, 화성지역을 주목해 보자. 주의 깊게 살펴보면 수도권지역의 땅값은 이해되지 않는 구석이 있다. 일단 수도권 땅값은 비싸다. 규제도 많다. 개발할 수 있는 땅도 부족하다. 그런데 땅값은 계속 상승곡선을 그리고 있다. 그 이유는 무엇 때문일까?

이유는 기업들이 수도권에서 벗어나지 않으려 하는 속성과 각종 투자가 이 수도권지역에 집중되어 있다는 데서 찾을 수 있다. 고도로 집중화가 이뤄진 지역이고 이와 같은 현상은 변하지 않을 것으로 보이기 때문에 땅값이 오르는 것이다.

게다가 개발할 수 있는 땅이 부족하다는 것은 공급의 부족을 의미한다. 수요에 비해 공급이 절대적으로 적다는 것은 땅값이 올라간다는 것이다. 이런 현상은 서울 중심부는 물론 외곽 지역까지 영향을 미친다.

여기서 변수는 투자 규모다. 땅값이 높기 때문에 큰 금액의 투자는 당연하다. 그렇다고 해서 소액투자는 불가능할까? 아니다. 틈새시장을 노리면 얼마든지 수익을 챙길 수 있다.

이러한 틈새시장은 다름 아닌 수도권 외곽 지역이나 규제가 많은 땅들이다. 도시 근교의 농업진흥구역이나 전원주택 부지로 각광받는 경기도 동부지역, 규제 완화가 예상되는 서울 근교의 개발제한구역, 수도권 남부의 개발 호재가 많은 지역, 재개발과 재건축 그리고 남북관계 발전에 따라 개발이 가속화될 수밖에 없는 지역 등은 훌륭한 소액 투자처라고 할 수 있다.

## 임장활동을 떠나기 전에 먼저 알아야 할 것들

### 서류와의 전쟁에서 승리하라

S씨는 토지에 대한 공부를 하기 시작하면서 파고들면 파고들수록 어려움을 느꼈다. 필자는 부동산(토지)에 대한 연구와 개발 실전 투자를 40여년 간 해 보았지만, 하면 할수록 어렵게 느껴지는 게 부동산에 대한 공부이다. 처음에는 좋은 땅을 골라 사는 것만이 땅 투자의 전부라고 여겼지만 공부를 하면 할수록 꼼꼼하게 체크를 해야 할 부분이 등장했기 때문이다.

그 중에서도 S씨를 놀라게 한 부분은 땅을 살 때 필요한 서류들이었다. 주택을 살 때와 마찬가지로 권리 관계를 확인하기 위하여 〈등기부등본〉이 필요하다는 것도 알게 되었다.

그밖에 땅의 소유 관계와 공시지가, 지목, 면적 등을 확인할 수 있는 〈토지대장〉과 용도를 알 수 있는 〈토지이용계획확인원〉, 도로의 유무를 판단할 수 있는 〈지적도〉는 땅을 매입하기 전에 반드시 챙겨야 한다는 것도 알게 됐다.

이런 서류들이 필요한 이유는 무엇 때문일까.

먼저 〈토지대장〉에는 소유권 변동 사항과 지목, 지목의 변경 여부, 면적, 공시지가 등이 기재되어 있다. 여러 명의 명의로 되어 있는 경우에는 공유자인 공유자 명부가 첨부되어 있다. 〈등기부등본〉은 갑구와 을구에 해당 부동산의 표시와 소유권, 소유권 이외의 권리 변동을 나타낸다. 〈토지대장〉과 〈등기부등본〉에 기재된 내용이 다른 경우도 있는데, 이 경우 지목과 면적 등은 〈토지대장〉이, 소유권 변동에 관한 내용은 〈등기부등본〉이 우선한다. 〈토지이용계획확인원〉에는 토지의 용도에 대한 법률적 규제가 기재돼 있어 빠뜨려서는 안 되는 중요서류 중 하나다.

다음으로 〈지적도(임야도)〉는 토지의 경계를 알기 위해 필요하다. 〈지적도〉상에서 도로가 접해 있어야 개발행위허가가 가능하기 때문이다. 물론 현황도로로 인정받는 포장도로가 있다면 허가를 취득하는 것이 가능하겠지만 그 외의 경우에는 반드시 〈지적도〉의 도로에 접해 있어야 한다. 하천이나 구거(도랑) 옆에 있는 땅은 〈지적도〉상의 경계와 현황이 다를 수 있으므로 반드시 현장을 방문해 〈지적도〉와 비교해 보고 땅의 경계를 정확하게 짚어봐야 한다.

하지만 일반 지번과 산 지번이 혼재되어 있는 토지를 매입하는 경우는 조금 다른 과정이 필요하다. 각각 별도로 확인해야 하는데, 〈지적도〉는 1/1,200, 임야도는 1/6,000으로 축척이 달라 확인하기가 어렵다. 이런 경우에는 지방자치단체의 민원실이나 근처 토목측량설계사무소 및 부동산 중개업소에서 지번도를 확인하면 한눈에 파악할 수 있다.

이처럼 모든 서류를 챙겨 확인을 거쳤다고 해서 땅을 매입하기 위한 과정이 끝난 것은 아니다. 오히려 그때부터가 시작이라고 해도 과언이 아니다. 현장답사라는 중요한 체크 포인트가 남아 있기 때문이다.

현장답사를 하는 이유 중 하나는 〈토지공부서류〉에는 나타나지 않는 정보들을 직접 눈으로 확인하는 것이 필요해서다. 〈지적도〉는 평면적 공간만을 보여줄 뿐 3차원적인 토지의 형상을 나타내지 못 한다. 또 땅값을 좌우하는 중요한 요소인 혐오시설의 인접 여부 등을 판단하는 자료로도 활용 가치가 없다.

또한 맹지인 경우, 현황도로가 있으면 도로로 인정받아 건축허가가 가능하다는 것도 현장에 가보지 않으면 알 수 없다. 묘지가 있는 경우 지목은 '묘'로 표시되며 〈지적도〉에 나와야 하지만 묘지가 있어도 〈지적도〉상에 표시되어 있는 경우는 거의 찾기가 힘들다. 구거나 하천의 경우에도 〈지적도〉에는 넓게 표시되어 있지만 실제로는 없는 것들도 많으며 하천점용허가를 내어 자기 땅처럼 쓰고 있는 경우도 있다. 농지에 축사를 지은 경우나 임야에 철탑이 있는 경우 역시 〈지적도〉나 〈토지이용계획확인원〉에 드러나는 않는다. 따라서 반드시 현장답사를 나가서 눈으로 확인을 해야 뒤늦게 후회하는 것을 막을 수 있다.

〈토지이용계획확인원〉이 가지고 있는 허점도 현장답사의 필요성을 보여준다. 이 서류에는 토지의 이용 규제가 담겨 있는데, 이것만으로는 모든 토지 이용 규제 내용을 파악할 수 없다. 반드시 그 토지가 소재되어 있는 해당 관청과 근처에 있는 토목 측량설계사무소 등에서 땅이 가지고 있는 규제 사항을 확인하거나 조언을 듣는 것이 좋다. 이 중에서도 군사시설이나 문화재, 환경과 관련된 규제는 〈토지이용계획확인원〉에 나오지 않는 경우도 있으므로 주의해야 한다.

예컨대 군사시설보호구역은 아니지만 야산 봉우리에 군 초소가 있다거나 예비군 사격연습장이 있는 경우에는 이격거리에 제한이 있어 해당 군부대의 동의가 있어야만 개발행위허가가 가능하다. 그리고 문화재보호구역으로 〈토지이용계획확인원〉에 나오지는 않았지만 고인돌과 같은 문화재가 있어 반경 200m 이내는 건축이 제한을 받는 경우도 있다.

용도지역은 또 〈국토의 계획 및 이용에 관한 법률〉에 의해 지정되기 때문에 늘어날 수는 없다. 하지만 용도지구는 법에서 규정하는 지구 이외에 시·도지사가 새롭게 지정할 수 있다. 이런 경우 지정된 이후 관보에는 등재됐는데, 〈토지이용계획확인원〉에는 기재되지 않는 경우가 발생할 수도 있다. 따라서 현장에 찾아가 해당 관청을 들러 바뀐 규제 내용을 반드시 알아내야 한다.

해당 토지 소재지의 도시계획조례도 간과해서는 안 된다. 토지 이용을 규제하는 농지법이나 산지관리법 등은 제한할 수 있는 최대한의 내용만 명시되어 있다. 각 자치 단체의 실정에 맞는 도시계획조례는 별도로 지정되는 것이다. 따라서 해당 관청에서 이 부분도 살펴보고 넘어가야 한다.

만약 도시계획조례에 이해하기 어려운 부분이 많아 해당 필지와의 연관성을 따지는 것이 어렵다면 〈토지이용계획확인원〉과 〈지적도〉를 가지고 해당 지방자치단체의 도시과나 건축과, 산림과 등 관계 부서를 찾아가 허가에 문제가 없는지를 먼저 살펴야 한다. 그리고 관공서 주변에 있는 복수의 토목측량설계사무소 등을 찾아 자문을 구하는 것이 좋다.

건축물이 있는 경우에는 건축물대장이 필요하며, 농지의 경우 지주가 양도세 감면 대상(8년 이상 자경농)이 되는지를 판단할 때는 〈농지대장〉도 확인해야 한다. 이처럼 땅과 관련된 서류는 규제에 따라 많기 때문에 이런 서류들을 반드시 확인하고 현장답사를 마친 후 매입해야 한다.

## 반드시 챙겨야 할 공부서류

부동산 거래 현장에 있으면서 느끼는 점은 바로 '기본'에 충실해야 한다는 것이다. 즉 투자의 기본을 지키는 것 중 하나는 바로 부동산 관련 서류를 잘 보고 투자에 활용해야 한다는 것이다. 부동산 관련 서류를 보는 법을 익혀 실무에 응용, 접목한다면 성공 투자를 이끄는 기초 체력을 닦아두는 것이며 서류를 통해 미리 부동산의 가치를 찾아낼 수도 있어야 한다.

부동산 공적장부(이하 공부公簿)는 부동산의 정보가 숨어 있는 보고라고 해도 과언이 아니다. 부동산 거래에서 늘 따라붙는 서류지만 투자자들은 소홀하게 취급하거나 서류를 보는 방법을 모르거나 관심을 기울이지 않고 대충 개업 공인중개사에게 일임하는 경우가 많다.

그러나 본인이 정확히 서류를 보는 법을 알고 거래를 한다면 부동산의 거래사고를 미연에 방지함은 물론 미래 투자 가치와 활용성을 예측할 수 있다.

부동산 거래는 "서류에서 시작해 서류로 끝난다"고 한다. 어려운 용어가 많아 복잡한 듯 보이지만 서류마다 중요한 의미가 담겨 있으므로 반드시 익숙하게 공부하여야 한다.

공부를 볼 때는 부동산의 용도와 규제부터 체크하는 게 가장 효과적인 방법이다. 개발업자나 부동산 관련 업종에 있는 사람들의 투자를 유혹하는 백 마디 번지르르한 말보다 서류 하나를 믿고 투자를 결정하는 게 백 번 낫다.

이제 부동산투자를 결정하는 과정에서 우리가 흔히 발급받는 공적 장부를 통해 투자성을 가늠하는 법과 공부 열람 시 유의할 점에 대해 알아보자.

부동산의 '6대 공적장부'로는 〈등기부등본〉, 〈건축물대장〉, 〈토지(임야)대장〉, 〈지적(임야)도〉, 〈토지이용계획확인원〉, 〈공시지가확인서〉가 있다.

**등기부등본**

부동산의 권리관계를 모든 사람에게 알려주기 위한 방법으로 국가에서 등기부라는 장부를 만들어 부동산의 표시와 권리관계를 기재하도록 한 것이 부동산등기제도이다. 토지와 건물등기부로 구별되어 있는데 각각 발급받아 가장 먼저 소유자가 동일한지 확인한다.

소유자의 인적사항, 공유지분 여부, 소유권 변동의 원인과 이전 시점, 압류 · 가압류 · 가처분 · 가등기 사항, 지상권 · 지역권 · 전세권 · 임차권 · 저당권 여부를 점검한다.

표제부는 부동산 소재지와 그 내용이 기재돼 있다. 계약하고자 하는 부동산의 지번과 표제부에 표시된 지번의 일치 여부를 확인하고 아파트 등 집합건물은 동과 호수를 확인한다. 갑구는 소유권에 관한 사항이 접수된 일자 순으로 기재돼 있다. 소유권자의 이름을 확인한 후 소유권자와 직접 계약을 체결해야 한다.

단독주택의 경우 토지와 건물등기부를 모두 확인하여 소유주가 동일한가를 확인하고 압류, 가압류, 가등기, 예고등기 등이  없는지 확인한다.

을구에는 소유권 이외의 권리인 저당권 · 전세권 · 지역권 · 지상권 등이 기재된다. 저당권, 전세권이 먼저 설정된 경우 매수인은 그 권리를 안아야 하며 임차인은 전세권자 등이 배당받고 남은 금액만 배당받을 수 있다.

전 소유자 관련 소송이나 세금, 상속문제, 조상 땅 찾기 등으로 예전의 권리 관계를 따져야 할 때는 〈폐쇄등기부〉를 발급받아야 한다. 이 등기부는 현재의 등기로서의 효력은 없으나 이기사항의 불명이나 과거의 권리 관계에 대한 다툼을 해결하는 데 중요한 의미를 가진다. 신등기부에는 작성 당시 효력이 없는 과거의 권리 관계는 기재하지 않으므로 오래된 권리 관계까지 알아볼 때 폐쇄등기부를 교부받는다. 이 등기부에도 없다면 행정 시스템이 전산화 된 이후 폐쇄등기를 발급받으면 된다.

등기부를 볼 때 유의해야 할 점은 등기부에 기록된 대출 등이 한 건도 없음에도 매도자가 서둘러 싸게 팔려고 한다면 어떤 이유로 매매하게 됐는지를 확인해야 한다는 것이다. 이런 매물 중에는 간혹 사기매물, 이중매매, 위조서류, 가짜 매도자가 매수자를 현혹해 사기거래를 하려는 매물인 경우가 많다. 신도시나 중소도시에 이런 매물들로 계약금을 챙기고 사라지는 사례가 적지 않으므로 주의가 필요하다.

### 건축물관리대장

건축물의 신축, 증축, 용도 변경, 멸실 등 기타 변동 사항을 정리해 놓은 공적 장부다. 명칭, 구조, 용도, 각 층별 면적, 용적률, 사용승인일자, 주차장 등을 확인할 수 있다.

재산세 부과를 위해 행정관청에 비치된 공부公簿로서 건축물의 허가 사항 및 가치 평가의 기준이 된다. 겉으로 멀쩡해 보이는 건물이라도 준공한 지 20년이 넘었다면 안전진단 후에 투자를 결정하는 게 바람직하다.

〈건축물관리대장〉을 볼 때는 〈등기부등본〉과 일치하는지 여부를 먼저 확인한다. 소재지와 소유자, 주용도, 면적을 확인하고 무허가건물로 등재된 경우 철거될 위험이 있다. 지하주차장을 창고로 사용하고 있거나 당국의 허가 없이 건물의 용도를 변경하거나 불법으로 사용하게 되면 벌금 및 고발 조치를 받게 된다. 공동주택의 경우 〈건축물관리대장〉상 〈등기부등본〉 면적에 따른 분양 당시 평수가 차이가 있다. 대체로 전용면적만 〈건축물관리대장〉에 등재되나 면적 기재가 현황과 다른 것이 있는지 꼼꼼하게 따져봐야 한다.

건물의 용도는 건축법이 정하는 용도 구분에 따라 주차장 확보 기준과 정화조 용량, 부과되는 세금, 교통유발부담금이 정해진다. 용도변경을 하려면 설계변경 도면을 작성하여 관청의 허가를 받은 후에 공사를 하여야 한다.

〈건축물관리대장〉에서는 소재지와 면적, 구조, 건축년도 일치 여부와 지자체로부터 준공검사를 마쳤는지를 확인한다. 무허가, 불법 및 위법건축물 여부와 건물주가 건물에 대해서 설명한 사항이 대장에 기록된 사항과 일치하는지를 검토해야 한다.

단독 · 전원주택의 경우 〈건축물 현황도〉를 추가로 발급받으면 축척 1/300의 배치도와 1/200 평면도를 확인할 수 있다. 인접대지 경계선과 정확한 평면도를 통해 주택의 구조와 함께 활용성을 따질 수 있다. 설계업체와 담당자 이름이 기록돼 추후 리모델링이나 개 · 보수를 할 경우 유용하다.

### 토지(임야)대장

토지의 소유자와 토지의 표시에 관한 사항을 등록한 공적 서류이다. 주로 땅의 면적과 지목, 소유자, 토지의 분할과 합병의 역사, 토지등급 등을 알 수 있는 공적 서류이다.

가장 중요한 것이 토지 표시 항목 등 토지의 구조를 보는 공적 서류이다. 즉 〈토지대장〉을 통해서 정확한 토지의 면적과 소유자의 인적사항을 확인할 수 있다. 여기서 지목이란 토지의 주된 용도에 따라 토지의 종류를 구분하여 지적공부에 등록한 것을 말하는 것으로 이는 '공간정보의 구축 및 관리 등에 관한 법률(종전의 지적법)'에서 규정하고 있다. 지목의 종류 및 구분에 대한 정의는 동법 제67조 및 시행령 제58조에서 전, 답, 과수원, 목장용지, 임야, 대, 공장용지 등 총 28개로 구분하여 규정하고 있다.

지역 · 지구와는 별개로 그 토지의 사용용도를 표시한 것으로 대지는 '대', 논은 '답', 밭은 '전' 등으로 표시되는데 도시계획상 지역이 주거지역이라 하더라도 그 사용 용도가 농지인 경우 '전'으로 표시가 될 수 있다.

면적을 따질 때는 〈토지대장〉이 우선 적용된다. 면적 지목 등 토지 내용에 관한 사항은 〈토지대장〉이 우선해 적용되고 소유권에 관한 사항은 등기부가 우선 적용된다는 점이다.

〈임야대장〉의 양식은 〈토지대장〉과 비슷하나 다른 점이라면 지목이 '임야'이고, 지번에 '산'이라는 앞 글자가 붙는다. 〈임야대장〉에 등록한 토지인데 지번 앞에 '산'자가 없는 토지라면 평평한 토지 위에 있는 산, 즉 '토임'이다. 이런 땅은 다른 임야와 달리 완만한 경사지에 위치해 나중에 주택을 짓거나 개발하기가 용이하다.

### 지적(임야)도

지적 관련법에 의해 땅의 경계선 등 사실 관계를 공시하는 공적 서류를 말한다. 우리나라 약 3,900만 필지에는 각각의 〈지적도〉를 가지고 있다. 이때 지목이 임야인 경우에는 〈임야도〉라 부른다. 지자체에서 발급하는 〈지적도〉에는 기본적으로 지번, 축적, 경계선 등이 표기된다. 기본적으로 〈지적도〉를 이해하고, 〈지적도〉를 통해 현장을 분석하는 안목을 가지는 것이 중요하다.

해당 토지의 실제 경계와 〈지적도〉상의 경계선과 일치 여부와 현황 도로가 〈지적도〉상의 도로와 정확하게 일치하는지에 대한 여부도 필수적으로 확인해야 할 사항이다. 만약 일치하지 않는다면 지적공사(현재는 '**한국국토정보공사**' 라고 함) 등에 측량을 통해 이를 바로 잡아야 한다. 〈지적도〉를 볼 때는 땅의 모양과 도로와 접해 있는 토지와 맹지 또는 합병 · 분할해야 하는 땅인지를 확인하고 주변에는 어떤 용도의 부동산이 있는지 확인해야 한다.

신도시 개발지나 택지개발지구 주변 토지를 볼 때는 관공서 인근에 위치한 지도 판매점을 방문해 〈도시계획도면〉, 〈지적도〉, 〈임야도〉나 개발지 위치도를 구입해 예정되어 있는 개발계획을 직접 확인해봐야 한다. 사기업체나 기획부동산업체가 〈지적도〉를 임의대로 변조하는 사례가 종종 발생하므로 예정지 표시가 그려진 지도는 관공서에서 제작 발급한 지도와 대조하여 확인해야 거래 사기를 피해나갈 수 있다. 미래 개발 정보의 보고라고 할 수 있는 지도만 꼼꼼하게 살펴도 투자의 감을 잡을 수 있다.

#### 토지이용계획확인원

토지가 소재하고 있는 관할 시 · 군 · 구청 민원실에 가면 누구나 〈토지이용계획확인원〉을 발급받을 수 있고, 현재는 인터넷 상에서 국토교통부 '토지이음' 홈페이지에 들어가면 누구나 발급받을 수 있다. 이때 신청인은 해당 토지의 소재지와 지번을 정확하게 알고 있어야 한다.

〈토지이용계획확인원〉에는 국토이용계획에 의한 용도지역, 용도지구에 대한 사항을 확인할 수 있고, 현재 해당 토지에 개발계획 등이 수립되어 있는지를 알 수 있다. 만일 도시계획이 수립되어 있는 토지라면 도시계획상 용도지역, 용도지구, 도시계획시설, 도시계획 입안 사항 등에 대해 〈토지이용계획확인원〉 상에 꼼꼼하게 기재되어 있게 마련이다. 그리고 해당 토지가 군사시설인지, 농지인지, 산림인지, 토지 거래허가구역 내의 토지인지에 대해 상세하게 기록하고 있다.

〈토지이용계획확인원〉을 발급받아 기재 내용에 의문이 있는 경우에는 지적과 등 관련 부서를 방문하여 토지 사용이나 건축 규제 등에 관해 문의를 하면 좀 더 쉽게 이해할 수 있다. 다만 주의할 점은 〈토지이용계획확인원〉이 해당 토지에 영향을 주는 여러 가지 법령에 의한 제한 사항을 망라한 것이지만 모든 제한 사항이 기재되어 있는 것은 아니라는 점이다.

〈토지이용계획확인원〉은 해당 토지의 공법에 의한 제한에 따라 현재 활용도를 지정한 서류로서 부동산의 현재 가치를 나타내는 중요한 서류이다. 부동산을 구입하거나 건축할 때 반드시 사전에 이에 관한 사항을 확인해야 한다. 내용에는 토지에 건축할 수 있는 건물의 용도 및 규모를 결정해 놓은 지역, 지구, 구역 등 도시계획 사항이 표시되어 있어 토지에 대한 허용 및 제한 사항을 알 수가 있다.

부동산을 매입하고자 할 때 해당 토지에 적용되는 있는 도시계획 사항이나 국토이용계획 사항 등을 확인하고 해당 토지가 군사시설인지, 농림인지, 산림인지, 토지 거래허가구역 내의 토지인지 확인 후 투자 목적과 용도에 맞는지 검토한다. 주의할 점은 이 서류가 해당 토지에 영향을  주는 여러 법령에 의한 제한 사항을 망라한 것이지만 세세한 제한 사항이 기재돼 있지 않고 기입 내용만으로 지상에 어떤 건물을 건축할 수 있는지 알 수 없다.

따라서 발급받은 서류에 한 가지라도 해당 내용이 기재되어 있다면 관련 공무원에게 문의해 확인해야 한다. 건축을 목적으로 하는 경우에는 해당 지자체 건축과를 찾아 제한 내용에 대해 문의를 해야 한다.

실제로 필자가 경험한 바로는 계약 직후에 토지의 용도가 갑자기 바뀐 경우도 있었다. 계약을 할 때에는 관리지역 임야로 준보전산지였으나 잔금을 지불하기 전에 발급을 받아보니 용도지역에 일부 관리 · 농림, 산림 조항에 일부 보전산지, 준보전산지로 바뀌어 기재돼 있었던 것이다. 지자체가 도시계획, 비도시관리지역 세분화 등 작업으로 수정하는 과정에 이런 일이 벌어지기도 한다. 수도권, 광역시와 인접 시 · 군에서 부동산 거래를 할 때는 반드시 유의해야 한다.

### 개별공시지가 확인서

대상 토지의 가격 기준년도의 ㎡당 가격이 기재된 서류로서 토지를 거래할 때 땅값의 기준이 된다. 시가의 통상 70~80% 수준이나 지역이나 종목에 따라 시세에 근접하거나 들쭉날쭉해 변동이 심하다. 특히 개발 지역 주변의 공시지가는 현시세의 10분의 1도 안 되는 것도 많이 존재한다. 공시지가를 100% 신뢰하는 것은 금물이며, 주변 시세와 비교 검토하고 특히, 지방일 경우 더욱 조심해야 한다.

부동산 서류는 투자자 본인이 직접 서류를 발급 받아 확인해 보는 것이 좋다. 매도자나 부동산 관련 업자가 건네는 묵은(?) 서류 속에는 감추고 싶은 하자나 비밀이 숨어 있을 수 있다. 한 장의 서류에 들어 있는 행간을 잘 살펴보면 투자의 위험관리뿐 아니라 미래 개발 가치와 투자성을 읽어낼 수 있는 안목이 생기게 된다.

주인이 자주 바뀌거나 분할· 합병이 자주 있었던 토지, 미확정된 개발예정지역 내 부동산을 구입할 때는 반드시 관할 지자체를 찾아가 개발계획을 확인한 후 투자를 결정하는 것이 필요하다. 서류 내용이 애매하거나 모르는 내용은 매도자의 말만 듣고 믿기보다는 담당 공무원에게 직접 확인하는 것이 최선이다.

부동산에 돈을 묻을 때는 투자성과 발전성을 따지기 전에 미리 공적 장부를 통해 부동산의 가치를 파악하는 기본 지식부터 쌓는 것이 필요하다고 필자는 생각한다.

표준지공시가와 개별공시가의 차이점

| 구분 | 표준지공시가 | 개별공시가 |
|---|---|---|
| 근거법 | 부동산 가격공시 및 감정평가에 관한 법률 | |
| 주체 | 국토교통부장관 | 시·군·구청장 |
| 평가대상 | 전국 50만 필지 | 전국 2,750만 필지 |
| 기준일 | 매년 1월 1일 | 매년 5월 31일 |
| 효력 | • 일반적인 토지거래의 지표<br>• 개별공시가의 산정기준<br>• 토지시장의 지가정보제공<br>• 보상금 산정기준<br>• 감정평가업자의 토지평가기준 | • 국세 및 지방세의 기준<br>• 각종 부담금 부과(개발부담금 등)<br>• 국·공유재산 사용료·대부료 산정을 위한 토지 가격 |

## 부동산 환경변화에 따른 급매물을 잡아라

땅을 사놓기만 하면 무조건 가격이 올랐던 예전과는 분명 다른 상황이 다가오고 있다.

2022년 금리인상으로 인한 한국경제의 침체와 부동산 경기의 하락으로 인한 불경기 시대가 도래 되면서 부동산 가격이 큰 폭으로 떨어지고 있는 작금의 상황에서 투자자들은 급매물에 눈을 돌려야 할 시기가 도래된 것이다.

급매물이라는 것은 시세보다 낮은 가격에 나오는 매물이지만, 절대적인 기준은 없다.

보통 시세보다 낮은 가격으로 나오는 물건들이 많지만, 때로는 그 이상의 좋은 급매물도 나오기 때문에 급매물을 잘만 잡으면 그만큼의 토지 매입가격을 아낄 수 있고, 이것이 투자수익으로 연결될 수 있다.

부동산 시장의 분위기와 입지, 교통, 교육, 편의시설 등을 종합해서 충분히 사전조사와 발품을 팔아야 하고, 최근 거래된 실거래 시세와 과거 시세를 비교분석해서 목표 급매물 가격을 정해야 한다. 터무니없이 낮은 가격만 고집하면 허송 세월을 보낼 수 있기 때문에 적정 급매물에 대한 목표 가격을 정하는 것이 중요하다.

확실한 매수 의사 표시를 하고, 그렇다고 너무 조급한 모습을 보여줄 필요는 없다.

부동산 거래도 밀고 당기는 줄다리기의 연속이기 때문이다.

또한 급매물이 언제, 어떤 이유로 나왔는지 정확하게 확인을 해 보아야 한다. 이는 매도인이 급하게 매도할 수 밖에 없는 상황이라면, 그만큼 협상에서 유리한 고지를 잡을 수 있기 때문이다.

매수 의뢰는 신뢰가 가는 공인중개사무소 두곳 정도에만 의뢰를 해두는 것이 좋다.

너무 많은 부동산 사무소에 의뢰를 하면 여러 부동산이 전화를 하게 되고, 매수인은 한명이지만 땅 주인은 매수인이 여러 명이라고 착각을 할 수 있어, 매물 회수나 가격인상을 할 수도 있기 때문이다. 시세보다 너무 많이 낮게 나온 급매물이라면 한번 정도 의심을 해봐야 한다.

세상에 공짜가 없는데 왜 싸게 내 놓은 것인지 납득이 가는 타당한 이유가 있어야 한다.

자 그러면 급매물이 나와서 현장조사 까지 마쳤다고 한다면 최대한 빠르게 신속한 결정을 해야 한다. 마음에 들지 않는 급매물이라면 빨리 "NO" 를 말하고, 목표 가격에 어느 정도 맞거나 근접한 매물이라고 하면, 마지막으로 추가 인하를 요구한 후 만족스러운 가격이라면 과감하고 신속하게 계약을 하는 것이 좋다.

# 고수와 하수의 갈림길

## 금맥을 보는 눈

### 미래 가치에 비해 저평가된 땅을 찾아라

조금 더 눈을 돌려 지방에 소재한 땅에 투자하기로 생각하고 있다고 치자. 이런 경우에는 개발의 진행 여건에 따라 폭등할 가능성을 지닌 땅에 주목하는 수도권지역과는 달리 지가가 매우 저렴하게 형성되어 있는 땅을 찾아 나서는 전략이 필요하다. 즉 주요 공략 대상은 상대적으로 저렴한 지방의 땅이다.

필자가 이렇게 강조하는 것은 이런 땅들이 높은 수익률을 현실화시켜 주기 때문이다. 일례로 신도시란 인프라가 형성된다면 부동산 시장에 활력이 생기고 땅값은 급등하기 마련이다. 지방의 땅값은 여전히 낮은 곳이 많아 이런 인프라가 형성될 가능성만 있다면 비교적 소액으로도 투자가 가능하다. 그리고 그만큼 높은 수익을 기대할 수 있다.

**▶▶▶ 콕 짚어 주는 땅 투자 포인트 ◀◀◀**

**땅 투자는 미래를 사는 것이다**

투자자들을 만나다 보면 과거의 시세에 얽매이는 사람들을 종종 만나게 된다. 이런 투자자들을 만날 때는 답답하다는 생각이 먼저 든다.
이미 떠나버린 열차는 소용이 없다. 지나가버린 과거의 시세를 가지고 고민해 봐야 아무 쓸 데도 없다는 얘기다. 땅 투자는 미래지향적이어야 한다.
땅 투자로 돈을 번 사람들의 특징은 통이 크고 결단력이 빠르다는 공통점이 있다. 이들은 신속하게 결정하고 망설임 없이 사고 판다. 미래를 염두에 두고 판단을 내리는 사람들이 큰돈을 버는 경우가 많다는 것을 명심할 필요가 있다.

현재 국토 개발 진행을 보면 지방을 중심으로 이루어지고 있다. 실제로 세종시를 비롯한 공공기관의 이전, 기업도시 건설 등을 보면 이해할 수 있을 것이다.

이와 같은 개발의 이면에는 수도권의 과밀화 해소와 지방의 발전, 미래 발전 계획이 자리를 잡고 있다. 바꿔 말하면 황무지가 황금의 땅으로 탈바꿈을 하는 기적을 만나게 될 수도 있다.

따라서 고수익을 원하는 땅 투자자라면 주저할 필요가 없다. 머릿속으로 생각할 시간에 정부의 부동산 정책 흐름과 지방의 변화 발전상을 분석해야 한다. 그 분석을 바탕으로 보다 능동적이고 과학적으로 투자에 나서야 성공할 수 있다.

부동산 시장에는 반드시 틈새시장이 있다. 남들이 보기엔 볼품없어 투자 가치 역시 떨어져 보이지만 갈고 닦으면 금싸라기가 되는 땅이다. 현재는 개발이 되지 않아 불모지처럼 보이지만 언젠가는 개발될 가능성이 있는 지역의 땅이기도 하다.

그 중 하나는 규모가 매우 작은 자투리땅이다. 이런 땅은 주로 도시나 주거지 개발을 하고 공터로 남아 있다. 대부분 동네 어귀나 시내에 방치되어 있는 경우가 많다. 이런 땅은 워낙 규모가 작고 활용도가 없어 보이기 때문에 투자자들에게는 맹지에 불과할 뿐이다.

그러나 이런 땅도 잘 분석해 보면 쓸모가 있다. 일례로 농촌주택이나 임대용주택 등을 지어 임대수익을 내는 방식이다. 크기가 작은 것은 문제될 것이 없다. 합병 개발 방식으로 용적률을 높이거나 급경사면을 다듬어 건축이 가능한 땅으로 만드는 등 방법을 찾아보고 해답을 찾았다면 땅의 운명을 바꿀 수 있게 된다. **진정한 고수는 남들이 쓸모가 없다고 생각하는 땅에서 개발 가능성을 발견해 내는 것이다.**

당연히 맹지로 분류되어 천덕꾸러기 신세를 면치 못하는 땅도 입지 조건에 따라 얼마든지 좋은 땅으로 거듭날 가능성이 높아 고수들은 오히려 이런 땅을 노린다. 맹지에 도로를 내는 방법을 찾을 수 있다면 천덕꾸러기 땅도 보석이 될 수 있다. 물론 맹지에서 탈출하는 방법들은 다양하고, 어떤 것들은 전문적인 지식을 필요로 하기도 한다. 작은 다리를 놓거나 관을 묻으면 도로와 접할 수 있는 구거가 존재하는 땅처럼 얼마든지 맹지로부터 벗어날 수 있는 방법을 찾는 시선이 필요하다.

쓰레기매립장 등 혐오시설이 인근에 있는 땅도 틈새시장으로 노려

볼 만하다. 이런 땅 주변은 개발이 되지 않은 경우가 많다. 기반시설이나 상가 등도 들어오길 꺼려 하기 때문에 땅값은 자연히 인근지역 시세에 비해 낮다.

하지만 이런 혐오시설이 계속 그 자리에 있으란 법은 없다. 언젠가는 이전하거나 폐쇄하기 마련이다. 그때를 노리고 미리 싼 값에 땅을 사놓는다면 성공적인 투자를 할 수 있다.

인근 도시에서 개발이 이루어지고 있는 토지도 현재는 저평가되어 있는 땅이다. 이런 땅은 토지 시장의 블루칩으로 통하는데, 토지사용승인만 나면 비싼 값에 팔리기 때문이다. 이 같은 땅에는 소형 다가구주택을 지을 수 있어 임대수익을 누릴 수 있는 땅이기도 하다.

체비지도 틈새 토지 중 하나다. '체비지替費地'란 토지구획정리사업비의 일부를 충당하기 위해 매각할 목적으로 환지換地에서 제외하는 토지를 말한다. 즉 사업을 하면서 그 비용을 토지로 받기 위해 남겨두는 땅이다. 이 체비지는 일반분양 전에 우선 매입할 수 있어 싼 값에 목 좋은 입지의 땅을 미리 매입할 수 있는 장점을 가지고 있다.

틈새 토지를 고를 때도 인근의 교통을 살펴보는 것은 중요한 과정이다. 일반 토지를 살 때는 교통이 원활한 지역이 좋지만 틈새 토지는 정체가 상습적으로 발생하는 지역이 좋다. 이런 지역은 교통정체 해소를 위해 고속도로나 지하철 등이 들어올 가능성이 높기 때문이다.

폐유지廢油地나 폐천廢川도 공략할 만한 틈새시장이다. 이런 지역이 용도 폐지되면 누구든 매입이 가능한데, 이럴 경우 지목이 대지로 바뀌게 되어 땅의 가치가 급상승하게 된다. 지목이 하천이나 구거, 유지인 땅도 지켜보는 것이 좋다. 이런 토지는 하루아침에 지목이 바뀌어 땅 팔자가 달라질 수 있다.

폐가가 있는 시골 땅도 좋은 투자 대상이다. 이런 땅은 투자자들이 외면하기 십상인 탓에 땅값이 매우 저렴한 경우가 많다. 일부 폐가들은 평당 30만 원 전후를 넘지 않기도 한다.

만약 접근성이 좋은 폐가가 있다면 펜션이나 농촌체험 숙박시설 등으로 재개발할 수 있다. 단 지목이 대지인 땅을 사야 한다. 농지는 명의 변경이나 소유가 쉽지 않기 때문이다.

## 기본시설이 갖춰졌는지 파악

산꼭대기 땅도 주변의 토지가 어떻게 쓰이느냐에 따라 투자할 만한 가치가 있다. 많은 사람들은 산 정상에 있는 땅이라고 하면 고개부터 갸우뚱하기 마련이다. 산에 있는 땅을 사서 무엇을 하겠냐는 것이다.

하지만 산꼭대기 땅이라도 주변의 땅이 누구의 소유인지에 따라 활용도가 180도 바뀔 수 있다. 만약 주변 땅이 기업이 소유하고 있는 땅이라면 사 두는 것이 좋다. 그 주변의 땅은 언제든 개발 가능성이 있기 때문이다.

저당이 잡혀 경매시장에 내놓으려는 땅도 투자하기 좋은 토지다. 만약 조건이 맞는 땅에 저당권이 설정되어 있고 채무자가 변제할 수 없다면 해당 금융기관에 채무를 변제하고 저당권을 인수해 자신의 땅으로 만들 수 있다. 이런 경우 시세보다 싼 가격에 물건을 매입할 수 있다.

이처럼 저평가된 땅이나 급매물로 내놓은 땅 등을 골라 사는 것은 토지 시장의 틈새를 잘 공략하는 방법이다.

그런데 주의할 점이 있다. 전기와 상하수도 등 기본시설이 갖춰져 있는지를 알아봐야 한다는 것이다. 도시와는 달리 시골은 아직 전기나 도시가스, 상하수도 시설이 미비한 곳이 있는데, 이런 지역은 사비를 들여 설치비를 내야 하는 경우가 있다. 싼 땅을 사려다 의외의 복병을 만나 낭패를 보지 않으려면 계약 전 현장답사 등을 통해 꼼꼼하게 알아보는 것이 필요하다.

## 부동산 정보는 곧 돈이다

정년퇴직을 3년 앞둔 D씨는 얼마 전부터 관심을 쏟고 있는 땅 투자에 대한 정보를 얻기 위해서 분주하게 움직이고 있다. 투자할 곳을 알아보기 위해 각종 투자 모임이나 세미나에 쫓아다니기도 하는데, D씨가 현재 참여하고 있는 모임은 모두 세 개다. 이들 모임 구성원들은 정기적인 모임을 갖고 자신들이 가지고 있는 정보들을 서로 공유한다. 적어도 구성원들만큼은 투자 수익을 확실히 올리겠다고 의기투합된 상태다.

그가 모임에 열심인 이유는 따로 있다. 투자처를 알아보다가 우연히 개발 정보를 다른 투자자들보다 먼저 알게 되었는데, 자금이 부족해 망설이고 있는 사이에 땅값이 올라버렸다. 엄두도 내지 못할 만큼 뛰어 오른 땅값에 망연자실하는 뼈저린 상황을 맞은 셈이다. 그가 모임에 열성적으로 참여하면서 함께 수익을 올리는 동지 의식을 갖게 된

계기였다.

땅 투자를 할 때 정보는 수익의 보고寶庫라고 할 수 있다. 한 마디로 부동산 정보는 곧 '돈'이다. 다른 투자자들보다 앞선 투자를 해야만 먹을 것이 많다는 얘기다. 그 중에서도 개발 지역 정보는 황금알을 낳는 거위나 다름이 없다.

정보를 습득한다는 것은 투자 시기를 잡는다는 것과 일맥상통한다. 전문가들이 내놓는 리포트나 유튜브, SNS, 언론기사 등에서 정보를 얻는 것은 기본이다. 보다 고급스러운 정보를 얻기 위해서는 차별화된 정보 습득 채널이 있어야 한다. 뿐만 아니다. 정보를 얻기 위해서는 부지런함 또한 갖추고 있어야 한다.

미시경제와 거시경제를 살펴보고 거시경제의 흐름을 예상하고 있어야 하지만 무엇보다 정보에서도 개발 정보의 가치가 높은 것은 당연하다. 성공적인 땅 투자를 하기 위해서는 정부의 정책개발축을 꿰뚫고 지역개발 시기 등을 간파하고 있어야 한다는 말이다.

### 정보를 습득하기 위한 가장 좋은 방법은 무엇일까?

주변에서 땅 투자를 하기 위해 동분서주하는 투자자들을 보면 소문이나 언론매체, 인터넷, 유튜브, 부동산 전문가, 공인중개사, 지인 등 다양한 채널을 통해 정보를 얻기 위해 노력한다.

여기서 중요한 것은 정보의 가치다. 이 같은 방법으로 정보를 얻는다고 해도 알짜 정보는 아니라는 게 필자의 경험이다. 정보라고 다 같은 정보가 아니다. 알짜 정보 등 투자의 맥을 짚는 게 상당히 중요하다. 그런 측면에서 본다면 무작정 되는 대로 정보를 수집을 한다고 해서 알토란 같은 투자로 돈을 불리기 힘들다. 수익을 낼 수 있는 확률이 거의 없다는 얘기다.

알토란 정보를 쉽게 얻을 수 있는 방법은 인터넷, 신문, 부동산전문 방송채널, 유튜브 등을 이용하면 된다. 그 속에 해답이 있다. 이들 매체에서 말하고자 하는 예측과 투자처는 비슷하다. 중요한 것은 그 속에 숨어 있는 정보다. 고급 정보를 내 것으로 만들기 위해 눈에 불을 켜고 찾으면 알짜 정보를 만날 수 있다. 각종 정보 속에서 옥석을 얼마만큼 잘 가리느냐에 따라 투자의 성패를 가늠할 수 있는 것이다.

알짜 개발 정보를 파악할 수 있는 또 다른 방법은 지역 내에서 개발 정보 접근이 쉬운 사람들과 친분을 쌓는 것이다. 예컨대 건설회사, 부동산전문가, 공인중개사, 건축사, 감정평가사가 그들이다.

부동산 정책을 관장하고 있는 정부부처 종사자들도 좋은 정보원이다. 국토교통부, 기획재정부, 농수산식품부, 문화부, 산림청, 행정안전부, 환경부 등이 이에 해당한다. 이들을 통해 볼 수 있는 것은 다름 아닌 부동산 시장의 움직임과 정책이다. 개발 정보가 시중에 떠도는 것은 통상적으로 1년 전부터지만 지역 내 사람들이나 관계 부처 종사자들은 그 정보 습득이 일반인들보다 훨씬 빠르다. 정보 선점은 투자에 있어 현금과 같다고 생각해야 성공할 수 있다.

문제는 정보를 선점했다고 해서 무조건 성공할 수 있는가 여부다. 그 대답은 "아니오"다. 선점한 정보를 어떻게 처리하고 요리하는가에 따라 성패는 갈라진다. 일단 선점한 개발 정보에 대한 신뢰성 체크가 중요하다. 신뢰성을 체크하려면 현장에 가보는 것이 가장 좋다. 투자하고자 하는 땅의 소재 시청이나 군청의 담당부서, 읍 · 면사무소 등을 방문하는 것이 바람직하다.

담당 공무원도 만나야 한다. 개발 사항을 꼼꼼히 알아내기 위해서다. 간혹 보면 전화 문의로 끝내려는 사람들이 있는데 이는 좋지 않은 방법이다. 완벽한 개발 정보를 얻을 수 없기 때문이다. 실제로 전화를 할 때는 질문과 대답으로 이뤄지는 경우가 다반사다. 결국 투자자는 질문을, 담당자는 그에 대한 대답에 그친다. 이런 방법으로는 결국 알짜 정보를 얻기가 사실상 불가능하다고 봐야 한다. 보다 세부적인 정보를 확인하려면 도시계획도면이나 예정도의 서류나 도면을 열람하면서 필요한 정보를 파악해야 한다.

▶▶▶ 콕 짚어 주는 땅 투자 포인트 ◀◀◀

**먼저 위험을 보라**

땅 투자자들이 쉽게 말하는 잘못된 습관을 꼽는다면 수익만 생각한다는 점을 빼놓을 수 없다. 일단 계산기 먼저 두드린다. 하지만 한 번 잘못 꼬이면 돌이킬 수 없는 게 땅 투자다. 아무것도 모르고 쓸모없는 땅을 사서 오랫동안 고생을 많이 하는 사례를 종종 보아왔다.

땅 투자를 할 때는 수익 요인과 위험 요인을 함께 짚어보는 자세가 필요하다. 위험을 알고 준비하면 위험은 결코 닥치지 않는다는 것은 투자의 진리다. 위험을 줄이면 이익은 저절로 생겨 나는 게 바로 투자의 진리다.

정보의 신뢰성을 확인하는 데 꼭 필요한 것은 시세 파악이다. 땅값에는 정가가 매겨져 있지 않다. 바꿔 말하면 얼마든지 바가지를 쓸 공산이 크다는 얘기다. 시세를 파악하는 방법으로는 일반적으로 공인중개사무소를 찾는 것이다. 하지만 확인의 발걸음을 여기서 멈추면 안 된다. 투자하고자 하는 곳과 조금 떨어져 있는 지역의 시세까지 확인해야 한다. 동네 상점 주인이나 이장 등 지역 주민들을 만나 파악하는 것도 좋은 방법이다.

그러나 최근에는 실거래가 신고가 법으로 의무화 되어 있기 때문에 인터넷에서 '땅야' '디스코' '밸류맵' 등의 앱을 사용하면 얼마에 거래되고 있는지 실거래가를 상세하게 알 수 있다.

### 부동산에 호재가 되는 정보 캐기

땅 투자로 수익을 얻으려면 일단 토지 시장이 들썩여야 한다는 전제조건이 따른다. 토지 시장이 들썩이려면 무엇이 필요할까. 바로 투자자금이 시장으로 몰려야 한다.

하지만 그 시기를 알아채기란 쉽지 않다. 이럴 때 유용하게 활용할 수 있는 것이 금리에 대한 뉴스다. 금리의 등락에 따라 향후 시장의 움직임을 눈치챌 수 있어서다. 실제 금리의 움직임과 투자자들의 움직임은 비슷하다.

생각을 해보자. 금리가 올라간다면? 투자자들은 이자를 챙기기 위해 금융권으로 몰린다. 반대로 금리가 내려간다면? 투자자들은 금융이자보다 더 높은 많은 수익을 챙기기 위해 다른 곳으로 눈을 돌린다. 주식시장이나 부동산 시장이 대표적인 경우다.

그렇다면 금리가 무엇이기에 투자자들이 움직이는 것일까? 금리는 돈을 빌려주고 받는 이자다. 만일 1억 원을 연 10%에 1년 동안 빌려줬다면 이자는 1,000만 원이다. 연 5%로 빌려줬으면 이자는 500만 원이다.

가령 1억 원이라는 돈을 굴린다고 가정을 해보자. 그런데 은행에서 연 5%의 이자를 준다고 한다면 1년 동안 500만 원을 벌기 위해 은행에 돈을 빌려주기보다는 다른 투자 방법을 생각할 것이다.

투자자들이 은행이 아닌 다른 투자 방법을 생각하는 경우는 금리가 내려갈 때다. 금리가 내려가면 예금과 대출에 대한 금리도 따라서 내려간다. 어떤 사람들은 이럴 때 싼 이자로 돈을 빌려 땅에 투자한다. 보통 땅 투자를 하는 사람들은 자금의 일부를 은행에서 대출하는 경우가 많다. 이런 분위기로 인해 돈이 토지 시장으로 몰리면 수요가 많아지므로 자연히 땅 값은 올라가게 된다.

금리가 올라가면 사정은 달라진다. 예금과 대출금리가 같이 올라가기 때문에 은행에서 돈을 빌린 사람들은 높은 이자를 부담하지 않기 위해 돈을 갚게 된다. 돈을 빌리려는 사람도 줄어든다. 당연히 토지 시장의 수요는 줄어들게 되고 땅값은 떨어지게 된다.

땅 투자를 할 때 금리의 움직임을 파악하는 게 매우 중요한 이유가 여기에 있다. 금리의 움직임을 파악하려면 시중에 돈의 양을 유심히 관찰하면 된다. 시중에 돌아다니는 돈이 많으면 땅값은 올라갈 가능성이 많아지고, 적으면 땅값이 떨어질 가능성이 크다.

## 금리정책 따라 토지 시장 오락가락, 콜금리 인하는 호재

금리의 움직임을 미리 알기 위해서는 정부가 발표하는 정책에 귀를 기울일 필요가 있다. 예컨대 정부가 금융종합과세나 금리인상정책을 암시하면 금리가 올라가고 돈이 적어지면서 토지 시장은 언제 그랬느냐는 듯 얼어붙는다. 반대로 정부가 금리완화정책을 내놓으면 금리는 떨어지고 시중에 돈이 많아지면서 땅값은 올라간다.

투자자가 뉴스를 볼 때 조심할 것은 정부의 정책 방향이다. 특히 강력한 세금정책 등을 주의해야 한다. 부동산이 한풀 꺾일 가능성이 높은 탓이다. 가령 양도세나 보유세 등을 크게 강화하게 되면 금리와는 상관없이 투자자들은 위축될 수밖에 없다. 그러면 거래는 줄어들게 되고 땅값 역시 떨어질 공산이 커지게 된다.

뉴스 중 호재로 작용하는 것 중 또 다른 것은 콜금리 인하다. 콜금리란 금융기관끼리 초단기로 돈을 빌리고 빌려 주면서 적용하는 금리를 말한다. 콜금리 인하가 호재인 이유는 통제 역할을 수행하는 한국은행의 금융통화위원회가 경기가 너무 위축될 것으로 보고 경기를 활성화하기 위해 결정을 내리는 경우가 많다는 이유에서다. 콜금리를 인하한다는 것은 부동산 시장을 띄운다는 말과도 통한다고 보면 된다.

주택시장이 달아오른다는 뉴스도 호재라고 할 수 있다. 이는 주택시장과 연동해 움직이는 것이 토지 시장이기 때문이다. 일반적으로 주택시장과 토지 시장은 후행 관계를 가지고 있다. 예컨대 주택시장이 달아올라야 토지 시장이 그 뒤를 따라 상승한다는 것이다.

머릿속에 그림을 그려보면 이해를 할 수 있다. 주택공급이 활기를 띠면 자연히 원자재인 토지 거래가 많아지게 된다. 게다가 공장용지 등의 수요도 높아지면서 땅값이 상승하게 된다. 결국 주택시장의 흐름을 보면 토지 시장의 움직임을 읽을 수 있는 셈이다.

**▶▶▶ 콕 짚어 주는 땅 투자 포인트 ◀◀◀**

**투자 방식 변해야 산다**

땅 투자는 장기투자다. 향후 개발사업 등이 성숙기에 접어들면 가격 상승폭이 크지 않을 수 있다. 사실 그동안의 땅 투자는 대체적으로 개발계획이 발표되는 정보를 파악하고 발표 시점과 착공, 준공 시점의 땅값이 상승한다는 차원의 투기적 거래가 많았다. '사재기'식 투자가 이뤄진 셈이다.

하지만 이제 달라지고 있다. 개발사업이 성숙기에 접어들고 있다. 그런 만큼 이와 같은 땅 투자 패턴은 자칫 실패하기 쉽다. 단기투자 목적으로 접근하는 것은 성공하기 어렵다. 귀농이나 경작 등 실수요자 측면에서 접근해야 성공 확률이 높아진다.

### 개발 기사로 정보 캐기

수많은 개발 관련 기사 중 수익을 올릴 수 있는 기사는 어떻게 가려낼 수 있을까. 뉴스에 나오면 타이밍을 놓치고 앞서 투자를 하자니 보이지 않는다. 숲을 봐야 하는데, 숲은 보이지 않고 나무만 보인다. 초보투자자는 마음이 답답하기만 하다.

개발 관련 기사를 제대로 분석하기 위해서는 무엇보다 정부의 큰 개발 줄기를 읽어낼 수 있어야 한다. 그래야만 큰 그림 속에서 어떤 가지가 수익을 안겨줄지 가려낼 수 있다. 정부가 주도하는 개발사업이 어느 정도 파급효과를 가져오게 될 것인지는 투자자들이 잘 알고 있을 것이다. 가령 서울과 수도권은 대한민국의 심장부로 자리매김함으로써 상상 이상의 혜택을 누리고 있다. 수십 년 동안 땅값이 수 천 배는 올랐기 때문이다.

이런 현상은 신도시 하나가 들어설 때마다 나타나고 있다. 해당 지역에만 국한되지 않는다. 주변 지역 역시 들썩거린다. 들썩거린 땅값은 개발이 멈추지 않는 한 상한곡선을 그려내고 있다.

그러면 언론을 접할 때 어떤 것을 집중적으로 관심 사항에 두어야 할지 정해진다. 바로 개발 발표 기사다. 개발 발표 기사는 땅값을 요동치게 만든다. 따라서 요동치는 땅값의 변화를 계속 체크해야 한다.

땅값 상승이 어느 방향으로 흐르는지, 주변 땅값 동향은 어떤지, 흐르고 있는 파장 가운데 아직 효과가 나타나지 않는 땅은 없는지 면밀하게 찾아봐야 한다.

예를 들어서 수도권 남부인 용인과 안성을 분석해 보면, 용인은 용인SK하이닉스 반도체 개발, 플랫폼씨티 개발, 사통팔달의 교통허브… 등 안성은 세종-포천간 고속도로, 수도권 내륙철도와 평택~부발선, 대기업인 삼성 등이 앞다투어 대규모 산업단지 개발 등 개발 호재가 수두룩 하기 때문에 용인 · 안성이 투자자들로부터 초미의 관심사가 되고 있는 것이다.

기업도시건설도 마찬가지다. 이와 같은 보도를 접하면 곧 이어 특정 지역에 엄청난 투자가 이뤄진다는 것을 예견해야 한다. 기업도시건설은 그 도시의 발전을 가속화시키기 마련이다.

보도를 통해 개발이 집중될 지역을 찾아내야 한다. 지금은 신도시에서 다소 떨어져 있다고 하더라도 곧 개발 열풍에 동참할 가능성은 높다. 이런 지역은 상대적으로 땅값이 덜 오른 상태이기 때문에 투자 메리트는 충분하다고 할 수 있다.

무엇보다 개발과 관련된 보도를 접할 때는 후속효과를 가려내는 데 집중해야 한다. 예컨대 A란 지역에 ○○가 들어선다는 발표가 나왔다고 하자. 그러면 그 다음은 도로가 어떻게 나고 철도는 어느 길을 따라 흘러갈지 알아봐야 한다. 또 역세권은 어딘지, 상권은 어떻게 형성되는지도 찾아봐야 한다. 이 같은 내용은 보도에서 암시해 주고 있다.

개발에 관련된 보도를 통해 보다 좋은 정보를 캐기 위해서는 정부의 부동산 정책을 꿰고 있어야 한다. 그래야 다른 투자자들보다 먼저 선점할 수 있다. 이는 정부의 지역 발전 계획을 알아보면 유리한 고지를 점령할 수 있다. 예컨대 수도권의 경우 수도권과 비수도권의 상생 발전을 위한 윈-윈 전략이 주요 목표다.

---

**▶▶▶ 콕 짚어 주는 땅 투자 포인트 ◀◀◀**

**어깨에서 팔아라**

투자 격언 중에 "무릎에 사서 어깨에 팔라"는 말이 있다. 땅 투자에서 욕심은 금물이다. 80% 정도에 만족하는 게 좋다. 적정한 이익에 만족하는 것이 또 다른 투자를 하는 데 있어서도 유리하다. 떠날 줄 알 때 비로소 돈도 따라온다. 만일 땅 투자를 통해 100%의 이익을 보고자 한다면 오히려 낭패를 겪을 수 있다는 것을 잊어서는 안 된다.

---

## 교통망 기사 제대로 보기

K씨가 기사를 스크랩까지 하면서 탐독하는 부분은 교통망과 관련된 기사다. 토지 재테크에서 도로나 철도 등 교통망이 차지하는 비중이 얼마나 큰지를 잘 알고 있기 때문이다. K씨가 교통 기사에 유독 신경을 쓰는 이유는 토지투자자인 지인 L씨의 성공 스토리에 있었다.

L씨는 5년 전 제2경부고속도로라고 불리는 세종-포천간 고속도로가 지나가는 동안성IC 인근 시골의 땅을 샀다. 그런데 누가 봐도 허접해 보이는 땅이었다. 도로가 나지 않아 유동인구도 적고 지나가는 차량도 극히 드물었다. 그런데 그런 땅에 어느 날부터 도로가 만들어지고 교통량이 늘어나면서 땅값이 4배 가까이 올랐다. 아무도 거들떠보지 않는 땅에 투자를 해 쏠쏠한 재미를 맛본 것이다.

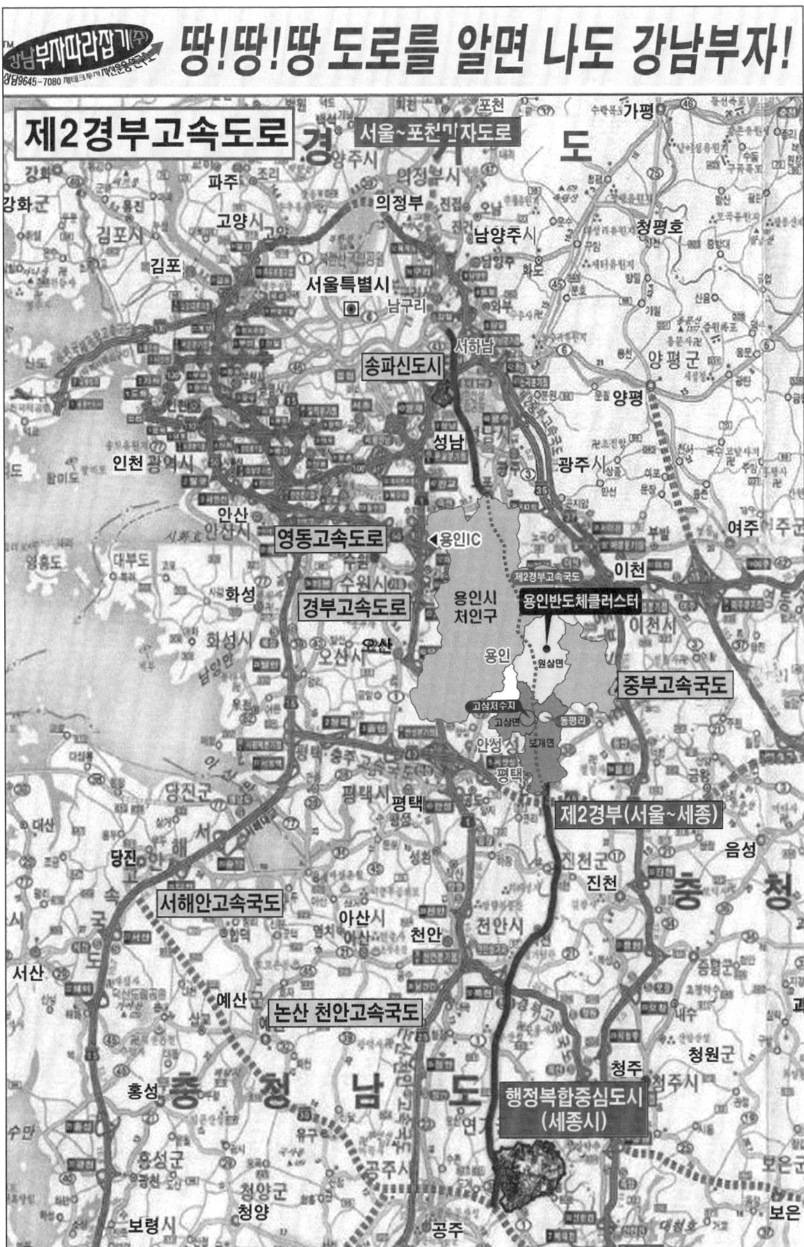

땅!땅!땅 도로를 알면 나도 강남부자!
제2경부고속도로
서울~포천민자도로
송파신도시
영동고속도로
용인IC
경부고속도로
제2경부고속국도
용인반도체클러스터
용인시
처인구
용인
원삼면
중부고속국도
고삼저수지
고삼면
동평리
보개면
제2경부(서울~세종)
서해안고속국도
논산 천안고속국도
행정복합중심도시
(세종시)

이를 지켜본 K씨는 도로의 중요성을 다시 한 번 체감했고 인터넷과 신문 속에서 교통망과 관련된 정보만 나오면 가위로 오리고 스크랩하기에 바쁘다.

이처럼 교통과 관련된 부분은 땅과 밀접한 관련성이 있다. 단순하게 교통이 열리는 곳에 토지도 움직인다고 생각하면 된다. 따라서 토지와 관련된 기사를 읽을 때 도로에 관한 기사는 더욱 유심히 읽는 것이 좋다.

이런 도로나 철도의 건설 계획은 국토교통부에서 주관한다. 국토교통부의 결정에 따라 어느 지역에 도로가 만들어질지, 철도가 들어설지가 정해진다. 지방자치단체의 역할도 크다. 지역에서 자체적으로 건설되는 지방도로는 지방자치단체가 주관하기 때문이다.

따라서 국토교통부나 지방자치단체 홈페이지 등에 들어가 계획이나 중장기 교통망 건설 계획을 늘 주시하는 것이 필요하다. 이곳을 찾아가면 누구나 쉽게 찾아보도록 지도와 계획 등이 소개되어 있다.

이런 정보가 공개되는 또 다른 곳이 바로 신문이다. 부동산 섹션이나 사회, 메트로 섹션 등에 실린 관련 기사를 꼼꼼히 체크하고 어떤 지역이 투자처로 유망한지를 판단해야 한다. 사실 새로운 교통망이 생기는 곳은 땅값이 오르는 게 일반적이다. 이때 투자자들이 잊지 말아야 할 것은 개발 호재에 따른 땅값 변동은 보통 발표 시점과 착공, 완공 시점 등 3단계에 거쳐 나타난다는 사실이다.

이 가운데 착공은 개발 호재가 가시화 되는 시점으로 호재에 대한 기대치가 가장 높게 나타나는 만큼 그 시기를 파악하는 것이 매우 중요하다고 할 수 있다. 시기를 예측하고 미리 그 땅을 선점할 수 있다면 수익은 충분히 보장받을 수 있다.

◈◈◈ 이것만은 알고 가자! ◈◈◈

**지가상승 3단계설**

부동산 시장에서는 종종 '가격상승 3단계설'이나 '부동산 변동론'이라는 말이 등장한다.

가격상승 3단계설이란 일본에서의 지가상승 경험에서 나온 말이다. 주요 골자는 미개발 상태의 지역에 도로 건설 등 개발이 이루어질 경우 개발계획 발표 단계에서 지역 내 토지 가격은 3배 정도 상승하고 개발사업이 착공되면 다시 3배 정도, 개발사업이 완공되면 다시 3배 정도 상승해 전체 기간 동안 총 27배까지 상승한다는 것이다. 우리나라에서도 개발과 택지개발지구 주변을 중심으로 유사한 사례들이 발생했으며 계획 발표와 착공, 완공 단계에서 상승하기는 했으나 각 단계에서 상승률은 상이한 경우가 있다.

### 철도개통으로 인한 미래가치가 높은 역세권이란?

1. 개통했을 때 이용하기 편리한 노선인가?

기존에 운영하고 있는 교통체계와 비교해 절대 우위를 점하지 못하면 영향을 미치지 못 한다.

2. 일자리 밀집지역, 주거 인프라와 연결되는가?

양질의 일자리가 많은 곳과 연결되는 노선은 가치가 높아진다. 따라서 신규노선이더라도 주요 지역을 얼마나 잘 연결하고 있는지를 살펴야 한다.

3. 도로와 철도가 함께 연결되는가?

대규모 예산이 필요한 사업이 도로와 철도 건설사업이다. 한정된 예산으로 사업을 진행하기 때문에 함께 연결되는 곳은 이유를 살펴봐야 한다. 집중 육성지역으로 단기간에 수요가 폭발하는 곳이라 볼 수 있다.

---

▶▶▶ 콕 짚어 주는 땅 투자 포인트 ◀◀◀

**도로망을 파악하라**

적극적인 투자자라면 쏟아져 나오는 상품들 가운데 미래 가치가 유망한 '흙속의 진주'를 발굴하려는 노력을 기울여야 한다. 그 진주 중 큰 부분을 차지하는 것이 바로 도로망 인근 땅이다. 시세차익을 노릴 수 있는 토지투자의 기본은 새 도로가 뚫리는 곳이나 전철이 들어서는 곳 주변의 수혜지역이다. 이들 지역은 개발 여지를 암시하므로 선점만 한다면 많은 시세차익을 노릴 수 있다.

---

## 정부의 부동산 정책 흐름으로 정보 캐기

땅값은 사려는 사람보다 팔려고 하는 사람이 많으면 내리고, 그 반대라면 오른다. 이것은 분명한 이치다. 하지만 누구도 땅값을 모른다. 특히 미래의 땅값은 귀신도 모른다. 이것을 알고자 한다면 사방팔방 정보가 되는 것은 모두 관심을 갖고 주워 모아야 한다.

그 중에서도 정부의 부동산 정책과 관련된 것을 빼놓아서는 안 된다.

정부 정책을 모르고 토지 시장의 앞날을 내다본다는 것은 어불성설이다. 정부가 제시한 부동산 정책이나 제도는 토지 시장에 엄청난 파급력을 가져오기 때문이다.

따라서 부동산 관련 기사를 통해 정보를 수집하는 투자자들이라면 함께 봐야 할 기사가 정부 정책에 관한 기사라고 할 수 있다. 특히 정부 정책 기사는 부동산 기사와는 달리 보다 더 먼 미래를 내다보고 접근하기 때문에 향후 정부의 행보를 미리 예측해 볼 수 있다. 이는 다른 투자자보다 한 발 앞서 땅 투자 정보를 얻을 수 있는 지름길이기도 하다.

부동산과 관련된 정부 정책 기사 중 하나는 연말연시에 많이 나오는 기사로 새해에 달라지는 정책에 관한 내용을 담고 있다. 가령 '2023년 달라지는 부동산 정책' 등의 제목을 달고 나온 기사들은 꼼꼼히 살펴봐야 한다.

부동산 정책은 시시각각 변화한다. 특히 새해가 되면 이전 해의 경제상황에 따라 많은 부분이 달라지게 마련이다. 세금과 관련된 부동산 정책도 부동산 시장을 쥐락펴락하는 요소이므로 관련 기사나 정보라면 그로 인해 가져올 효과를 꼼꼼하게 검토해야 한다.

▶▶▶ 콕 짚어 주는 땅 투자 포인트 ◀◀◀

**정부 정책 보는 법**

정부에서 발표하는 정책 한마디로 인해 부동산 시장이 출렁이는 것을 간혹 볼 수 있다. 그만큼 정부의 부동산 정책은 부동산 시장에 커다란 영향을 미친다. 따라서 이 같은 정부의 부동산 정책의 움직임을 눈여겨 봐야 한다. 다시 말해 정부가 무슨 말을 하고 있고 어떤 부동산 정책을 펴고 있으며 앞으로 어떤 계획을 갖고 있는가를 관심 있게 봐야 한다.

정부가 말하고 시행하는 것들이 미치는 영향에 대해 빠르게 해석하면 수익 상승 효과에 도움을 받을 수 있다.

### 산업 관련 기사로 정보 캐기

땅 투자를 할 때 정보의 가치는 얼마만큼 정확한 정보인지가 투자자의 마음을 흔들어 놓는다. 그렇다면 그런 정보는 어떻게 얻을 수 있는가 하고 반문할 수 있다.

이런 정보를 손쉽게 얻는 방법 중 하나가 신문과 인터넷이다. 특히 산업정보 섹션을 보면 토지 시장의 움직임을 재빠르게 포착하는 데 도움이 된다. 경우에 따라서는 알짜배기 땅을 선점할 수 있는 기회를 만나기도 한다.

문제는 어떻게 알짜 정보를 찾는가 여부다. 땅 투자에 처음 나서는 투자자들은 더더욱 이 같은 정보를 찾기 어렵다. 알짜 정보를 찾으려면 무엇보다 넓은 시각을 가져야 한다.

단순한 정보에 집착하는 것은 금물이다. 이보다는 전체적인 흐름을 파악해야 한다. 이를 위해서는 신문을 읽을 때, 인터넷에서 정보를 검색할 때 산업 관련 기사에 흥미를 가지고 구석구석 읽을 필요가 있다. 전문가나 기자들이 견해까지 곁들여 실어놓은 것은 빠트리지 말아야 한다. 같은 주제로 나온 기사는 신문마다 어떻게 요리했는가를 따져보면 앞으로 어떻게 돌아가는지를 판단할 수 있다.

산업정보 섹션을 보면 산업 트렌드는 물론 반도체와 철강, 전기, 전자 등 산업 전반에 대한 기사들로 가득 메우고 있다. 기업들의 동향도 있다. 공기업과 개별 기업의 동향과 움직임이 자세히 다뤄지고 있다. 이와 같은 기사 가운데 땅 투자자들이 쉽게 관찰할 수 있는 것 중 하나는 기업 CEO들의 동정이나 인터뷰 기사들이다. 이런 기사를 유심히 보면 경우에 따라 월척을 낚을 수도 있다.

CEO가 누구를 만나고 어디에 가는가를 따져보면 기업 투자의 향방을 엿볼 수 있다. 예컨대 투자 문제를 협의하기 위해 누구를 만났다고 하면 가능성을 열어두는 게 좋다. 향후 실제로 투자가 이뤄지는지를 계속 점검하고 확신이 들 때 투자에 나서면 된다.

CEO나 기업 임원들의 인터뷰 속에는 향후 투자 계획이나 비전들이 숨어 있는 경우가 많다. 가령 인터뷰 기사 속에서 "언제부터 어느 지역에 얼마를 투자하겠다"는 내용을 발견한다면 그것이 바로 월척이다.

출처 : 동아일보

그러면 그 뒤에 구체적인 계획이 나오지는 주시하면 된다. 공장을 신설한다든지, 생산설비를 확충한다든지 하는 보도가 나오면 보다 적극적으로 투자에 임하면 좋다.

그렇다면 산업정보 섹션에서 호재로 작용하는 기사는 어떤 게 있을까.

대표적으로 꼽을 수 있는 것이 산업단지 조성이나 기업들의 이전 소식이다. 이 같은 소식은 훌륭한 투자처를 알려주는 것과 마찬가지다. 이 소식이 진행되기 전에 다시 말해 산업단지 조성이나 이전 작업이 들어가기 전에 땅을 사놓는다면 기대 이상의 수익을 얻을 수 있는 것이다.

물론 이때 빼놓아서는 안 되는 것은 단지 조성에 따른 후속 조치다. 어느 기업이 어디에 들어서는가 하는 것에 따라 땅값도 차이가 나기 때문에 보다 세밀하게 주시하고 파악해야 단 1% 포인트 수확이라도 더 얻을 수 있다.

실례를 한 번 보자. 2010년 2월말에 포항테크노파크(포항TP) 2단지 조성사업이 본격적으로 추진된다는 보도가 산업면에 실렸다. 3월 8일에 포항TP 2단지 특수목적 법인인 ㈜포항테크노밸리 개소식을 갖고 본격적인 사업추진에 들어간다는 내용이었다.

이 같은 보도만 챙겨도 고급 투자 정보를 얻는 것이다. 여기서 좀 더 발전시킨다면 투자와 발전 규모를 알아보는 게 필요하다. 벌써 이 정보만으로 땅값이 꿈틀대고 있는데 아직 땅을 사지 못했다면 황금알을 낳을 수 있는 땅을 신속하게 찾아내야 하기 때문이다.

실제 포항TP 2단지는 첨단기술연구개발과 산업화를 위해 2012년까지 4,200억 원을 들여 남구 연일읍 학전 · 달전리 일대 291만 5,000여 ㎡에 산업공단과 주거 · 문화 · 자연공간이 함께하는 환경친화적 첨단

생태산업단지로 조성할 계획을 가지고 있었다.

그렇다면 이런 정보를 통해 그에 따른 영향을 가늠해 볼 수 있다. 일단 본격적으로 사업이 추진되면 지역경제는 활성화된다. 부족한 산업용지 공급도 탄력을 받는다.

게다가 첨단업종과 연구소, 산업시설, 외국인 주거단지, 의료 · 복지 시설, 비즈니스센터, 레저 · 문화시설 등이 들어선다. 이것은 포항이 첨단 미래과학 도시로 발전하는 기반을 갖추게 된다는 것을 예고하고 있다.

최근에는 용인시 처인구 원삼면에 개발되는 용인 SK반도체 클러스터 산업단지 126만 평이 개발되는 주변 지역은 발표와 함께 땅값이 급상승하고, 토지 투기가 성행할 우려가 있어 정부에서는 2019년 3월 토지 거래허가지역으로 지정되었다. 용인특례시에 걸맞게 개발이 시작되면 50여 개의 소재, 부품, 장비업체가 입주하고, 3만 1천 개의 일자리 창출, 513조 원의 생산효과, 188조 원의 부가가치가 유발되는 대규모 산업단지가 개발됨으로써 주변의 투자는 황금알을 낳을 것이라고 필자는 확신한다.

이처럼 기업들의 동향을 미리 살펴보는 산업 섹션에서는 월척을 낚을 수 있는 기회를 제공하고 있다. 같은 기사라고 할지라도 조금만 더 노력을 기울인다면 다른 투자자들보다 한 발 앞서는 투자를 할 수 있다. 한 발 앞선 투자는 그만큼 큰 수익을 안겨준다.

▶▶▶ 콕 짚어 주는 땅 투자 포인트 ◀◀◀

**초보자는 장타를 노려라**

땅 투자를 할 때 초보자와 프로는 현격하게 다르다. 초보자가 단타에 나서는 것은 매우 위험하다. 일단 장기투자를 할 생각을 가지고 땅을 볼 때 돈이 되는 지역임이 확인되면 그 지역에서 어느 땅이 가장 인기가 있는지를 찾아야 한다. 매매 타이밍도 분석해서 가장 오르는 시기에 매도는 피해야 한다. 이보다는 가장 안 오르는 시기에 매도하는 것이 좋다.

## 부동산 매물 제대로 캐기

누구나 하루에 한번쯤은 부동산 매물 정보를 접하게 된다. 동네 부동산 사무소 유리창에 붙어 있는 매물정보, 신문마다 넘쳐나는 부동산 매물 광고와 기사, 인터넷과 유튜브에서 부동산 관련 사이트에 줄지어 투자자들을 유혹하는 매물들이 그것이다.

이렇다 보니 토지나 부동산에 관심이 없는 사람이라도 한번쯤은 "진짜 맞는 정보야?" 라는 궁금증을 가지게 마련이다.

그러면 이런 정보들은 모두 사실일까?

정답은 "아니오"다. 부동산에 관해 전문적인 지식을 가지고 있는 사람이 아니라면 사실과 거짓 정보를 가려내기 힘들 만큼 포장되어 있는 경우가 대부분이다. 일부러 값싼 매물을 내놓고 투자자들을 유혹하는 이른바 '낚시 매물'도 숱하게 있어 피해를 보는 사람들이 많다.

경기도 수원에 살고 있는 주부 L씨도 잘못된 매물정보에 속아 큰 손해를 볼 뻔했던 케이스다.

평소 땅에 관심이 많은 L씨는 신문이나 잡지의 부동산 관련 기사나 인터넷 부동산 사이트를 매일 찾다시피 하고 있다. 길을 걷다 발견하는 매물 광고도 유심히 보는 편이다. 이런 그녀에게 기막힌 매물 하나가 다가왔다. 우연히 찾은 인터넷 부동산 사이트에서 발견한 금싸라기 땅이었다. 한창 개발이 진행되고 있는 이 지역 땅은 없어서 못 살 만큼 인기가 많았다. 게다가 가격도 믿을 수 없을 만큼 싸게 나왔다.

당장이라도 땅을 사고 싶었던 L씨는 먼저 매물 밑에 남겨진 전화번호로 전화를 걸었다. 하지만 수화기에서 들려온 부동산 주인의 말은 실망스러웠다. 이미 그 매물이 팔렸다는 것이었다.

실망감을 안고 전화를 끊으려던 그녀에게 부동산 주인은 비슷한 조건의 땅을 비슷한 가격에 소개시켜 주겠다고 유혹했다. 이에 혹한 L씨는 그 길로 해당 부동산 주인을 찾아갔고 주인이 말한 땅을 봤다. 하지만 둘러본 땅은 광고에 나온 매물과는 천지차이였다. 별로 개발 가능성이 없어 보이는데다 가격도 터무니없이 높았던 것이다.

무언가 이상하다는 생각이 든 L씨는 그곳을 나와 인근 주민들에게 원래 사고 싶어 했던 땅의 시세를 물었다. 그 결과 값싸게 나온 그 땅은 인터넷에 나온 가격보다 5배는 더 비싼 땅이었다. 부동산 주인이 투자자들을 유혹하기 위해 허위 매물을 올려놓은 것이었다.

L씨는 "만약 현장답사를 하지 않고 매물을 내놓은 부동산 주인이 부동산업자가 권해 주는 땅을 덜컥 샀다면 어쩔 뻔 했을지 지금도 아찔하다." 라고 말했다.

L씨처럼 낚시 매물에 속아 시간과 돈을 낭비하는 투자자들이 있다. 이렇다 보니 공정거래위원회에 시정명령을 받는 부동산 관련 회사, 부동산 중개업소나 인터넷 부동산 관련 업체도 계속해서 나오고 있다.

또 하나 투자자들을 울리는 것은 허위 급매물 정보다. 불황이 지속되면서 시세보다 싸게 나온 급매물이 넘쳐나고 있다. 이를 보면 서울 강남의 인기 있는 매물도 급매물로 나와 있는 경우가 많다.

그런데 실상을 들여다보면 투자자들을 혼란스럽게 하는 급매물이 널려 있다. 내놓은 쪽은 급매물이라고 하지만 주변 시세를 살펴보면 별로 싸지 않은 매물인 경우도 많다. 시세보다 크게 낮은 가격의 매물은 확인을 해보면 '이미 나갔다'며 다른 매물을 소개하는 낚시 매물이나 허위 매물인 경우도 흔하다. 경매 물건이 급매물로 둔갑해 나오는 경우도 늘어나고 있어 투자자들을 괴롭히고 있다.

이처럼 부동산 허위 매물은 제대로 된 매물만큼이나 쏟아져 나와 정보력이 부족한 초보 투자자들을 울린다. 이런 정보들의 유혹에서 벗어나 제대로 된 정보들을 얻는 비법은 역시 현장답사다. 특히 상가 부동산을 분양받으려는 투자자들은 지역 상권을 직접 눈으로 확인해야 한다. 유동인구는 많은지, 주변에 지하철역이나 버스정류장이 있는지, 인근에 비슷한 점포들이 많은지 등의 조건들을 유심히 살펴야 한다.

### 과장광고 제대로 캐기

서울에 살고 있는 K씨는 부동산 관련 인터넷 사이트에서 눈에 띄는 광고를 발견했다. 충남 서산 지역의 농지가 투자에 유망하다는 내용의 광고였다. 광고 내용은 누구라도 혹할 만했다. 몇 년 안에 복합 레저타운이 들어설 것으로 예정돼 있는 최고의 입지이므로 투자만 하면 큰돈을 벌 수 있다는 내용이었다.

K씨는 노후자금으로 모아 두었던 돈을 모두 끌어 모아 이 지역의 농지를 사들였다. 그리고는 이 땅만 개발이 되면 남은 노후는 문제없을 것이란 장밋빛 미래를 꿈꾸며 잠시나마 행복했다. 하지만 그의 행복은 오래가지 못 했다. 뒤늦게야 찾아간 현장은 그야말로 허허벌판이었기 때문이다. 도로와 너무 멀리 떨어져 있는데다 주변에는 훌륭한 입지를 가진 넓은 땅이 숱하게 있어 자신의 땅은 시간이 얼마나 흘러야 개발될 수 있을지 그 가능성이 현저히 적었다.

거기에다 시세보다 5배 가까이 비싼 가격에 바가지로 땅을 샀다는 사실까지 알게 됐다. 그제야 과장광고에 속아 돈을 날리게 됐다는 것을 알게 됐지만 계약금을 전액 환불받기에는 이미 늦어버렸다.

인근 주민들이나 공무원들도 개발 가능성은 불투명하다고 입을 모았다. 대규모로 조성된 농지는 농업진흥지역이기 때문에 관광단지와 같은 용도로 개발하는 것은 현실적으로 어렵다는 것이었다.

K씨는 "그때 사기를 당한 뒤로는 땅을 거래할 때 반드시 현장을 답사하고 〈토지이용계획확인원〉 〈등기부등본〉 같은 관련 서류를 확인하는 것이 몸에 뱄다"고 말했다.

K씨처럼 과장광고 또는 기획부동산에 속아 돈을 날리는 투자자들은 적지 않다. 신문만 펼쳐 보면 수많은 토지분양 광고들이 투자자들을

유혹하고 있어 피해자들이 속출하는 것도 무리는 아니다. 더구나 요즘 이런 광고들은 기사들 사이에 끼어 있는데다 광고인지 기사인지 구분이 가지 않는 방식으로 게재하는 경우가 많아 속는 사람들이 많다.

그러면 과장광고의 유형에는 어떤 것이 있을까?

먼저 허황된 이익을 보장한다고 강조하는 광고들은 주의해서 볼 필요가 있다. 인터넷과 신문을 보면 '이 지역 땅만 사면 1년 내 1억 보장' 등의 자극적인 문구의 광고가 판을 치고 있는데, 이런 광고를 보면 누구라도 한 번 더 읽어볼 만큼 관심을 끌게 마련이다.

하지만 아무런 근거 없이 찬란한 앞날만을 내세우는 광고는 제대로 된 정보가 아닐 가능성이 높다.

또 다른 유형은 현행 관련법 규정상 토지 분할은 사실상 불가능한 토지임에도 불구하고 토지분할이 가능하고 분할된 토지에 관한 소유권이 단독 등기가 되는 것처럼 광고하는 것이다. 일부 광고를 보면 토지의 분할도 또는 가분할도를 게재해 도면대로 토지분할이 됐거나 될 수 있는 것처럼 광고하는 경우가 적지 않다.

분양 대상 토지가 속해 있는 용도 지역 등을 사실과 다르게 광고하는 경우도 많다. 가령 분양 대상 토지 중 일부만이 개발 추진이 용이한 '관리지역'에 속해 있고 대부분 개발 추진이 어려운 '농림지역' '보전산지'에 속해 있어도 모든 분양 대상 토지가 관리지역에 속해 있다고 광고하는 방식이다.

분양을 하는 토지의 인근 지역에 이미 개발되어 있는 지역의 사진을 실어 광고를 하는 대상 토지도 분양이 원활하게 이뤄지는 것처럼 눈속임을 하는 경우도 있다. 일례로 '공업단지 예정지역 근거리 땅 분양',

'OO 연구단지 건설', 'OO인터체인지 예정지에서 O분 거리'등 있지도 않은 계획을 사실인 양 적어놓는 광고다.

기본계획이 확정되어 있는 땅일 경우 그 과장 정도가 더욱 높아진다. 마치 공사가 진행되고 있거나 이미 끝났다는 식으로 허황된 광고를 싣는 경우가 많다. 예를 들어 고속도로가 분양 대상 토지 근처를 지나가는 것은 사실이나 대상 토지에서 멀리 떨어진 일부 구간만 확장하는 것임에도 불구하고 'OO고속도로 8차선 확장'이라고 광고하는 식이다.

리조트와 물류단지, 레저타운 등의 건설 계획이 없거나 내부 검토 단계임에도 불구하고 마치 존재하거나 확정된 것처럼 허위 · 과장 광고를 하거나, 분양 대상 땅이 임야임에도 불구하고 마치 평지의 땅을 분양하는 것처럼 광고하는 업체들이 처벌을 받는 경우도 많았다.

그러면 허위 과장광고에 속아 손해를 보지 않으려면 어떻게 해야 할까.

먼저 현장답사는 필수다. 광고에 실린 대로 개발 가능성은 있는지를 직접 가서 확인해 봐야 한다. 토지가 있는 지역의 부동산업자나 주민 등 해당 지역 사정에 밝은 사람들을 찾아가 실정을 들어보는 과정도 필요하다. 주변 자연환경, 땅의 경사도 등을 직접 확인하고 시세도 확인해야 한다.

해당 지역에 있는 관공서에 들러 도시기본계획이나 특정지역 개발계획 및 동 계획의 추진 정도, 개발 관련 인 · 허가 사항 등에 대해 세밀하게 조사하는 것도 빼놓을 수 없는 과정이다. 관련 서류를 꼼꼼히 찾아보는 것도 중요하다. 반드시 분양 대상 토지의 지번을 파악해 〈지적도〉, 〈토지대장〉, 〈임야도〉, 〈임야대장〉, 〈토지이용계획확인원〉, 〈등기부등본〉 등 각종 서류를 확인해야 한다.

해당 토지에 대한 규제 내용도 확인해야 한다. 이를 확인해야 광고에 적힌 대로 개발을 할 수 있는 땅인지 아닌지의 여부를 가늠할 수 있기 때문이다.

국토교통부에서 운영하는 토지이용규제정보 인터넷 서비스(http://luris.moct.go.kr) '토지이음'을 통해 〈토지이용계획확인원〉, '지역 · 지구별 행위제한' 등도 찾아봐야 한다. 또 분양 대상 토지가 토지분할이 불가능해 소유권 행사에 제한이 따르는 공유지분등기를 해야 하는 것은 아닌지 여부를 확인하는 것도 중요하다. 반드시 〈등기부등본〉 등을 확인해 매도하려는 자가 토지의 소유권을 보유하고 있는지 여부를 확인해야 한다.

**▶▶▶ 콕 짚어 주는 땅 투자 포인트 ◀◀◀**

### 과다한 대출을 일으켜 땅 투자를 하는 것은 매우 위험하다

소액 투자자나 초보 투자자들 중에는 성공한 투자자들에 대한 소문을 듣게 되면 대출을 받아서라도 투자하려고 하는 이들이 많다. 하지만 과다하게 대출을 받아 투자하는 것은 위험천만하다. 요즘 과다한 대출을 일으켜 아파트를 구입한 '영끌족 청년층'이 금리 인상으로 큰 어려움에 봉착하게 된 것도 이 때문이다.

토지 시장이 하락기에 접어들게 되면 환금성이 크게 떨어져 치명타를 입는 경우가 발생할 수 있다. 땅 투자의 최종 목표는 무엇보다 안정적인 수익 확보가 관건이다. 사기성 투자 권유나 섣부른 판단으로 기본을 지키지 못하고 투자할 경우 두고두고 후회할 일이 생길 수 있는 만큼 현장답사를 통해 치밀하게 분석하고 투자에 임해야 한다.

모든 조사를 마친 뒤 계약서를 작성할 때도 방심해선 안 된다. 계약서에 계약 내용의 기본 사항(매도인 인적사항, 매매 대상 토지, 금액, 지급 방법 등)은 물론 계약 위반 시 배상 문제, 각종 권리제한 등기의 말소에 관한 내용, 부동산 중개업 또는 개발업체 영업사원이 구두로 약속한 내용도 반드시 기재해야 한다.

## 비판 기사 제대로 캐기

비판적 기사를 접할 때는 그 속에 담긴 의미를 파악하는 것이 무엇보다 중요하다. 가장 좋은 방법은 비판적 기사가 집중적으로 나올 경우 투자를 조금 더 미루고 관망하는 것이다. 정부에서 무엇이든 대책이 나오게 된다는 점을 염두에 두고 그 추이를 지켜보라는 얘기다.

분명 가격 폭등에 대한 비판 기사는 악재다. 정부의 대책을 요구하기 때문이다. 이럴 경우에는 정부의 대책이 무엇인지 꼼꼼히 살펴보아야 한다. 땅값에 어떤 영향을 미칠지 여부도 분석해야 한다. 그렇지 않고 이를 무시한 채 투자에 나섰다가는 큰 낭패를 볼 수 있다.

한 가지 더 얘기한다면 기사 내용을 사실 액면 그대로 믿어서는 곤란하다는 것이다. 간혹 자극적이고 화려한 표제를 달 수 있는 게 기사다.

예컨대 '땅값 폭등'이란 머리기사가 나오면 이미 투자자들의 움직임이 반영됐다고 보고 땅을 사는 것보다는 가지고 있는 땅을 파는 것이 현명하다. 반면 '땅값 하락, 투매'란 머릿기사가 나오면 땅을 사기 위한 방법을 다각도로 연구하면서 찾아야 한다.

3장

# 대박을 노리기 전에 **땅을 이해하라**

# 땅을 파악하는 고수의 안목 따라가기

## 먼저 땅을 보는 안목을 키워라

땅을 살 때 현장답사는 필수적이다. 땅 투자에 성공하고 싶다면 조금이라도 더 많은 땅을 둘러보고 더 좋은 땅을 고르는 안목을 키우는 것이 중요하다. 그런데 아무리 현장답사를 해서 땅을 보는 안목을 키운 사람이라도 깜박 속아 넘어갈 수 있는 부분이 있다. 바로 아름다운 풍경에 콩깍지가 씌인 듯이 마음을 빼앗겨 개발이 가능한 땅인지 불가능한 땅인지에 대해 판단이 흐려질 수 있다는 점이다.

사업을 하는 P씨는 펜션을 짓기 위해 땅을 알아보다 경기도 양평의 한 땅을 추천받았다. 직접 찾아가 본 땅은 펜션 입지로는 제격이었다. 주변에 나무가 많아 공기가 좋은데다 강까지 바라보고 있어 관광객들과 펜션을 찾는 사람들이 선택하기에 훌륭한 곳이었다.

자신이 구상한 펜션의 입지와 맞아떨어지는 땅을 발견해 횡재한 기분이 들었다. 그런데 자세히 알아보니 그 땅은 군사시설보호법에 따른 규제로 인한 군사시설보호구역으로 묶인 터라 개발이 불가능한 곳이었다. 군사시설보호구역이 풀리기 전에는 어떤 건물도 지을 수 없는 셈이다. 결국 P씨는 눈물을 머금고 그 땅을 포기하고 말았다. 아무리 자신의 목적에 부합하는 잘 생긴 땅이라도 법으로 묶인 지역은 '먹지 못하는 땡감'에 불과하다.

어떤 종류의 땅인지를 보는 안목도 키워야 한다. 보기와는 그 목적이 다른 땅도 많기 때문이다. 가령 눈으로 보기에는 넓고 평탄한 밭으로 보이는 땅이라 '전'으로 생각했는데 지목상 '임야'인 경우가 그것이다.

날씨도 땅을 고르는 데 한몫을 하는 요소다. 만약 주변에 쓰레기처리장이 있는 땅이라면 여름과 겨울의 환경이 완전히 달라질 수 있다. 겨울에는 쓰레기 냄새가 잘 나지 않아 괜찮은 땅으로 여겨질 수 있지만 여름에는 사정이 다르다. 높은 기온으로 쓰레기가 썩기 십상이라 냄새가 진동을 할 수 있다. 따라서 주위에 쓰레기장이나 축사시설, 변전소, 고압선이 지나가는 선하지 등의 혐오시설이 있다고 하면 날씨와 온도를 고려하는 지혜도 필요하다.

### 경험과 공부가 필요하다

이처럼 좋은 땅을 고르는 안목을 키우는 데는 많은 경험과 공부가 필요하다. 겉으로는 금싸라기로 보여도 어느 곳에 복병이 숨어 있을지 모른다.

하지만 100% 완벽한 땅을 찾지 못했다고 해서 땅 투자를 포기하는 것 또한 어리석다. 약간의 하자가 있는 땅을 싼 값에 사서 리모델링 등을 통해 잘 생긴 땅으로 변신시킬 수 있는 능력 또한 땅 투자자가 갖춰야 할 능력이다. 이런 능력을 깨쳤다면 바로 어떤 투자보다 더 큰 이익을 줄 수 있는 땅 투자 성공에 한 걸음 더 나아갈 수 있을 것이다.

## 땅의 가치를 결정하는 가장 중요한 핵심은 바로 도로이다!

도로는 땅의 가치를 좌우한다. 아무리 강조해도 지나치지 않는다. 다른 사람의 땅을 통하지 않고는 접근할 수 없는 땅은 맹지로 분류되어 찬밥 취급을 당하기 일쑤다.

그렇다면 도로란 무엇일까? 먼저 도로의 종류에 대해 알아두어야 할 필요가 있다.

현재 우리나라 도로는 〈도로법〉에 의해 7종류로 구분하고 있다.

첫 번째는 고속도로라고 불리는 고속국도다. 중요 도시를 연결하는 자동차 교통망의 중추적인 역할을 하는 자동차 전용도로로서 대통령령으로 그 노선이 지정된 것을 말한다.

두 번째는 일반국도로 중요 도시, 지정 항만, 중요한 비행장 또는 관광지 등을 연결하며 고속국도와 함께 국가 기간도로망을 이루는 도로다. 일반국도 역시 대통령령으로 노선이 지정되어 있다.

세 번째는 특별시도와 광역시도로 특별시, 광역시 구역 안의 도로로서 특별시장 또는 광역시장이 그 노선을 인정한 것을 말한다.

네 번째 지방도는 지방의 간선도로망을 이루는 아래에 해당하는 도로로서 관할 도지사가 그 노선을 인정하는 것을 말한다.

세부적으로 도청소재지로부터 시 또는 군청 소재지에 이르는 도로, 시 또는 군청 소재지 상호간을 연결하는 도로, 도내의 비행장, 항만, 역 또는 이와 밀접한 관계가 있는 지역을 연결하는 도로, 도내의 비행장, 항만, 역에서 이와 밀접한 관계가 있는 고속국도, 국도 또는 지방도를 연결하는 도로, 전 각호 이외의 도로로서 지방의 개발을 위해 특히, 중요한 도로가 있다.

다섯 번째는 시도로 시내의 도로로서 관할 시장이 그 노선을 인정한 도로를 말한다.

여섯 번째는 군도로 군 내의 도로로서 관할 군수가 그 노선을 인정한 도로를 말한다.

마지막은 구도로 특별시 또는 광역시 구역 안의 도로 중 특별시도 · 광역시도를 제외한 구 내의 동과 동을 연결하는 도로로서 구청장이 그 노선을 인정한 것을 말한다.

이 도로들은 새로 만들어지기도 하고 확장되기도 하면서 인근의 땅값에 영향을 준다. 따라서 투자할 땅을 고를 때는 현재 접해 있는 도로의 상황과 앞으로의 확장 가능성을 염두에 두는 것이 중요하다. 그것이 미래의 땅의 가치를 결정짓는 포인트다.

일반적으로 도로 신설 계획이 발표되면 인근 땅값은 크게 한번 치솟는다. 그 다음 공사가 시작되면 또 한 번 더 오르고 개통 시점이 다가오면 한 번 더 오른다.

그렇기 때문에 가장 유리한 투자자는 신설 계획이 발표되기 전 정보를 선점해 인근지역 땅을 사두는 것이다. 따라서 투자자들은 항상 도로의 변화를 예의 주시해야 한다.

그렇다면 왜 도로의 사정에 따라 땅값이 들썩이는 것일까. 일반적으로 길이 새로 뚫리면 개통 직전 20%가, 개통 후 50% 정도의 땅값이 오르게 된다. 도로가 뚫리는 지역은 사람들이 살기 좋은 지역으로 탈바꿈하게 되고 그만큼 탐나는 땅으로 바뀌기 때문이다.

차량 접근성이 좋아져 통행량이 많아지게 되면 기반시설이 들어서게 되고 그에 따라 유동인구가 늘어나고 유입인구도 증가하게 되기 때문에 벌어지는 현상이다. 때문에 많은 토지투자자들이 주목하는 곳은 도로가 확충되어 교통량이 많지만 아직은 개발이 덜 이루어져 가격이 상대적으로 낮은 수도권 일대다.

이런 지역은 일단 서울과 접근성이 좋아 출퇴근이 용이한 장점을 가지고 있다. 따라서 아파트 등 주거시설이 들어서게 되면 서울의 집값이나 생활비 등으로 부담스러운 젊은 세대의 가정이 유입될 가능성이 높다.

기존 시가지의 우회도로 주변도 땅값 상승 가능성이 높은 지역이다. 차량 통행량이 증가하면서 상권이 형성되거나 시가지로 발전할 기반조건이 만들어져 있기 때문이다.

시골의 경우에는 읍내로 들어가는 가장 큰 도로의 주변이 투자자들에게 사랑받는다. 또 지방의 왕복 2차선 도로 인근 땅도 많은 투자자들이 주목하는 땅이다. 이 도로는 언젠가는 4차선으로 확장되는 것이 분명한 곳이다. 현재는 구불구불한 좁은 도로일지 몰라도 4차선으로 넓어지는 것은 시간 문제다.

땅을 살 때 도로를 봐야 하는 이유는 또 있다. 건축허가를 받을 때 도로의 시정이 큰 영향을 미치기 때문이다.

일단 건축법상 건축허가를 받기 위해서는 다음과 같은 요건을 갖춘 도로와 접해야 한다.

**건축법상 건축허가를 받기 위한 도로**

1. 도로법 또는 사도법에 의하여 개설된 도로일 것.
2. 건축허가권자가 허가 시 지정 공고된 도로일 것.
3. 사람과 차량이 통행할 수 있을 것
4. 지적도(임야도)에 표시되는 지적도상 도로일 것.
5. 지목이 도로일 것.
6. 국가 또는 지자체 소유의 공로일 것.
7. 실제 사용 중인 현황도로일 것.

예컨대 폭 4m 이상의 도로가 폭 2m 이상의 대지와 접해야 맹지에서 벗어날 수 있는데, 이처럼 도로에 접한 땅은 '각지(코너 땅)'로 불린다. 땅의 한쪽이 접하면 1면 각지, 2면이 접하면 2면 각지 등으로 나뉜다.

이런 각지는 접근이 용이하고 사람들의 눈에도 잘 띄어 누가 봐도 쓸모가 많아져 훌륭한 땅으로 보인다. 쓸모 역시 많은 땅이다. 일조권의 제한을 받지 않아 건물을 지을 때도 유리하다.

각지라고 해서 모두 같은 가치를 가지지는 않는다. 도로와 접하는 방식에 따라 금싸라기 땅이 될 수도, 은싸라기 땅이 될 수도 있다. 또 건물의 쓰임새에 따라 각기 다른 모양의 각지를 골라야 한다.

**◈◈◈ 이것만은 알고 가자! ◈◈◈**

각지角地 : 2개 이상의 가로에 접하는 획지로서 일조, 통풍의 양호, 출입의 편리, 광고 효과 등 다른 획지 조건의 토지에 비하여 단위 면적당 가격이 높은 게 보통이다.

## 농지 투자 바로 알기

현실에서는 땅 투자로 재테크에 성공한 사람들의 이야기를 어렵지 않게 들을 수 있다. 그 중에서도 농지와 관련한 투자 성공담이 적지 않다.

Q : 그렇다면 서울을 비롯한 도시 사람들이 농지에 투자할 수 있는 것인가?

A : 그렇다.

다만 투기를 막기 위한 농지법의 개정과 함께 농지취득자격증명 등의 요건 강화로 쉽지는 않다.

Q : 농지에 투자하면 돈을 벌 수 있을까?

A : 그렇다.

다만 다양한 관련 지식의 함양은 필수적이며, 경험이 풍부한 조언자를 가까이 해야 하는 것이 성공의 가능성을 높여줄 것이다.

농지 투자는 계획관리지역 토지와 비교해 60% 정도의 비용을 절감하면서 5,000만 원 이하의 소액 투자를 통해서도 2~3배의 고수익을 올릴 수 있는 메리트가 있다고 본다.

농지 투자 전문가들은, 대부분의 투자자들이 계획관리지역 토지를 사려고 한다면서 같은 자금으로도 농림지역의 더 넓은 농지를 매입할 수 있으므로 투자 비용을 줄일 수 있어 높은 투자이익을 올릴 수 있다고 본다. 즉 이제는 땅을 매입해 기다렸다가 땅값이 오르면 되파는 것만으로는 수익에 한계가 있다는 것이다.

농지인 땅을 가공해 개발할 수 있는 땅으로 만들면 땅의 가치는 더욱 높아질 수밖에 없고, 농지를 매입해 개발할 수 있는 땅으로 만드는 것만으로도 지가가 상승해 수익이 높아지는 건 당연하다. 예를 들면 농지를 매입해 근린생활시설로 허가를 받는 것만으로도 투입된 비용에 비해 더 큰 수익을 올릴 수 있다.

일반인들은 대개 계획관리지역의 토지를 선호한다. 하지만 자신의 영농 목적과 투자 목적에 부합하기만 한다면 이보다는 지가가 저렴한 농업진흥지역 토지를 고려해 보는 것이 좋다. 부동산에서도 성공과 실패는 한끝 차이다.

사실 전원주택을 짓고 싶어 하는 수요층의 입장에서 본다면, 농업보호구역에 있는 주택이든 계획관리지역에 있는 주택이든 다를 것이 없다. 그럼에도 용도지역이 무엇이냐에 따라 땅값은 천차만별이고, 따라서 농업진흥지역에 농가주택을 지을 수만 있다면 초기 비용을 대폭 줄일 수 있다. 즉 양평 강변에 있는 농가주택이나 전원주택이나 똑같은 집이지만 위치에 따라 땅값은 다르다. 즉 계획관리지역의 땅이 평당 200만 원이라고 한다면 농업진흥지역의 땅은 평당 60만 원 정도에 불과하다. 토지 매입에서만 계획관리지역의 땅보다 3분의 2 가량 비용을 절감할 수 있는 것이다. 결국 농지 투자는 농림지역(농업진흥구역, 농업보호구역)에 있는 농지냐, 농업진흥지역 밖에 있는 (계획·생산·보전관리) 농지냐에 따라 크게 달라진다.

보통 지가는 농업진흥지역 밖에 있는 농지가 가장 비싸고 그 다음으로 농업보호구역, 농업진흥구역 순으로 저렴하다. 특히 농업진흥구역은 수도권의 경우 농지전용허가를 받아 농가주택, 유치원이나 어린이집, 농산물 가공 공장 등을 지을 수 있다.

한 투자자는 농업진흥구역 농지를 평당 100만 원에 매입한 후 지목을 대지로 변경함으로써 땅값이 평당 500만 원으로 뛰어 대박을 친 사례도 있다. 그 후 그 땅의 시세는 600만 원 선에 육박한다.

또 다른 투자자는 인천에 소재한 그린벨트 300평의 농지를 3억 원에 매입해 건평 198㎡(60평)의 건물을 짓고, 두 개의 음식점으로 임대해 각각 월 500만 원씩 임대수익을 얻고 있다. 프리미엄만 해도 몇 억 원이 붙었다고 한다.

그는 농지에 투자하는 것도 다른 땅 투자와 별반 다를 것이 없다고 말한다. 기본에 충실하게 투자하는 것이 성공의 바탕이라는 의견이다.

## 어떤 농지에 투자해야 하는가

농지란 전 · 답 또는 과수원 기타 그 법직 지목 여하에 불구하고 실제의 토지 현장이 농작물의 경작 또는 다년성식물 재배지로 이용되는 땅을 의미한다.

농지는 자기의 농업경영에 이용하거나 이용할 자가 아니면 이를 소유하지 못 한다. 따라서 원칙적으로 농업인이 아니면 농지를 소유할 수 없다. 만일 농지를 소유한 사람이 해당 농지를 농업경영에 이용하지 않을 경우 그 사유가 발생한 날부터 1년 이내에 당해 농지를 처분해야 한다.

### ◑◑◑ 투자 대상으로 유망한 농지 ◐◐◐

**지역특구 지정 예정지**

지역특구로 지정된 곳에선 농지의 소유와 이용이 전면 자유화 된다. 따라서 지역특구 지정 예정지의 발표가 있게 되면 가격 상승은 당연한 것이다. 다만, 예정지 발표 후 단기간 내에 급격한 가격 상승을 보일 것으로 예상되므로 그 이전에 투자해야만 높은 수익을 올릴 수 있을 것이다.

**그린벨트 해제지역 농지투자**

대도시 주변 취락마을 내 농지 중 지구단위 계획 수립 중인 농지가 투자 가치와 환금성이 좋은 농지이다. 다만, 그린벨트의 일부  지역은 토지 거래 허가구역이기 때문에 20km 이내에 살고 있어야 소유권 이전이 가능하며, 투자 금액이 크고, 임대아파트 용지로 수용될 수 있으므로 신중한 고려가 요구된다.

### 진흥지역 내 농지

진흥지역 내 농지는 농사 목적 이외에는 사용이 거의 불가능하나, 장기적으로 개발 지역 인근 농지는 규제가 풀릴 수밖에 없고, 신·구 도시 사이의 경지정리가 되지 않은 진흥지역 농지는 가격 면에서 저평가된 상품이므로 장기적으로 볼 경우 고수익 농지가 될 수 있다.

### 한계농지

한계농지란 농업진흥지역 밖에 위치한 집단화도가 2ha 미만이거나 경사도가 15% 이상이어서 생산성이 떨어지는 농지로서 정부가 다목적 개발을 적극 권장하는 농지로서 한계농지 개발은 민간에 완전 개방되어 누구나 사업을 할 수 있으며, 사업의 종류도 다양하여 종래 농림수산업적 이용 외에도 관광숙박시설, 전시장, 박물관 등 관광휴양시설, 체육시설, 의료시설 등 다양화해 민간 부문에서의 활발한 투자가 가능하도록 하여 투자 가능성이 증대되었다.

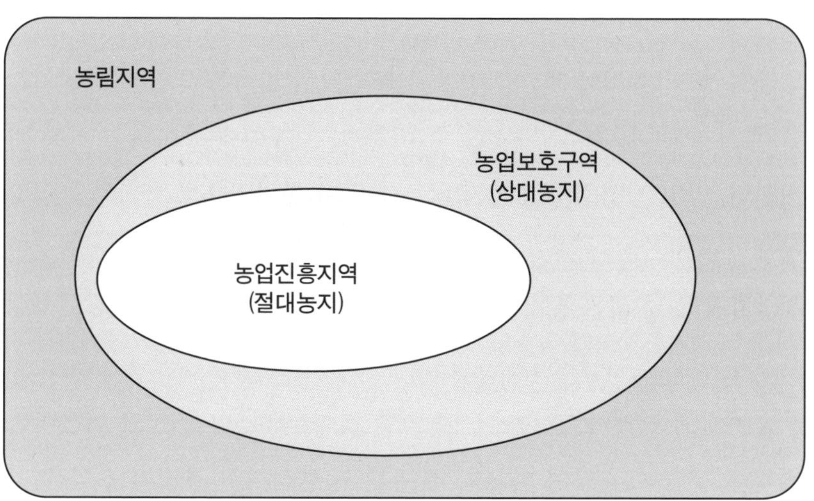

농지는 사용에 대한 제한이 많다. 농지는 크게 농업진흥지역과 기타 지역으로 구분한다. 농업진흥지역은 시·도지사가 농지를 효율적으로 이용·보전하기 위해 지정하는 지역으로 다시 농업진흥구역과 농업보호구역으로 구분된다.

농업진흥지역 여부는 시·군·구청에서 발급 받는 〈토지이용계획확인원〉을 통해 확인할 수 있다. 농업진흥지역은 대부분 〈국토의 계획 및 이용에 관한 법률〉상 농림지역으로 지정되며 그 용도가 크게 제한된다. 따라서 투자 목적으로 농지를 구입할 경우라면 특별한 사정이 없는 한 농업진흥지역에 포함된 땅은 구입하지 않는 것이 바람직하다.

그렇다면 도시민이 농지를 취득할 수 있는 방법은 무엇일까.

도시민은 영농 목적의 취득과 농지전용을 전제로 한 취득이 가능하다. 영농 목적의 취득을 위해서는 농업인의 자격을 갖추어야 하며 〈농지취득자격증명원〉을 발급받아 등기신청서에 첨부해야 소유권이전 등기가 가능하다.

농업인은 1,000㎡(303평) 이상의 농지에서 농작물 또는 다년생식물을 경작 또는 재배하거나 1년 중 90일 이상 농업에 종사하는 자를 의미한다. 만일 농업경영을 하지 않는 사람이 농업인으로 자기의 농업경영에 이용하고자 농지를 취득하는 경우 당해 농지의 취득 후 농업경영에 이용하고자 하는 농지의 총면적이 1,000㎡를 초과해야 한다.

농지에 투자해야 할 때에는 주의할 것이 많다. 농지는 그 이용이나 취득에 상당한 제약이 따르기 때문이다. 상식적인 관점이나 다른 사람의 조언만 믿고 투자를 할 경우 상당한 손실이 발생될 수 있다. 또한 농지를 취득하지 못 하는 문제점도 발생할 가능성이 높다. 반면 농지는 제약이 많은 만큼 가격이 낮아 취득에 소요되는 경비가 적고 해당 농지의 개발이 예정될 경우 높은 투자 수익이 발생될 수 있는 장점이 있다.

농지의 투자에서 가장 중요한 부분은 농지의 취득이 가능한 것인지의 여부와 구입한 농지를 자신의 투자 목적대로 활용할 수 있는지 여부를 확인하는 것이다. 이를 위해서는 가장 먼저 자신의 투자 목적(농지의 활용 방법)을 확정하고 구입하려는 농지가 이런 목적에 합당한지 여부를 확인해야 한다.

농지 관련 법규에 관한 지식이 없는 투자자라면 농지에 대한 〈토지이용계획확인원〉을 사전에 발급 받아 해당 지역 내에서 업무 경험이 많은 부동산 전문가(토지측량사무소 혹은 중개사무소)들의 조언을 듣는 것이 필요하다.

농지에 투자할 때는 그 농지가 어떤 용도지역에 해당되는 것만 확인해서는 안 된다. 농지전용에 있어 중요하기 때문이다.

농업진흥지역은 대부분 '국토계획법'상 생산녹지지역, 농림지역, 자연환경보전지역에 지정된다. 어떤 용도지역이든 관계없이 농지법에 의해 행위제한이 적용되는 것이고, 농업진흥지역 밖의 농지에 대한 행위제한은 해당 용도지역에 해당되는 규제를 적용하나 농지전용만큼은 용도지역에 관계없이 농지법에 의한 전용기준에 따른다는 것에 유의하여야 할 것이다.

이런 이유로, 농지 투자는 용도지역으로 투자 여부를 결정하는 것이 아니라 농업진흥지역의 농지인지, 우량농지인지, 개발행위허가가 가능한 농지인지 여부를 따지는 것이 더 중요하다 할 수 있다.

## 농지를 돈 되는 땅으로

농지에 투자하는 경우는 크게 두 가지의 경우로 나누어 볼 수 있다.

첫 번째는 농지를 매수해서 그 상태로 가지고 있다가 가격이 상승하면 되팔아 양도차익을 얻는 경우이다.

두 번째는 농지를 사서 이를 대지로 변경한 다음 이 대지 위에 투자자가 원하는 용도의 건축물을 건축하는 경우이다.

이때 농지에 건물을 짓기 위해서는 '농지전용허가'를 받아야 한다. 농지전용이란 농지를 농작물의 경작 또는 다년생식물의 재배 등 농업생산 외의 목적에 사용하는 것을 말한다. 쉽게 말하면 농지에다 농사를 짓지 않고 다른 용도로 이용하는 것을 농지전용이라고 한다. 예를 들면 농지를 하나 사서 그 위에 주택을 짓는 경우 등이 농지의 전용에 해당된다.

농지전용은 농지개혁의 성과를 유지하기 위하여 〈농지의 보존 및 이용에 관한 법률〉에 의하여 제한되어 왔다. 하지만 국내외적인 사회의 변화, 인구증가에 따른 주택의 공급, 기업과 공장의 지방 분산 등으로 도시 주변의 농지전용에 대한 수요가 꾸준히 증가한 것이 사실이다.

문제는 농지와 주택이 교차되면서 농업용수에 하수가 흘러들어가면서 농업 생산성이 저하되고, 택지로 바뀌게 됨으로써 늘어나는 오폐수와 쓰레기 유출물의 처리가 어려워져 환경문제를 악화시킨다는 데 있다.

그러나 우리 투자자 입장에서 농지전용은 수익을 극대화할 수 있다는 점에서 가능성을 타진하여야 한다. 농지전용 신청을 위해서는 〈농지전용허가신청서〉, 〈사업계획서〉, 소유권(사용권) 입증서류, 전용예정구역이 표시된 〈지적도(임야도)등본〉, 〈피해방지계획서〉 등을 제출하면, 해당 지자체 확인과 함께 허가 또는 불허가 여부를 통보해 준다. 허가는 농지보전부담금을 납부한 후 허가증을 받는 것으로 종료되는데, 기간은 길어야 1개월 이내에 마무리 된다.

### 농지보전부담금(농지전용부담금)

종전에는 농지전용부담금이었지만 지금은 농지보전부담금으로 개정되었다.
농지를 다른 목적으로 집을 짓거나, 전 · 답이 아닌 대지도 형질을 변경할 때 농지가 없어진 만큼 농지 조성에 소요되는 비용을 말한다.

개별공시지가 ㎡당 × 30% = 농지보전부담금

단 ㎡당 최대 5만 원까지만 부과할 수 있다. 개별공시지가 기준이다 보니 개별공시지가가 높은 농지일수록 농지보전부담금이 높아지지만 상한선이 있으므로 엄청난 금액을 부담하는 건 막을 수 있다.

## 임야 투자 바로 알기

통상적으로 부르는 임야란 산림山林 및 원야原野를 이루고 있는 수림지 · 죽림지 · 암석지 · 자갈땅 · 모래땅 · 습지 · 황무지 등의 토지를 의미한다. 〈토지대장〉이나 임야대장에서 지목이 임야로 표기되어 있다.

임야는 보전임지에 속할 경우 타 용도 전환이 엄격하게 제한된다. 같은 지역외의 임야의 경우에도 일정한 용도로의 전환은 제한을 받는다. 산림의 전용을 위해서는 형질변경을 하고자 하는 산림의 조성에 소요되는 대체조림비를 납부해야 하는 등 활용에도 상당한 제한이 따른다.

임야 투자의 경우 가장 중요하게 검토해야 할 사항은 해당 임야의 소유권자를 확인하는 것이다. 개인 명의로 등기가 되어 있다고 하더라도 사실상 종중의 소유로 되어 있는 사례들이 많기 때문이다. 종중 소유 임야를 종중 총회의 동의 없이 등기명의자로부터 매수할 경우 소유권 이전등기를 하더라도 그 등기가 무효로 인정되는 사례가 빈번하다.

### ◑◑◑ 임야 투자 시 기본적으로 피해야 하는 토지 ◐◐◐

1) 보전 목적이 강한 보전임지

2) 진입도로가 없어서 건축허가가 어려운 맹지

3) 보존 가치가 있는 나무 등이 있는 임야

4) 암반 등이 많고 공사 시 재해 발생이 우려되는 임야

5) 개발허가가 어려운 급경사인 임야

6) 분묘기지권이 인정되는 묘지가 있는 임야

또한 임야의 경우 임야에 있는 묘지가 있는지 여부를 반드시 확인해야 한다. 또한 임야는 다른 땅과는 달리 경계의 판정이 어렵다. 통상 임야의 경계는 능선이나 계곡을 따라 설정되는 것으로 임야도와 현장의 산봉우리와 능선, 계곡을 대조해 보면 개략적인 판단이 가능할 것이다.

상당수 임야의 경우 진입도로가 없는 맹지가 많아 해당 임야를 개발할 경우 다른 땅을 높은 가격으로 매수해야 하는 사례들도 발생한다. 만약 도로에 접하지 않은 맹지인 임야를 개발 목적으로 구입할 경우에는 진입도로를 건설할 수 있는 방법을 사전에 판단해 보아야 한다.

나무가 울창하거나 과수 등이 식재된 임야의 경우 해당 수목의 소유자가 누구인지, 거래 대상물에 해당 수목이 포함되는지 여부를 반드시 판단해야 한다.

만일 임야에 있는 수목들이 입목에 관한 법률에 의해 별도로 입목등기가 되어 있을 경우나 수목의 집단에 대해 명인 방법에 의한 소유권자가 명시되어 있는 경우 임야를 구입한다고 해도 무용지물이 될 가능성이 높다. 해당 땅에 있는 수목은 〈입목등기부〉나 명인 방법에 의한 소유자의 명의로 존속할 가능성이 많기 때문이다.

도시민 소유나 부동산 매매업자로부터 임야를 구입할 때는 매도자나 중개업자의 말만 믿지 말고 임야 인근 지역의 중개사무소 등을 통해 정확한 시세를 판단해 보는 것이 바람직하다.

임야는 경사의 방향이나 경사도가 그 활용 가능성을 좌우하는 경우도 많다. 과다하게 급한 경사도나 북향의 경사를 가진 임야의 경우 그 활용 용도가 매우 낮은 편이다. 경사도가 높은 임야는 집중호우로 인한 산사태의 위험도 배제할 수 없다.

## 임야 투자는 현장답사부터

땅 투자에서 현장답사는 필수다. 땅 중에서 임야는 특히, 현장답사의 중요도가 높다. 임야는 공부상 기재된 용도와 이용 상황이 다를 경우 또는 지역 주민의 반발이 심할 경우가 있다. 때문에 현장답사를 통해 세부사항을 확인해야 한다.

현장답사를 할 때 행정기관과 인근 주민들이 지역개발에 호의적인 곳일수록 유리하다는 것을 알아둘 필요가 있다. 개발은 땅의 형질변경이나 건축물의 건축 등이 될 수 있다. 하지만 무엇보다 인근 주민들과의 마찰을 최소화 하고 융화하는 것이 중요하다.

개발의 진행상 문제를 유발시킬 수 있는 곳은 피하는 것이 상책이다. 지역 특색이 보수적이고 패쇄적인 씨족 중심의 마을이나 외지인에게 배타적인 성향을 가진 주민들이 사는 곳이 이에 해당한다.

만일 가지고 있는 땅이 개발권에 들어 있다면 개발의 진행상 문제를 유발시킬 수 있다는 것을 항상 염두에 둬야 한다. 개발할 때도 이를 고려하고 사전에 주민들과의 충분한 접촉을 통해 협조 분위기를 조성해야 한다.

현장답사를 할 때는 교통 여건과 관광자원 여부를 치밀하게 살펴보는 것이 좋다. 죽어가는 지역보다 살아나는 지역이 투자 요지이기 때문이다. 땅 투자에서 입지 여건은 핵심이라고 할 수 있다.

만일 주변 지역이 계속 개발되고 있거나 장래에 대규모 관광단지나 택지개발 등이 예정되어 있다고 하자. 이런 지역은 굳이 손을 쓰지 않아도 도로 신설 및 확장이 되고 유동인구와 배후 수요층이 늘어나기 마련이다. 투자 가치가 그만큼 높아지는 것이다. 특히 교통 여건이 좋아지고 관광자원이 풍부한 지역이라면 적극적으로 투자에 참여할 만하다.

현장답사에서 빼놓을 수 없는 것이 행정기관의 태도에 귀를 기울이는 것이다. 사전에 담당부서나 공무원 등을 직접 접촉해 협조를 받을 수 있도록 개발 사업에 대한 설명을 충분히 해 두는 것이 개발에 유리하다. 동일한 사업일지라도 지역의 행정기관의 태도에 따라 사업의 진척도가 달라질 수 있다는 이유에서다.

### ▶▶▶ 콕 짚어 주는 땅 투자 포인트 ◀◀◀

**임야 투자 때 피해야 하는 땅**

임야 투자에서 기본적으로 피해야 할 땅은 다음 몇 가지를 꼽을 수 있다. 우선 보전 목적이 강한 보전임지나 진입도로가 없어서 건축허가가 어려운 맹지는 피해야 한다. 보존 가치가 있는 나무 등이 있는 임야나 암반 등이 많고 공사 때 재해 발생이 우려되는 임야도 마찬가지다. 개발허가가 어려운 급경사인 임야 또는 분묘기지권이 인정되는 묘지가 있는 임야도 피하는 것이 상책이다.

## 수익을 안겨 주는 토임

〈지적도〉를 보다 보면 간혹 〈지적도〉 지번 뒤에 '임' 또는 한문으로 '林'이라고 표시된 것을 볼 수 있다. 이를 보고 고개를 '갸우뚱' 할 수 있는데, 이것이 바로 '토임'이란 것이다.

토임은 28개의 지목에도 없다. 국토계획법에도 정해진 내용이 없는 단어이다. 토임이란 지목상으로는 임야이지만 지적도에 등재된 토지를 의미한다.

토임은 예전에 '전'이나 '답' 등의 땅으로 이용한 것이다. 그러다가 장기간 동안 농사를 짓지 않을 경우 임야화 된 땅을 소유자가 신청하거나 관청에서 직권으로 임야로 지목변경을 하는데, 이것이 토임이다. 이런 토임은 소규모 임야가 많다. 500~2,000평 미만의 평탄한 지반을 이룬다.

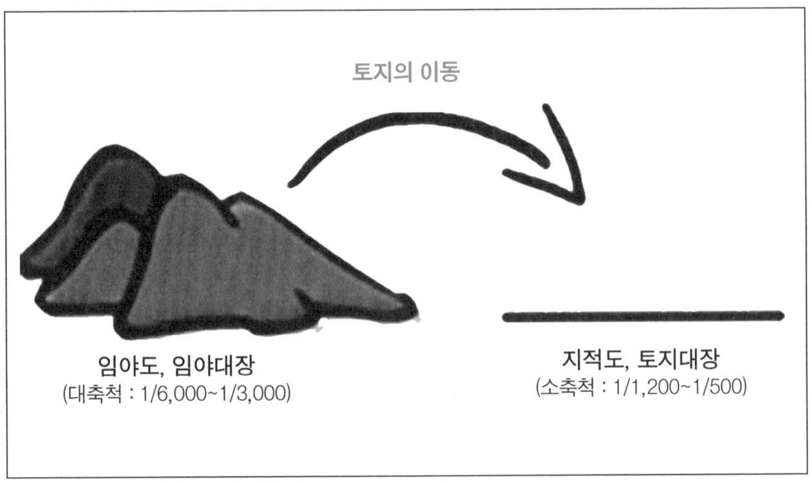


필자가 이 같은 토임에 대해 언급하는 이유는 투자 메리트가 많기 때문이다. 개발행위에 대한 절차가 일반 임야와 같다는 것이다.

예컨대 토임은 전과 답으로 활용이 가능하다. 이때 농지취득자격증명을 받지 않아도 된다. 지목상 '임야'란 이유에서다. 또한 농지전용부담금이 아닌 대체산림자원조성비를 내면 된다. 농지보다 공시지가가 상대적으로 낮은 임야에 준해 개발하는 탓이다.

### 토지의 소유권 이전 등기

매매에 의한 이전 등기와 증여에 의한 소유권 이전 등기가 있는데 매매에 의한 소유권 이전 등기는 매매라는 법률 행위로 인해 소유권이 이전되며, 이를 등기부에 공시하기 위해 신청하는 것을 말한다.
이때 토지를 취득하기 위해서는 지방세법에 따라 취득세를 납부하여야 하는데 농지는 3%, 농지 외 4%를 납부하여야 한다. (농어촌특별세와 교육세는 별도이고, 주택의 취득세율은 지방세법에 따라 별도로 정하고 있다.)

토임이 매력적인 또 다른 것은 좋은 땅이 많다는 것이다. 실제 토임은 대부분 낮은 구릉지대에 위치하고 있다. 그 주위에는 농경지도 조성되어 있다. 게다가 농지 관리의 대상도 아니다. 농지 관리의 대상이 되는 전 · 답과는 다른 면이다.

토임으로 수익을 얻기 위해서는 관리지역에 있는 토임을 노려볼 만하다. 개발 가능성을 타진하고 가능성이 있다면 적극적인 투자에 나서도 좋다. 개발 가능성이 있다면 관리지역으로 편입되거나 편입될 가능성이 높기 때문이다.

절세 효과와 임대수익을 동시에 챙기는 방법도 있다. 농지은행에 임대 위탁하는 게 그것이다. 말 그대로 위탁영농을 하면 임대수익을 얻을 수 있고 나중에 땅을 팔 경우에도 절세에 따른 이익을 챙길 수 있다.

일례로 충청도에 있는 한 농지를 가지고 있는 S씨의 경우를 보자.

S씨는 서울에서 직장생활을 하고 있는 직장인이다. 자경을 하고 싶어도 바쁜 직장생활 때문에 그러질 못 한다. 그렇다고 해서 처분하려고 하니 양도소득세가 부담이다.

S씨는 그럴 바에야 차라리 일거양득을 얻는 방법을 찾기로 했다. 그 길로 한국농어촌공사에서 운영하는 농지은행을 찾은 그는 농지를 위탁했다. 이를 받아들인 농어촌공사는 현지 조사와 공고를 거쳐 실제 경작할 임차인을 선정해 줬다. 그 임차인과 임대차계약을 맺은 S씨는 매달 고정적인 임대수익을 얻고 있다. 농어촌공사에서 연간 임대료의 8~12%에 해당하는 위탁 수수료를 공제하고 지급해 주기 때문이다.

S씨가 기대에 부풀어 있는 또 다른 이유는 6년 뒤 땅을 팔 때 양도차익까지 기대할 수 있다는 것이다. 당장 급해서 땅을 팔았다면 양도차익의 60%를 세금으로 내야 했지만 6년 뒤에는 양도세 부담이 크게 줄어들어 절세 효과를 톡톡히 챙기는 셈이다.

실제 농지은행에 8년 이상 위탁해 사용대차를 하면 양도할 때 사업용토지로 인정하여 9~36%의 일반 누진세율을 적용받는다. 게다가 장기보유 특별 공제도 받을 수 있다. 일거삼득의 효과를 거둘 수 있는 것이다.

### ▶▶▶ 콕 짚어 주는 땅 투자 포인트 ◀◀◀

**농지와 임야 투자 관련 노하우**

투자자들 중에는 간혹 농지나 임야를 잘못 판단하고 샀다가 낭패를 보는 경우가 있다. 그러지 않기 위해서는

첫째, 구입 목적을 분명히 해야 한다. 땅은 목적에 따라 평가와 선택 기준이 다를 수 있기 때문이다.

둘째, 현장답사는 필수적으로 가야 한다. 현황도로 유무, 주변 환경, 경사도, 땅의 모양 등은 현장에 직접 가보고 확인해야 실패하지 않는다.

셋째, 토지 관련 서류를 꼼꼼히 챙겨야 한다. 관련 서류들을 보면서 지목과 용도지역, 주소 , 면적 등이 정확한지를 꼼꼼히 살펴야 한다.

넷째, 마지막으로 못 쓰는 땅을 가려내야 한다. 공원구역이나 상수원보호구역, 그린벨트, 군사통제보호구역 같은 곳은 투자 가치가 없다.

## 땅의 가치에 투자하라

### 시대가 필요로 하는 지목을 선택하라

땅 투자를 계획하고 있다면 기본적으로 '지목'에 대한 지식을 반드시 가지고 있어야 한다. 지목이란 땅의 주된 사용 목적에 따라 땅의 종류를 구분·표시하는 것을 말한다.

지목이란 토지의 주된 용도에 따라 토지의 종류를 구분하는 명칭으로서 지적공부에 등록되어지는데 28개의 지목으로 되어 있으며 1필

1목의 원칙이 적용된다.

지적도에는 한 글자로 표기 되는 지목부호가 있는데 광천지는 '광', 과수원은 '과' 등과 같이 첫 글자를 지목부호라고 한다. 예외적으로 하천은 '천', 공장용지는 '장', 유원지는 '원'으로 표시한다.

우리나라 '공간정보의 구축 및 관리등에 관한 법률'에 따르면 지목에는 전 · 답 · 과수원 · 목장용지 · 임야 · 광천지鑛泉地 · 염전 · 대垈 · 공장용지 · 학교용지 · 주차장 · 주유소용지 · 창고용지 · 도로 · 철도용지 · 하천 · 제방 · 구거溝渠 · 유지溜池 · 양어장 · 수도용지 · 공원 · 체육용지 · 유원지 · 교용지 · 사적지 · 묘지 · 잡종지 등 28가지의 지목이 있다.

지목을 설정할 때에는 필지마다 하나의 지목을 설정하고 1필지가 2 이상의 지목 용도에 사용될 때에는 주된 사용 목적에 따른 지목으로 설정한다. 도로 · 철도용지 · 하천 · 제방 · 구거 · 수도용지 등의 지목이 중복되는 때는 등록시기의 선후 및 용도의 경중 등의 순에 따라 지목을 정한다.

지적공부地籍公簿에 이미 등록된 지목의 토지에 다른 지목의 용도로 변경시킬 목적이 아닌 사유로 그 용도에 일시적 · 임시적 변동이 있는 때는 이를 토지의 이동으로 보지 않는다.

지목을 변경하고자 할 때는 토지소유주가 60일 이내에 소관청(시장·군수)에 신청해야 한다. '공간정보의 구축 및 관리등에 관한 법률'에 따른 28개 지목의 자세한 내용은 다음과 같다.

### 전 田

물을 상시적으로 이용하지 않고 곡물 · 원예작물(과수류를 제외한다) · 약초 · 뽕나무 · 닥나무 · 묘목 · 관상수 등의 식물을 주로 재배하는 토지와 식용을 위해 죽순을 재배하는 토지는 '전'으로 한다.

### 답 畓

물을 상시적으로 직접 이용해 벼 · 연 · 미나리 · 왕골 등의 식물을 주로 재배하는 토지는 '답'으로 한다.

### 과수원 果樹園

사과 · 배 · 밤 · 호두 · 귤나무 등 과수류를 집단적으로 재배하는 토지와 이에 접속된 저장고 등 부속시설물의 부지는 '과수원'으로 한다. 다만 주거용 건축물의 부지는 '대'로 한다.

### 목장용지 牧場用地

다음 각목의 토지는 '목장용지'로 한다. 다만 주거용 건축물의 부지는 '대'로 한다. 목장용지로는 ▲축산업 및 낙농업을 하기 위하여 초지를 조성한 토지 ▲축산법 제2조 제1호의 규정에 의한 가축을 사육하는 축사 등의 부지 ▲가목 및 나목의 토지와 접속된 부속시설물의 부지가 해당한다.

### 임야 林野

산림 및 원야原野를 이루고 있는 수림지 · 죽림지 · 암석지 · 자갈땅 ·

모래땅 · 습지 · 황무지 등의 토지는 '임야'로 한다.

**광천지** 鑛泉地

지하에서 온수 · 약수 · 석유류 등이 용출되는 용출구와 그 유지維持에 사용되는 부지는 '광천지'로 한다. 다만 온수 · 약수 · 석유류 등을 일정한 장소로 운송하는 송수관 · 송유관 및 저장시설의 부지를 제외한다.

**염전** 鹽田

바닷물을 끌어 들여 소금을 채취하기 위해 조성된 토지와 이에 접속된 제염장 등 부속시설물의 부지는 '염전'으로 한다. 다만 천일제염 방식에 의하지 않고 동력에 의해 바닷물을 끌어들여 소금을 제조하는 공장 시설물의 부지를 제외한다.

**대** 垈

다음 각목의 토지는 '대'로 한다. 예컨대 ▲영구적 건축물중 주거 · 사무실 · 점포와 박물관 · 극장 · 미술관 등 문화시설과 이에 접속된 정원 및 부속시설물의 부지 ▲국토의 계획 및 이용에 관한 법률등 관계법령에 의한 택지조성공사가 준공된 토지 등이 그것이다.

**공장용지** 工場用地

다음 각목의 토지는 '공장용지'로 한다. 공장용지는 ▲제조업을 하고 있는 공장시설물의 부지 ▲산업집적활성화 및 공장설립에 관한 법률 등 관계 법령에 의한 공장부지조성공사가 준공된 토지 ▲가목 및 나목의 토지와 같은 구역 안에 있는 의료시설 등 부속시설물의 부지 등을 말한다.

### 학교용지 學校用地

학교의 교사와 이에 접속된 체육장 등 부속시설물의 부지는 '학교용지'로 한다.

### 주차장 駐車場

자동차 등의 주차에 필요한 독립적인 시설을 갖춘 부지와 주차전용 건축물 및 이에 접속된 부속시설물의 부지는 '주차장'으로 한다. 다만 다음 각호의 1에 해당하는 시설의 부지를 제외한다. 제외는 ▲〈주차장법〉 제2조 제1호 가목 및 다목의 규정에 의한 노상주차장 및 부설주차장 ▲자동차 등의 판매 목적으로 설치된 물류장 및 야외전시장 등이 있다.

### 주유소용지 注油所用地

다음 각목의 토지는 '주유소용지'로 한다. 다만, 자동차 · 선박 · 기차 등의 제작 또는 정비공장안에 설치된 급유·송유시설 등의 부지를 제외한다. 이에 해당하는 것은 ▲석유 · 석유제품 또는 액화석유가스 등의 판매를 위하여 일정한 설비를 갖춘 시설물의 부지 ▲저유소 및 원유저장소의 부지와 이에 접속된 부속시설물의 부지 등이다.

### 창고용지 倉庫用地

물건 등을 보관 또는 저장하기 위해 독립적으로 설치된 보관시설물의 부지와 이에 접속된 부속시설물의 부지는 '창고용지'로 한다.

### 도로 道路

다음 각목의 토지는 '도로'로 한다. 다만 아파트 · 공장 등 단일 용도의 일정한 단지 안에 설치된 통로 등을 제외한다. 예컨대 ▲일반 공중의 교통운수를 위해 보행 또는 차량운행에 필요한 일정한 설비 또는 형태를 갖추어 이용되는 토지 ▲도로법 등 관계법령에 의하여 도로로 개설된 토지 ▲고속도로 안의 휴게소 부지 ▲2필지 이상에 진입하는 통로로 이용되는 토지 등이 있다.

### 철도용지 鐵道用地

교통운수를 위해 일정한 궤도 등의 설비와 형태를 갖추어 이용되는 토지와 이에 접속된 역사 · 차고 · 발전시설 및 공작창 등 부속시설물의 부지는 '철도용지'로 한다.

### 제방 堤防

조수 · 자연유수 · 모래 · 바람 등을 막기 위하여 설치된 방조제 · 방수제 · 방사제 · 방파제 등의 부지는 '제방'으로 한다.

### 하천 河川

자연의 유수流水가 있거나 있을 것으로 예상되는 토지는 '하천'으로 한다.

### 구거 溝渠

용수 또는 배수를 위해 일정한 형태를 갖춘 인공적인 수로 · 둑 및 그 부속시설물의 부지와 자연의 유수流水가 있거나 있을 것으로 예상되는 소규모 수로부지는 '구거'로 한다.

### 유지 留池

물이 고이거나 상시적으로 물을 저장하고 있는 댐 · 저수지 · 소류지 · 호수 · 연못 등의 토지와 연 · 왕골 등이 자생하는 배수가 잘 되지 않는 토지는 '유지'로 한다.

### 양어장 養魚場

육상에 인공으로 조성된 수산생물의 번식 또는 양식을 위한 시설을 갖춘 부지와 이에 접속된 부속시설물의 부지는 '양어장'으로 한다.

### 수도용지 水道用地

물을 정수해 공급하기 위한 취수 · 저수 · 도수導水 · 정수 · 송수 및 배수시설의 부지 및 이에 접속된 부속시설물의 부지는 '수도용지'로 한다.

### 공원公園

일반 공중의 보건 · 휴양 및 정서생활에 이용하기 위한 시설을 갖춘 토지로서 국토의 계획 및 이용에 관한 법률에 의해 공원 또는 녹지로 결정 · 고시된 토지는 '공원'으로 한다.

**체육용지** 體育用地

국민의 건강증진 등을 위한 체육활동에 적합한 시설과 형태를 갖춘 종합운동장 · 실내체육관 · 야구장 · 골프장 · 스키장 · 승마장 · 경륜장 등 체육시설의 토지와 이에 접속된 부속시설물의 부지는 '체육용지'로 한다. 다만 체육시설로서의 영속성과 독립성이 미흡한 정구장 · 골프연습장 · 실내수영장 및 체육도장, 유수流水를 이용한 요트장 및 카누장, 산림 안의 야영장 등의 토지를 제외한다.

**유원지** 遊園地

일반 공중의 위락 · 휴양 등에 적합한 시설물을 종합적으로 갖춘 수영장 · 유선장 · 낚시터 · 어린이놀이터 · 동물원 · 식물원 · 민속촌 · 경마장 등의 토지와 이에 접속된 부속시설물의 부지는 '유원지'로 한다. 다만 이들 시설과의 거리 등으로 보아 독립적인 것으로 인정되는 숙식시설 및 유기장의 부지와 하천 · 구거 또는 유지(공유公有의 것에 한한다)로 분류되는 것을 제외한다.

**종교용지** 宗敎用地

일반 공중의 종교의식을 위해 예배 · 법요 · 설교 · 제사 등을 하기 위한 교회 · 사찰 · 향교 등 건축물의 부지와 이에 접속된 부속시설물의 부지는 '종교용지'로 한다.

### 사적지 史籍地

문화재로 지정된 역사적인 유적 · 고적 · 기념물 등을 보존하기 위하여 구획된 토지는 '사적지'로 한다. 다만, 학교용지 · 공원 · 종교용지 등 다른 지목으로 된 토지 안에 있는 유적 · 고적 · 기념물 등을 보호하기 위해 구획된 토지를 제외한다.

### 묘지 墓地

사람의 시체나 유골이 매장된 토지, 도시공원법에 의한 묘지공원으로 결정 · 고시된 토지 및 장사등에 관한 법률 제2조 제8호의 규정에 의한 납골시설과 이에 접속된 부속시설물의 부지는 '묘지'로 한다. 다만 묘지의 관리를 위한 건축물의 부지는 '대'로 한다.

### 잡종지 雜種地

다음 각목의 토지는 '잡종지'로 한다. 다만 원상회복을 조건으로 돌을 캐내는 곳 또는 흙을 파내는 곳으로 허가된 토지를 제외한다. 예컨대 ▲갈대밭, 실외에 물건을 쌓아두는 곳, 돌을 캐내는 곳, 흙을 파내는 곳, 야외시장, 비행장, 공동우물 ▲영구적 건축물 중 변전소, 송신소, 수신소, 송유시설, 도축장, 자동차운전학원, 쓰레기 및 오물처리장 등의 부지 ▲다른 지목에 속하지 아니하는 토지 등이 이에 해당한다.

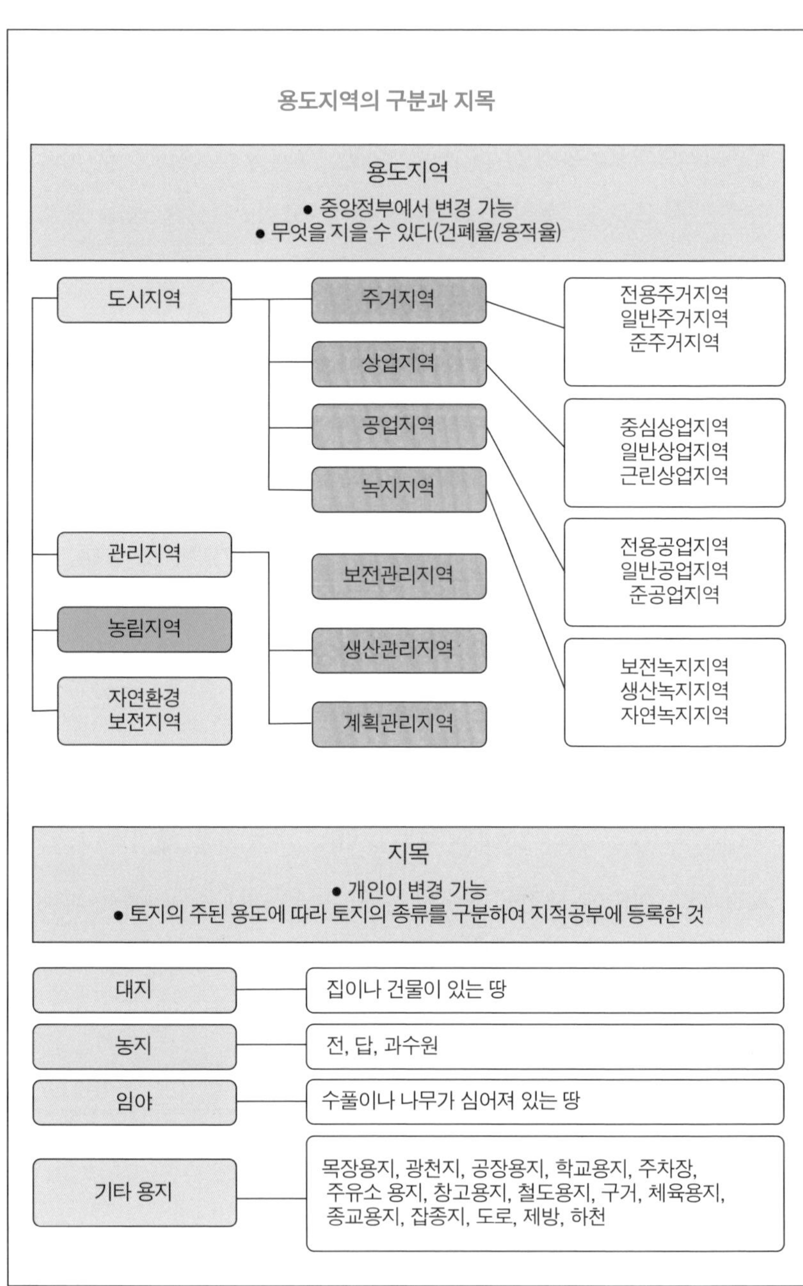

용도지역의 구분과 지목
용도지역
● 중앙정부에서 변경 가능
● 무엇을 지을 수 있다(건폐율/용적율)
도시지역
주거지역
상업지역
공업지역
녹지지역
전용주거지역
일반주거지역
준주거지역
중심상업지역
일반상업지역
근린상업지역
전용공업지역
일반공업지역
준공업지역
보전녹지지역
생산녹지지역
자연녹지지역
관리지역
보전관리지역
생산관리지역
계획관리지역
농림지역
자연환경
보전지역
지목
● 개인이 변경 가능
● 토지의 주된 용도에 따라 토지의 종류를 구분하여 지적공부에 등록한 것
대지
집이나 건물이 있는 땅
농지
전, 답, 과수원
임야
수풀이나 나무가 심어져 있는 땅
기타 용지
목장용지, 광천지, 공장용지, 학교용지, 주차장,
주유소 용지, 창고용지, 철도용지, 구거, 체육용지,
종교용지, 잡종지, 도로, 제방, 하천

▶▶▶ 콕 짚어 주는 땅 투자 포인트 ◀◀◀

**땅 부자가 되는 핵심 지침**

부동산 부자들은 땅에 대한 절대적인 믿음을 가지고 있다. 땅 투자는 성공을 100% 보장한다는 믿음이다. 부자들이 땅을 맹신하는 이유 중 하나는 우리나라가 절대적인 땅 부족 국가라는 점을 간파하고 있기 때문이다. 우리나라는 국토 면적이 좁다. 뿐만 아니다. 그 좁은 땅 중에서도 사용 가능한 땅이 5.6%에 불과하다. 하지만 경제 규모가 커지면서 땅에 대한 수요는 계속 늘어나고 있어 외환위기 같은 특수한 상황이 생기지 않는 한 땅값은 계속 올라가고 있는 것이다.

## 용도변경 지역에 투자하라

모든 땅에는 저마다의 쓰임새가 있다. 각각의 땅에는 또 어떤 것은 되고 어떤 것은 안 되는 제한규정도 있다. 이런 땅의 특성을 알고 있어야 하는 것은 땅 투자의 기본이다. 지구단위 계획은 이처럼 각각 다른 땅의 특성에 맞는 원칙을 세운 법으로 지난 2000년 7월 도시계획법이 바뀔 때 생긴 도시관리계획이다.

도시기능과 미관을 증진시키기 위해서는 모든 지역에 획일적으로 적용되는 기준보다는 지역 특성에 맞는 특수한 기준과 원칙이 필요하다는 취지에서 만들어졌다.

이 계획에 따라 해당 지역 여건에 따라 건축물 높이, 용도, 용적률 등을 제한하게 된다. 관련 사항은 구청과 주민이 계획을 입안해 구 · 시 도시계획위원회 심의를 거쳐 확정된다.

이 계획은 2003년 제 1종 지구단위계획에서 제 2종 지구단위계획으로 확대됐다. 제1종 지구단위계획은 토지이용의 합리화, 구체화 도시 및 농림, 산림, 어촌의 기능 증진 등 미관의 개선 및 양호한 환경을 확보하기 위해 수립하는 계획을 말한다.

구체적으로 제1종 지구단위계획의 목적은

첫째, 도시기능을 상실하거나 낙후된 기존 시가지를 정비할 필요가 있는 경우다.

둘째, 개발보다는 도시 형태와 기능을 현재 상태로 유지, 관리하는 것에 초점을 두는 경우이고

셋째, 도시 안에서 특정기능을 강화하거나 도시 팽창에 따라 기존 도시의 기능을 흡수, 보완하는 새로운 시가지를 개발하고자 하는 경우다.

제2종 지구단위계획은 계획관리지역 또는 개발진흥지구를 체계적 계획적 개발, 관리를 위해 용도지역의 건축물 및 그 밖의 시설 용도, 종류, 규모 등에 대한 제한을 완화하고 건폐율 또는 용적률도 완화해 수립하는 계획을 말한다.

이 계획은 난개발 방지를 위해 개발 수요를 집단화 하고 충분한 기반시설을 확보해 개발예상지역을 체계적으로 개발하고 환경친화적인 환경 조성 및 지속 가능한 개발을 유도하기 위한 것이다.

세분화된 토지의 용도를 판단하기 위해 알아야 할 또 다른 내용은 토지적성평가다. 이는 〈국토의 계획 및 이용에 관한 법률〉에 근거한 것

이다. 땅의 토양, 입지, 활용 가능성 등에 따라 개발적성, 농업적성, 보전적성을 평가하고 그 결과에 따라 용도를 분류함으로써 국토의 난개발을 방지하고 개발과 보전의 조화를 유도하기 위한 제도다.

토지적성평가는 도시관리계획 입안권자가 도시관리계획을 입안하기 위해 실시하는 기초조사의 하나로서 이는 관리지역 세분을 위한 평가와 기타 도시관리계획 입안을 위한 평가로 구분한다.

이 구분에 따라 보존 위주의 관리지역은 보전관리지역으로, 생산 활용 목적의 관리지역은 생산관리지역으로, 개발 활용 목적의 토지는 계획관리지역으로 지정하게 된다. 만일 전원주택이나 음식점, 펜션, 공장 등의 개발용도로 활용하기 위해 땅을 구입하려고 계획한다면 계획관리지역으로 지정될 가능성이 있는 지역을 구입해야 한다. 또 한 가지 알아둬야 할 개념은 용도지역과 용도지구, 용도구역이다. 먼저 용도지역은 토지의 활용도를 나타내는 규제로 규제가 완화될 수록 땅값이 오르고 규제가 강화될수록 땅값이 떨어지는 것이 보통이다.

이처럼 용도지역에 대한 규제를 만드는 이유는 땅의 이용 및 건축물의 용도 · 건폐율 · 용적률 · 높이 등을 제한함으로써 토지를 경제적 · 효율적으로 이용하는 데 있다. 공공복리의 증진을 도모하기 위해 땅의 활용도가 서로 중복되지 않도록 할 목적도 가지고 있다.

## 자연녹지 투자가 안전

현재 용도지역은 땅의 이용실태 및 특성, 장래의 땅 이용 방향 등에 따라 국토의 계획 및 이용에 관한 법률에서 도시지역, 관리지역, 농림지역, 자연환경보전지역의 4종류의 용도지역으로 구분한다. 이 중 도시지역은 주거지역 · 상업지역 · 공업지역 · 녹지지역으로, 관리지역은 보전관리지역 · 생산관리지역 · 계획관리지역으로 구분된다.

주거지역은 전용주거지역 · 일반주거지역 · 준주거지역으로, 상업지역은 중심상업지역 · 일반상업지역 · 근린상업지역 · 유통상업지역으로, 공업지역은 전용공업지역 · 일반공업지역 · 준공업지역으로, 녹지지역은 보전녹지지역 · 생산녹지지역 · 자연녹지지역으로 세분화 되었다.

이 같은 용도지역의 지정과 변경에 관한 사항을 잘 아는 것만으로도 훌륭한 정보가 된다. 용도지역의 규제와 완화에 따라 땅값이 오르내리기 때문이다.

<table>
<tr><th>용도지역</th><th colspan="2">구분</th><th>건폐율</th><th>용적률</th></tr>
<tr><td rowspan="13">도시지역</td><td rowspan="3">주거지역</td><td>전용주거지역</td><td>50% 이하</td><td>100~150% 이하</td></tr>
<tr><td>일반주거지역</td><td>60% 이하</td><td>100~300% 이하</td></tr>
<tr><td>준주거지역</td><td>70% 이하</td><td>200~500% 이하</td></tr>
<tr><td rowspan="4">상업지역</td><td>중심상업지역</td><td>90% 이하</td><td>400~1500% 이하</td></tr>
<tr><td>일반상업지역</td><td>80% 이하</td><td>300~1300% 이하</td></tr>
<tr><td>근린상업지역</td><td>70% 이하</td><td>200~900% 이하</td></tr>
<tr><td>유통상업지역</td><td>80% 이하</td><td>200~1100% 이하</td></tr>
<tr><td rowspan="3">공업지역</td><td>전용공업지역</td><td rowspan="3">70% 이하</td><td rowspan="3">150~400% 이하</td></tr>
<tr><td>일반공업지역</td></tr>
<tr><td>준공업지역</td></tr>
<tr><td rowspan="3">녹지지역</td><td>보전녹지지역</td><td rowspan="3">20% 이하</td><td rowspan="3">50~100% 이하</td></tr>
<tr><td>생산녹지지역</td></tr>
<tr><td>자연녹지지역</td></tr>
</table>

| 관리지역 | 보전관리지역 | 20% 이하 | 50~80% 이하 |
|---|---|---|---|
| | 생산관리지역 | | |
| | 계획관리지역 | 40% 이하 | 50~100% 이하 |
| 농림지역 | 농업진흥구역, 농업보호구역 | 20% 이하 | 50~80% 이하 |
| 자연환경<br>보전지역 | | 20% 이하 | 50~80% 이하 |

일례로 자연녹지지역에서 주거지역으로 용도가 변경되면 땅값은 두 배 이상으로 뛰어 오른다. 따라서 지방자치단체에서 수립하는 도시기본계획에 늘 촉각을 곤두세우고 있는 것이 좋다.

만일 용도지역 변경에 따라 투자를 할 생각이라면 자연녹지지역에 투자하는 것이 비교적 안전하다. 자연녹지지역은 도시지역과 인접해 있기 때문에 시가지로 편입될 가능성이 높다.

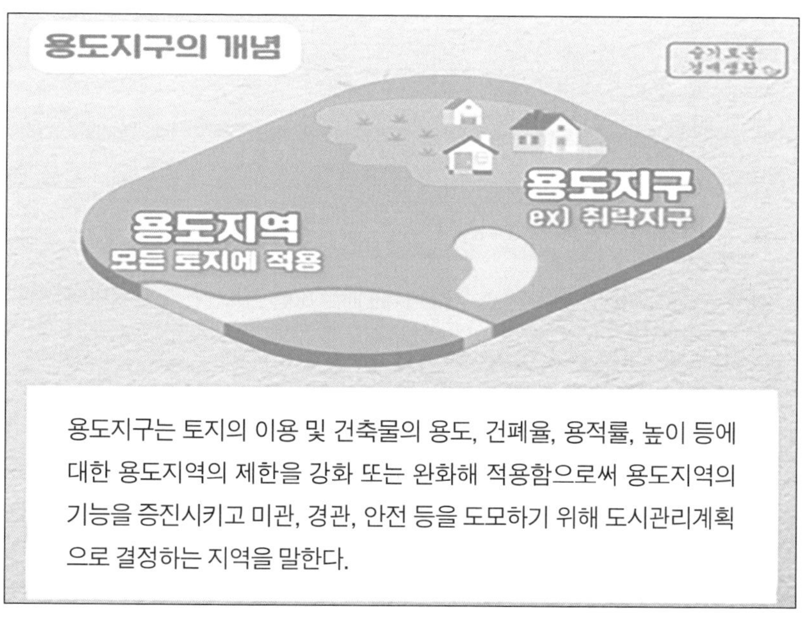

용도지구의 개념
용도지구
ex) 취락지구
용도지역
모든 토지에 적용
용도지구는 토지의 이용 및 건축물의 용도, 건폐율, 용적률, 높이 등에 대한 용도지역의 제한을 강화 또는 완화해 적용함으로써 용도지역의 기능을 증진시키고 미관, 경관, 안전 등을 도모하기 위해 도시관리계획으로 결정하는 지역을 말한다.

건폐율이란 대지 위에 건축물을 지을 때 대지 면적 대비 얼마 만큼 건축물을 지을 수 있는지를 뜻하는 용어다. 아래에서 보이듯 건폐율 계산 방식은 건축 면적을 대지 면적으로 나눈 다음 100을 곱한다.

예를 들어 200평 부지에 100평짜리 건물을 짓는다면 해당 건축물의 건폐율은 50%가 된다.

### 건폐율이란?

- 대지 면적 중 건축 면적의 비율을 뜻함
- 건축 면적 = 대지 면적 중 건물이 들어설 수 있는 부지의 크기

$$\text{건폐율} : \frac{\text{건축 면적}}{\text{대지 면적}} \times 100$$

용적률은 1층짜리 건물이 아닌 여러층의 건물을 지을 때 지상층의 연면적 비율을 뜻하는 용어다.

연면적이란 해당 건축물의 바닥면적의 총 합계를 뜻하는데, 계산 방식은 대지 면적으로 지상층 연면적을 나눈 뒤 100을 곱하게 된다.

예를 들어 200평 부지에 5층짜리 건물을 짓는데, 각 층이 100평이라 가정했을 때 350%가 나온다.

### 용적률이란?

- 대지 면적 중 지성층의 연면적 비율을 뜻함
- 연면적 = 해당 부지의 건축물 바닥 면적의 합계

$$용적률 : \frac{지상층\ 연면적}{대지\ 면적} \times 100$$

도시계획구역 안에서 공공의 안녕과 질서 그리고 도시 기능의 증진을 위해 필요한 경우 국토교통부장관이 도시계획으로 지정할 수 있다. 용도지구에는 풍치지구, 미관지구, 고도지구(최고고도지구 · 최저고도지구), 보존지구, 방화지구, 공항지구, 시설보호지구 등으로 나뉜다.

용도지구가 용도지역과 다른 점은 중복 지정이 가능하다는 것이다. 만일 어떤 땅이 고도지구로 지정되어 있더라도 미관지구 등 다른 용도지구와 함께 지정이 가능해 중첩된 규제를 받을 수 있다.

이 용도지구는 시 · 도지사가 새로운 지구를 만들 수도 있다. 만일 새로운 용도지구를 지정하고 관보에 공고했는데 〈토지이용계획확인원〉에 나오지 않아 건축 행위가 불가능해졌을 때는 관보 공고가 우선이기 때문에 피해를 입을 수 있다.

따라서 땅을 사기 전에는 해당 땅이 있는 관공서의 도시계획과나 건축과 등에 다른 규제 사항이 있는지 확인하는 것이 좋다.

용도구역은 도시의 무질서한 평면적 확대 및 인구의 과도한 집중을 방지하기 위해 설정한 구역을 말한다. 특정시설제한구역, 개발제한구역, 도시개발예정구역, 시가화 조정구역 등 네 가지다.

## 내 재테크에 보약이 되는 토지 상품들

'소문난 잔치에 먹을 것이 없다'는 우리 속담이 있다. 땅도 마찬가지다. 일단 소문이 났다면 그 영향은 토지 시장에 반영됐다고 보는 것이 현명하다. 이미 정보에 빠른 투자자들이 투자했을 가능성이 높기 때문이다.

땅 투자에 성공하려면 눈에 띄지 않으면서도 개발 가치가 높은 곳에 주목해야 한다. 이런 땅은 크게 오르고 투자했을 경우 시세차익을 더 많이 낼 수 있다.

하지만 일반투자자들로서는 막연하다. 어떤 땅이 투자 가치성이 높은지, 내 몸에 맞는 보약들을 어디서 구해야 하는지 알기가 쉽지 않다.

▶▶▶ 콕 짚어 주는 땅 투자 포인트 ◀◀◀

**좋은 땅을 찾는 입지 여건 판별법**

중요한 것은 개발을 해서 어느 정도의 부가가치를 얻을 수 있는가 여부다. 일단 주변을 둘러보자. 주변에 편의시설·공공시설이 있는지, 있다면 규모와 숫자는 어느 정도인지, 공해배출시설이나 혐오시설은 없는지를 파악하자. 땅 주변을 둘러싼 교통망이 어떻게 배치되어 있는지를 살피는 것은 기본 중 기본. 교통망은 도로·철도·지하철·경전철·공항을 모두 고려하자. 경제 가치도 따져보자. 무엇보다 땅 주변에 수요층이 두터워야 좋다. 땅을 개발했을 때 이를 이용할 고객이 많아야 한다. 배후지가 크고, 인구밀도가 높고, 고객의 소득이 높은 수준이면 금상첨화. 접근성이 좋고 통행량이 많은 지역도 마찬가지다. 교통 인구가 고객 인구라면 더 말할 필요가 없다.

## 나대지 편입되면 가치 급상승

백화점에서 근무하고 있는 O씨는 직장상사가 예전에 사놓은 땅이 개발구역으로 지정되어 대박이 났다는 이야기를 듣고 땅 투자를 결심했다. 종자돈으로 7년 정도 모은 돈 3억 원을 들고 그동안 투자를 권유했던 기획부동산의 K팀장과 상담을 하였다. 뭔가 이상야릇한 기분이 들기는 했지만 워낙 소심하고 부동산에 문외한이었던 O씨는 기획부동산에서 설명하는 말만 믿고 덜컥 투자했다. '내가 뛰어 봐야 얼마나 알겠는가? 전문가들이 알아서 추천해 주었겠지!'하는 생각으로 기획부동산의 땅을 사 버린 것이다.

O씨의 실수는 여기서부터 시작이었다. 갑자기 기획부동산이 소리 소문 없이 사라져 버리면서 그의 결과는 비참했다. 원금을 고스란히 날렸기 때문이다.

O씨가 투자에서 실패를 한 것은 땅 투자에 대한 이해 부족과 접근 방법의 잘못에 기인한다. 땅 투자는 '희망으로 하는 투자'라고 할 수 있다. 유지 비용을 감당할 수 있거나 총 투자 자본 이상으로 원하는 수익을 얻을 수 있는 가격으로 가치의 상승이 가능하다는 희망이 있어야 한다.

O씨의 경우에는 그렇지가 못했다. '사촌이 논을 사면 배가 아프다'는 옛말처럼 상사가 큰 수익을 얻으니 부러워서 '묻지마 투자'를 한 것이다. 투자를 하려는 땅에 대한 정보도 부족했고 분석도 이뤄지지 않았으므로 그의 쪽박은 어쩌면 당연한 결과라고 할 수 있다.

반대의 경우도 있다. 한 방송국 교양프로그램 PD로 활동하고 있는 K씨는 평소 대범하면서도 치밀하다는 평가를 받고 있는데, 그의 숨은 병기는 부지런하다는 것이었다. 땅 투자를 하려면 부지런해야 한다는 것을 잘 알고 있던 터라 기본 가격이 싼 한 나대지를 사기로 결심하고는 지역사회의 성장 패턴 분석부터 시작했다. 그것이 지역사회에서 미래의 기반시설에 어떻게 연계되어 계획되어지는지를 알아야 했기 때문이다.

K씨가 이 나대지를 최종 결정한 이유는 분석 과정에서 새로운 도로 및 기타 계획된 프로젝트(지방, 시 · 도 및 국가계획)가 그 지역의 가치를 높인다는 것을 알게 됐다는 데 기인한다. 그래서 이 지역에 대한 땅 투자를 고려한 것이다.

그는 이 나대지를 사는 것에 대해 매우 매력적인 투자라고 생각했다. 땅 매도자와 협의해 시장 가격 이하에서 토지 매입에 소요되는 장기 비용의 자금을 지급할 수 있었기 때문이다. 이 같은 분석이 맞아 떨어지면서 그의 자산은 불어났다.

K씨는 경기도 안성시 보개면 남풍리 지역의 토지를 매입하였는데, 이 토지는 세종~포천 고속도로(재2경부고속도로) 바우덕이 휴게소와 IC 주변이고, 삼성이 미리 사놓은 보개면 남풍리 토지 주변이라서 향후 미래 가치는 충분하였다. 특히 주변 지역은 각종 산업단지(제2가울산업단지)와 4차선 도로가 확장 · 준공되어서 교통, 산업단지, 도로, 대기업이 개발한다는 호재로 말미암아 K씨는 행복한 나날을 보내고 있다.

사실 땅 투자의 핵심은 지역사회의 성장 패턴을 적절하게 평가하고 향후 개발을 위한 청사진을 확보하는 것이다. 여기에 사들인 토지의 가치가 최대한 상승된다면 금상첨화라고 할 수 있다.

예컨대 K씨의 경우처럼 기본 가격이 싼 나대지가 상업지구나 산업단지를 포함하는 지역으로 변경되어 가치가 최대한 상승되는 것이 이에 해당한다. 여기에다 땅 투자를 위한 상황이 유리할 때 투자자가 투자를 위한 시간과 능력을 가지고 있다면 위험부담은 거의 없다고 할 수 있다.

## 지역특구 지정 예정지가 보약

그러면 투자에 나서 땅을 사놓을 경우 내 몸에 보약이 되는 토지 상품들은 어떤 것이 있을까.

땅 투자는 사실 옥석을 가리는 것이 핵심이다. 어느 토지 상품이 이로운 것인지, 해로운 것인지 알기 힘들기 때문이다. 이럴 때는 지역특구 지정 예정지를 눈여겨 볼 만하다.

지역특구란 기초자치단체가 지역경제를 활성화하기 위한 특화사업을 추진하는 과정에서 일정지역을 특구로 지정하여 규제의 특례를 적용하는 제도이다. 정부의 재정, 세제지원은 없지만 지자체 개발에 걸림돌이 되어온 규제의 완화로 인해 인·허가 절차가 간소화 된다.

지역특구지정 예정지의 발표가 있게 되면 가격 상승이 동반된다. 이는 지역특구로 지정된 곳에서는 농지의 소유와 이용이 전면 자유화 된다는 데 기인한다.

이 경우에는 투자 시점이 중요할 수 있다. 보다 높은 수익을 올리려면 예정지 발표 이전에 투자해야 한다. 발표 이후에는 단기간 내에 급격한 가격 상승을 보일 것으로 예상되기 때문이다.

그린벨트 해제 지역 농지도 보약 상품으로 꼽을 수 있다. 그 중에서도 투자 가치와 환금성이 좋은 것은 대도시 주변 취락마을 내 농지 중 지구단위계획 수립 중인 농지다.

이 같은 농지는 장점만큼이나 제약도 따른다. 그린벨트 지역은 대부분이 토지 거래허가구역이다. 때문에 20km 이내에 살고 있어야 소유권 이전이 가능하다. 투자 금액도 크다. 임대아파트 용지로 수용될 수도 있다. 이것이 투자에 신중을 기해야 하는 이유다.

또 다른 보약 토지 상품으로 진흥지역 내 농지가 있다. 농사 목적 이외에는 사용이 거의 불가능한 이 같은 농지는 장기적으로 고수익 농지로 탈바꿈하기도 한다.

일례로 매입을 해놓은 진흥지역 내 농지가 개발 지역 인근 농지라고 치자. 이런 경우 장기적으로 규제가 풀릴 수밖에 없다. 게다가 신 · 구도시 사이의 경지정리가 되지 않은 진흥지역 농지는 가격 면에서 저평가된 상품이다. 따라서 규제가 풀리면 고수익을 안겨 준다.

한계농지도 노려볼 만하다. 한계농지란 농업진흥지역 밖에 위치한 집단화가 2ha 미만이거나 경사도가 15% 이상이어서 생산성이 떨어지는 농지를 말한다. 현재, 정부는 이 같은 농지에 대해 다목적 개발을 적극 권장하고 있다. 따라서 한계농지 개발은 민간에 완전 개방되어 누구나 사업이 가능하다.

사업의 종류도 다양하다. 농림수산업적 이용 외에도 관광숙박시설, 전시장, 박물관 등 관광휴양시설, 체육시설, 의료시설 등으로 활용할 수 있다. 그만큼 수익을 얻을 수 있는 기회가 많아진 셈이다.

◈◈◈ 이것만은 알고 가자 ◈◈◈

**한계농지**

농업진흥지역 및 보전임지가 포함되지 않은 농지로서 토질이 나쁘거나 비탈이 심해 생산성이 떨어지는 농지를 말한다. 한계농지의 기준은 평균경사율 15% 이상으로 경사도가 급하거나 자갈이 많아 농기계작업을 효율적으로 할 수 없는 경우, 농지 규모가 2만 제곱미터 미만으로 협소하여 생산성이 낮은 농지, 물이 부족하거나 노동력의 부족 혹은 도로 미비 등으로 이미 휴경지가 되었거나 앞으로 휴경지화 할 수밖에 없는 농지 등이다.
한계농지정비사업은 한계농지와 인근의 토지를 포함하여 최대 10ha(3만 평)까지 개발할 수 있는 사업으로 농업적 이용, 관광휴양단지조성, 택지 등 다양한 시설 설치가 가능하다. 최근에는 농업 생산성이 우수하더라도 지역 여건을 감안할 경우 수익성이 상대적으로 낮은 농지에 대해서도 한계농지라 칭한다.

## 최고의 주택지 선정 바로 알기

집은 살면서 바꿀 수 있다. 하지만 집터는 한번 선택하면 거의 반영구적이다. 따라서 사전에 치밀하게 알아본 후 좋은 입지를 선정하는 것이 중요하다. 잘못 선정된 입지는 큰 재산 손실이나 시간 낭비 및 가족들의 건강에도 나쁜 영향을 미칠 수 있기 때문이다.

피해를 최소화시키고 투자이익을 보기 위해서는 먼저 지형을 살펴야 한다. 지형은 다양한 형태를 띠고 있는데, 풍수지리적인 부분에서 배산, 임수, 남향, 접도 등이 중요하다. 그러면 어떤 곳이 좋은 집터일까?

**첫째**, 북쪽이나 북서쪽에 산이나 언덕이 있으면 좋다.**(배산背山)**

배산이란 기본적인 입지 조건은 우리나라의 산이 없어지지 않는 한 무시할 수 없는 사항이다. 아무리 좋은 유명 산을 등지고 있다고 해도 주변의 산들이 너무 막혀 공기의 흐름이 나쁘다든지, 채광이 좋지 않거나 교통이 너무 험하면 곤란하다.

굳이 명산이 아니더라도 산이 뒤를 가로막고 있으면 바람을 막을 수 있고, 막은 공기를 수시로 공급해 줄 수 있으면 배산의 조건으로 나쁘지 않다. 가능하면 북쪽이나 북서쪽에 산이나 언덕을 두고 기댈 수 있으면 좋다.

아무리 남향집이라고 해도 뒤쪽을 막아주는 산이 없으면 겨울에 차가운 북서풍과 여름에 무더운 동남풍이 불어 여름에는 덥고 겨울에는 춥기 때문에 잘 살펴야 한다.

**둘째**, 장마에 물이 범람할 가능성이 있는 곳은 피해야 한다.**(임수臨水)**

물가의 전원주택지라면 세심하게 살펴야 한다. 비록 작아 보이는 개울도 여름철 장마가 있게 되면 엄청나게 물이 불어나 피해를 당할 수 있으므로 잘 살펴보고 구입해야 한다.

계곡과 인접한 곳은 지반이 약하거나 토사가 무너져 내릴 수 있으므로 잘 살펴보아야 한다. 호수나 유원지, 강가를 선호하는 사람들 역시 강물의 범람과 이로 인한 피해를 생각해 투자해야 한다.

셋째, 빛이 잘드는 것만이 꼭 좋은 조건은 아니다.(남향南向)

한강 조망권의 아파트는 북향이면서 한강의 조망으로 비싸게 거래되고 선호된다.

양평 지역의 전원주택들도 일조권을 따진 향보다는 경관을 살려 지은 것을 볼 수 있다. 향보다는 경관을 중시해 지은 경우라도 낮게 떨어진 서향 볕이 큰 창문을 통해 직접 들어와서 종일 집안을 데우는 서향은 되도록이면 피해야 한다.

넷째, 진입도로는 필수적이다.(접도接道)

전원주택은 관청으로부터 인·허가를 받고 그 허가에 의해 건축을 할 수 있는데 만일 도로가 없다면 허가를 받을 수 없다. 허가를 받기 위해서는 반드시 폭 4m 이상인 도로에 접한 땅이어야 한다. 또한 주 도로에서 얼마나 떨어져 있느냐를 세심히 살펴야 한다.

다섯 째, 돌도 아니고 흙도 아닌 땅이 좋다.(토질土質)

땅의 성질은 지표면에 나타난 현상과 지하에 묻혀 보이지 않은 현상을 동시에 검토해야 한다.

돌도 아니고 흙도 아닌 땅은 배수가 잘 되어 습하지도 않고 쉽게 건조하지도 않으면서 모래나 암석이 적어 식물의 생장에도 좋다. 반면 광물질이 많은 곳과 지하 수맥이 흐르는 땅은 주택 부지로 부적당하다고 보면 된다.

여섯째, 매립지나 지질이 다른 곳은 피해야 한다.(지반 상태地盤 狀態)

경사가 있는 산을 무리하게 부지 조성하면 토사 유출이나 붕괴의 위험 소지가 많다.

산업 폐기물이나 생활 폐기물을 매립한 땅은 지속적으로 해로운 가스가 발생되어 인체에 아주 나쁜 영향을 주기 때문에 피해야 한다. 지질이 서로 달리 만나는 곳은 지각 변동 시 지질이 서로 달리 작용함으로 인해 건축물이 붕괴되거나 파손될 염려가 있다.

일곱째, 지대가 낮거나 경사도가 심한 곳은 피해야 한다.(저지대低地帶)

저지대는 장마나 홍수 시 침수의 우려가 있다. 또한 땅이 습해 농작물이 잘 자라지 않는다. 때문에 주택지 땅을 구입할 때 신중해야 한다.

## 대지 바로 알기

시대를 막론하고 가장 비싼 땅은 대지다. 사무실이나 주택, 상가 등의 건축물을 자유롭게 지을 수 있는 땅이기 때문이다. 다른 지목, 예를 들어 전 · 답의 경우 건축물을 짓기 위해서는 대지로 지목을 변경해야 한다. 때문에 이미 대지로 지정된 땅은 가치가 높을 수밖에 없다.

만일 같은 지역 내에 대지와 전 · 답이 있다면 대지의 가격이 보통

30% 이상 비싸다. 만약 전·답을 건축이 가능한 대지로 변경할 경우 땅의 크기에 따라 농지전용 비용이 들어가게 된다.

대지는 건축법과 지적법에 따라 의미가 달라진다. 건축법에 의하면 대지는 지적법에 의해 각 필지로 구획된 토지를 말한다. 하나의 건축물을 2필지 이상에 걸쳐 건축할 때는 그 건축물이 건축되는 모든 필지의 최 외곽선으로 구획된 토지를 대지라고 말한다.

이 같은 대지의 가격은 땅의 조건에 따라 천차만별이다. 먼저 좋은 대지가 되려면 지반과 토질, 면적 등이 뒷받침 되어야 한다. 그 중 지반의 조건은 암반이나 돌이 많은지의 여부가 대지의 가격을 결정짓는다. 농가주택을 지을 목적의 대지라면 지하수가 나오는지의 여부도 중요하다.

지반 자체가 연약한 대지는 가치가 떨어진다. 만일 지반이 약한 대지에 건축물을 지으면 건물의 일부가 침하돼 기울거나 벽이 갈라지는 현상이 생길 수 있기 때문이다. 따라서 산을 깎거나 논을 매립해 만든 대지라면 대지가 연약해졌는지의 여부를 필히 따져봐야 한다.

대지를 이루는 토질이 좋은지를 알기 위해서는 땅의 지질이나 지반 또는 과거의 이력을 봐야 한다. 과거 공동묘지나 쓰레기매립장 또는 갯벌이나 논 또는 늪 지역을 매립한 지역은 아니었는지 등의 이력을 살펴야 한다.

이는 나중에 건물을 지을 때 건축비에 영향을 끼치고 식물 재배나 동물 사육과 식수 조달 등에 있어 매우 중요한 조건이 될 수 있다. 면적도 좋은 대지인지 나쁜 대지인지를 판가름하게 해 준다. 면적이 넓다고 꼭 좋은 땅은 아니다. 면적에 비해 땅의 모양과 형태, 경사도, 방향,

사용 현황이 더욱 중요하다.

주변의 다른 토지와의 경계선이 반듯한지 아닌지도 대지의 활용에 영향을 미친다. 일반적으로 도로에 접하는 부분이 좀 더 길게 생긴 직사각형의 땅이 정사각형이나 다른 모양의 땅보다는 활용도가 좋은 것으로 알려져 있다. 땅의 경사 각도도 대지를 평가하는 요소다. 햇빛이 얼마나 잘 드는지, 일조량은 얼마나 되는지, 해가 뜨고 지는 시각은 언제인지 등의 요소도 대지를 결정짓는 요소 중 하나다. 이런 조건을 충족시키는 대지가 좋은 대지로 분류된다.

반면 가치가 떨어지는 대지로는 고압선 · 지하 케이블 · 화약고 · 주유소 등 화재위험시설과 인접한 땅과 절벽 · 채석장 · 토석 유실 위험지역에 위치한 땅이 꼽힌다.

저지대(홍수처리시설이 완비된 곳 제외)에 위치한 땅과 최고 홍수 수위선(100년 만에 올 수 있는 홍수를 예상해 정한 수위)보다 1m 이상 높지 않은 땅, 폭이 8m 이하인 땅, 진입도로에 2m 이상 접해 있지 않은 땅 등도 가치가 떨어지는 대지다.

그밖에도 진입로 폭이 4m 이하인 땅, 석축 · 옹벽 등의 높이가 3m 이상인 땅, 경사는 15도 이상인 땅 등이 해당된다.

이런 조건의 대지는 금융기관에서조차 기피하는 땅이다. 담보 능력이 떨어져 대출을 해 주지 않는다. 따라서 아무리 땅값이 싸더라도 이 같은 조건을 가진 땅은 사지 않는 것이 좋다.

피해야 할 또 다른 대지는 주택이 밀집한 전용주거지역 안의 대지다. 물론 집을 짓고 살 실수요자의 입장에서는 좋은 조건이지만 투자 목적으로 땅을 사는 사람들에게 이 지역의 땅은 그리 추천할 만한 토지는 아니다. 주택 이외의 목적으로는 건축이 어렵기 때문이다. 추가 시세차익을 기대하기도 어렵다. 땅값이 오를 대로 올랐다는 이유에서다.

맹지 역시 대지로서는 가치가 없다. 도로가 나 있지 않기 때문에 건물을 지을 수 없기 때문이다. 건축법에 따르면 건축물의 대지는 2m 이상을 도로와 접해야 한다고 규정되어 있다. 따라서 도로가 날 수 없는 맹지는 건물을 지을 수 없어 대지로서의 가치를 상실했다고 할 수 있다.

---

▶▶▶ **콕 짚어 주는 땅 투자 포인트** ◀◀◀

**좋은 대지를 고르면 수익도 높다**

대지는 가장 비싼 땅으로 꼽힌다. 건축물을 자유롭게 지을 수 있는 땅이기 때문이다. 대지가 다른 지목과 대지로 달리 지정된 땅은 가치가 높을 수밖에 없는 가장 큰 이유는 건축물을 짓기 위해 지목을 변경해야 하는 번거로움이 없다는 점이다. 지반과 토질, 면적 등이 뒷받침되는 토지가 좋은 대지로 꼽히는 만큼 이왕이면 이 같은 대지를 사는 것이 투자 수익을 높일 수 있는 비법이다.

---

### 흙속의 진주인 유지

시대에 따라 투자자들의 사랑을 받는 토지 지목은 변하게 마련이다. 산업과 경제의 발전에 따라, 토지 관련법 개정에 따라 인구의 이동에 따라, 도로와 철길의 개통에 따라 사람들이 선호하는 지역과 토지는 달라진다는 이유에서다.

이런 이유로 인기 있는 토지 지목은 계속해서 변화해왔다. 40년 전만 해도 농사를 지을 수 있는 논이 가장 가치 있는 땅이었다면 20년 전에는 준농림지역의 전 · 답이나 임야가 투자자들의 눈길을 끌었다.

준농림지역이란 〈국토이용관리법〉에 의한 국토이용계획 상의 용도지역으로, 농업진흥지역 외의 지역 농지 및 준보전임지 등으로서 농림업의 진흥과 산림보전을 위해 이용하되 개발 용도로도 이용할 수 있는 지역을 말한다. 국토의 계획 및 이용에 관한 법률이 제정됨으로써 준농림지역은 '계획관리지역'으로 변경되었다.

그리고 10여 년 전부터 지금까지 주목받는 땅은 잡종지, 대지, 공장용지 등이다. 특히 최근에는 관리지역 중 계획관리지역의 땅에 많은 일반 토지투자자들의 관심을 받고 있다.

투자 금액에 비해 큰 이익을 얻을 수 있는 땅으로 꼽히는 것은 '잡종지'다. 잡종지가 어떤 용도로도 변경 가능한 변화무쌍한 땅이기 때문이다. 건축허가만 나면 상가건물이나 주택, 숙박업소 등 어떤 용도의 건물도 지을 수 있는 토지가 잡종지다.

게다가 잡종지는 도로를 끼고 있는 경우가 많다. 이는 인 · 허가 절차나 토목공사 등 번거로운 과정이 생략될 수 있는 땅이란 의미다. 이런 이점 때문에 일부 투기꾼들은 멀쩡한 땅을 잡종지로 변경하기 위해 꼼수를 부리기도 한다.

일례로 농지 등의 땅에 쓰레기 등 유해물질을 매입한 다음 오염시켜 잡종지로 지목을 바꾸는 방법 등이다. 주로 농한기에 자주 벌어지는 일이다. 밭에 축사를 지어놓고 축사 허가를 받았다가 잡종지로 바꾸기도 한다. 이런 편법이 횡행하는 것도 잡종지의 가치를 보여주는 사례라고 볼 수 있다. 하지만 이런 행위는 엄연히 불법이다.

그러면 합법적으로 잡종지로 변경이 가능한 지목은 어떤 게 있을까?

그 중 하나가 바로 유지다. 유지는 일정한 구역 내에 물이 고이거나 상시적으로 물을 저장하고 있는 댐, 저수지, 소류지, 호수, 양어장, 연못 등의 토지와 연, 왕골 등이 자생하는 배수가 잘 되지 않는 토지를 말한다. 구거나 하천과 달리 저수지나 연못처럼 늘 물이 고여 있는 곳이다.

그런데 과거에는 유지였다가 환경의 변화로 물이 말라 자연히 대지로 바뀌는 경우가 있다. 이런 유지를 잡종지로 바꾸면 땅의 가치는 크게 올라가게 된다.

L씨도 유지였던 땅을 잡종지로 바꾸고 나서 크게 이익을 본 케이스다. 선친에게 물려받은 유지를 가지고 있었던 그는 몇 해 전 자신의 땅을 확인하러 현장에 갔다가 무엇인가 이상한 점을 발견했다. 늘 물이 고여 있어 아무짝에도 쓸모 없었던 땅이 대지와 비슷한 형상으로 바뀌어 있었던 것이다.

인근에 사는 주민들에게 물어보니 비가 많이 올 때만 조금 물이 들어찰 뿐 평소에는 일반 대지와 다를 바가 없다고 했다. 둘러보니 자신의 땅 위쪽으로는 큰 공사가 진행 중이라 자신의 땅도 잘 만 하면 꽤 쓸모가 있는 땅으로 변신이 가능할 것 같았다.

고민하던 L씨는 군청에 가서 잡종지로 등록전환신청을 했다. 그리고 채 한 달도 되지 않아 지적 정리가 완료됐고 불모지나 다름없던 자신의 땅은 건물도 지을 수 있는 금싸라기 땅으로 변했다.

L씨는 현재 자신의 땅에 펜션을 지으려고 생각 중이다. 최근 인근 지역에 도로가 생기고 큰 건물이 들어서는 등 발전을 하고 있어 관광지로도 손색이 없을 것 같았기 때문이다. 저수지로밖에 사용하지 못했던 땅이 환골탈태換骨奪胎하는 순간이었다.

### ◈◈◈ 이것만은 알고 가자 ◈◈◈

등록전환登錄轉換 : 임야대장 및 임야도의 등록된 토지를 그 정밀도를 높이기 위하여 소관청이 <토지대장> 및 <지적도>에 옮겨 등록하는 것을 말한다. 이때 주의할 것은 면적의 증감이 올 수 있다는 것을 기억해 두어야 한다.

## 뜻밖의 수확 '폐천부지'

이처럼 잡종지로 바뀔 수 있는 또 다른 땅은 폐천부지다. 이는 지자체가 하천직강공사 등을 벌여 물줄기가 곧게 바뀌면서 대지로 바뀐 땅이다. 폐천부지의 장점은 대부분 경관이 뛰어나고 조망이 좋은 곳에 위치하고 있다는 것이다.

이때문에 지목을 잡종지로 변경하게 되면 관광지나 음식점, 숙박업소를 지을 수 있다. 한때 카페촌으로 명성을 날렸던 미사리나 대규모 출판단지가 들어선 파주도 자유로 건설에 따라 생긴 폐천부지를 개발한 지역이다.

## 대지보다 나은 잡종지도 있다

자영업자 J씨는 최근 황당한 통보를 받았다. 자신이 가지고 있는 대지를 잡종지로 형질을 변경하라는 것이었다. 정씨는 1995년도에 '전'을 구입한 뒤 대지로 형질을 변경해 사용하고 있다. 대지 중 일부는 전으로, 일부는 여가용으로 사용하고 있었다.

그런데 이제 와서 대지를 다시 잡종지로 변경하라는 통보를 받은 것이다. 지목 중 대지가 으뜸이라고 알고 있었던 J씨에게는 기가 막힌 요구였다. 멀쩡한 땅이 잡종지로 변경이 되면 가치가 떨어져 팔 때도 크게 손해를 볼 것 같았기 때문이다.

그렇다면 정말 J씨가 형질 변경으로 큰 손해를 볼까? 그것은 아니다. 특별히 정해진 용도가 없는 잡종지는 개발 용도가 무궁무진해 눈여겨볼 필요가 있는 땅이다. 때에 따라서는 대지보다 더 나은 땅으로 평가받기도 하는 것이 잡종지다.

대지는 영구적 건축물 중 주거, 사무실, 점포 등에 쓰이는 토지에 설정하는 지목이고 잡종지는 28개에 달하는 각종 지목에 해당하지 않을 경우 설정하는 지목이다.

잡종지에는 언제나 건축허가를 받아서 건축을 할 수 있고 주택을 지으면 대지, 공장을 지으면 공장용지로 간단하게 지목이 변경되므로 결코 대지에 비해 불리하지 않다. **농지법(田畓) 또는 산지관리법(林野)** 상의 규제가 따르지 않아 여러 용도로 사용할 수 있기도 하다.

잡종지의 또 다른 장점은 대부분의 잡종지가 건축을 위한 적합한 부지 조건을 갖추고 있다는 것이다. 대부분 도로와 인접해 있어 별다른 토목공사 없이 건물을 지을 수 있다.

따라서 주유소나 자동차운전학원, 주차시설, 납골당 등 다양한 시설이 설치될 수 있다. 게다가 잡종지는 자투리땅인 경우가 많아 일반인들이 매입하기에 부담스럽지 않다. 덩치가 작아 땅값이 싼 경우가 보통이다.

이처럼 다양한 장점을 가지고 있다 보니 수도권 등에서는 잡종지로 지목을 변경하기 위해 멀쩡한 농지에 쓰레기를 매립하거나 방치하는 등의 꼼수를 쓰기도 한다. 불법 매립되거나 방치된 쓰레기로 농지가 오염돼 불모지가 될 경우 당국은 농지 주인의 요청에 의해 현장을 확인만 하고 잡종지로 지목을 쉽게 바꿔주는 것을 이용하는 것이다.

변경된 잡종지는 일정 기간이 지나면 택지용 지목으로 다시 변경돼 주택이나 근린생활시설 등으로 건축이 가능해 진다. 이렇게만 된다면 토지소유주는 가만히 앉아서 쉽게 큰 이익을 볼 수가 있다.

일반적으로 평당 10만 원 정도의 농지가 잡종지로 지목이 바뀌면 50만 원 이상 호가하게 된다. 카페나 식당 등 근린생활 시설용지로 용도가 바뀌면 평당 500만 원이 넘는 경우도 있다.

이처럼 지목이 잡종지로 쉽게 변경될 수 있는 땅으로는 골재채취장, 물길이 다르게 난 하천, 유지 등이다. 도로, 주택, 상가와 접해 있어 사실상 오래 전에 나무가 없어진 도시계획구역 내 임야도 잡종지로 전용이 매우 쉽다.

이처럼 지목이 임야지만 나무가 없어진 지 10년 이상 기간이 지나 사실상 산림이 아닌 다른 용도로 이용되는 토지에 대해서는 대체조림비나 전용부담금까지 면제해 준다. 뿐만 아니다. 농지와는 달리 면적에 상관없이 매매가 자유롭다. 공부상 지목이 '전'이라고 되어 있더라도 사실상 '잡종지'로 사용하고 있어 농경지로 사용하지 않을 경우 읍 · 면 · 동장의 〈농지이용확인서〉를 발급받아 〈농지취득자격증명원〉을 대신할 수 있다.

하지만 잡종지라고 무조건 개발이 가능한 것은 아니다. 도로 여건이나 주위 환경 등 토지 이용을 좌우하는 요소들이 있다.

▶▶▶ **콕 짚어 주는 땅 투자 포인트** ◀◀◀

**잡종지의 매력**

잡종지는 어떤 용도로도 변경 가능한 변화무쌍한 땅이다. 때문에 투자 금액에 비해 큰 이익을 얻을 수 있는 땅으로 꼽힌다. 건축허가만 나면 상가건물이나 주택, 숙박업소 등 어떤 용도의 건물도 지을 수 있다. 뿐만 아니다. 잡종지는 도로를 끼고 있는 경우가 많다. 인·허가 절차나 토목공사 등 번거로운 과정이 생략될 수 있는 땅이라고 할 수 있다.

가령 도로가 없는 맹지라면 진입도로를 확보해야 하고 군사시설보호구역이라면 군 동의를 받을 수 있어야 개발이 가능하다. 군 부대에서 검토를 할 때는 지목을 고려 대상으로 삼지 않는다. 작전성 검토에 따라 동의 여부를 결정하기 때문에 다른 시설보다 까다로울 수 있다.

만일 잡종지로 분류된 땅이 경지정리된 농지 한가운데에 있다면 설사 지목이 잡종지라고 해도 농림지역에 속해 농림지역에 따른 농지법의 규제를 받게 된다. 따라서 잡종지를 매입했다면 현장답사를 해 어떤 용도로 변경하는 것이 좋을지, 어떤 식으로 활용을 해야 가치를 높일 수 있는지를 따져봐야 한다.

## 완충녹지는 빛 좋은 개살구?

N씨는 3년 전 사 둔 땅에 주유소를 지어 영업을 하면서 노후를 보내기로 결심을 했다. N씨가 산 땅은 도로가 접해 있고 지나가는 차도 많아 주유소를 하기에 적격이었다.

하지만 새로운 인생을 살 생각이었던 그의 부푼 꿈은 한 순간에 물거품이 됐다. 땅의 일부분이 완충녹지로 묶여 있어 건축물을 지을 수 없다는 사실을 뒤늦게 알게 됐기 때문이다. 알고 보니 N씨가 산 땅의 전 주인이 고의로 땅 일부가 완충녹지라는 사실을 알리지 않고 숨겼던 것이다.

그 사실도 모른 채 시가보다 싼 값에 땅을 샀다고 쾌재를 불렀던 그는 사기를 당했다는 생각에 분통을 터트리고 있다.

## N씨의 꿈을 산산조각 낸 완충녹지란 무엇일까?

완충녹지를 알기 위해서는 녹지의 개념을 알아야 한다. 녹지는 도시의 자연환경을 보전하거나 개선하고 공해나 재해를 방지해 양호한 도시경관의 향상을 도모하기 위해 결정된 토지를 말한다.

이 녹지의 종류에는 경관녹지와 완충녹지가 있다. 경관녹지는 도시의 자연적 환경을 보전하거나 이를 개선함으로써 도시경관을 향상하기 위해 설치하는 녹지를 말한다. 완충녹지는 수질오염 · 대기오염 · 소음 · 진동 등 공해의 발생원이 되는 곳 또는 가스폭발, 유출 등 재해가 생겨날 우려가 있는 지역과 주거지역이나 상업지역 등을 분리시킬 목적으로 두 지역 사이에 설치하는 녹지대를 말한다.

이 완충녹지는 서로 기능상의 마찰을 일으킬 수 있는 지역 사이에 설치된다. 즉 도로나 철도 주변 주거지역 등 상호 토지 이용의 혼란 방지 등의 공공 재해를 줄이고 푸른 녹지 보전을 목적으로 하는 녹지를 말한다.

완충녹지의 폭은 원인 시설에 접한 부분부터 최소 10m 이상이 바람직한데 그 이상의 대규모 완충지대일 경우 그 안에 공원, 운동장 등의 공공시설을 설치해 혼합 용도로 이용하기도 한다.

자연환경보전법상의 완충지역은 자연생태계보전지역에 연속되는 보전지역 밖에 일정한 지역으로써 당해 지역 밖의 자연환경에 대한 자연적 파괴와 훼손이 해당 보전지역에 미치는 환경상의 영향을 완화시키거나 같은 지역에 서식하는 동물의 이동 및 보전에 대비한 예비 공간을 의미한다.

완충녹지는 고속도로변은 30미터 이내, 일반국도는 20미터 이내의 범위까지 녹지대로 계획되어 있다. 따라서 도로변 토지를 살 때는 그 땅이 진입로로 사용할 수 있는지 충분한 검토를 해야 한다.

대부분 도로변에 마을이나 농지가 있는 경우에는 완충녹지에 접하는 이면도로(보통 폭 6m) 계획이 되어 있다. 이런 경우 그 도로를 확보해 진출입을 할 수 있게 해야 하는데 이는 쉬운 일이 아니다.

완충녹지에는 어떤 건물도 지을 수 없고 건축 면적(건물을 지을 수 있는 면적)에서도 제외된다. 자신의 소유인 땅이라 해도 진입로를 낼 수도 없다. 그리고 이미 개발허가가 난 지역이라도 완충녹지로 지정되면 토지 거래 자체가 불가능해지기 때문에 재산권 행사를 할 수 없다.

이런 완충녹지는 환경보호를 이유로 늘어나는 추세다.

### 농업보호구역 토지를 잘 활용하면 금싸라기 땅이 된다

투자 목적으로는 별로 인기가 없었던 농지가 각광을 받고 있다. 농사를 짓는 땅으로만 여겨졌던 농지가 투자자들의 이목을 사로잡는 이유는 개발이 될 수 있다는 기대감 때문이다.

그 중에서도 관심을 받고 있는 것은 농업보호구역 토지다. 농업보호구역으로 묶인 토지는 농지법이 개정되면서 투자 가치가 높아지고 있다. 당시 정부는 저수지 주변 등 농업보호구역 내 설치할 수 있는 시설 범위를 '행위제한 열거'에서 '허용행위 열거' 방식으로 바꿨는데, 이는 설치할 수 있는 시설의 종류가 크게 늘어났다는 것을 의미한다.

농업보호구역은 농업진흥구역과 함께 농림지역 안에 포함되어 있는 농지를 말한다. 농업진흥구역은 농업의 진흥을 도모하기 위해 집단화되어 농업 목적으로만 이용할 수 있는 지역이다. 즉 농업생산용도로만 활용할 수 있다. 때문에 개발이 힘들다는 단점도 존재한다. 반면 농업보호구역은 용수원 보호, 수질보전 등 농업환경을 보호하기 위해 만든 지역이다. 이 지역은 보호할 필요성은 있지만 개발 가능성을 가지고 있어 투자를 하기에 적당한 토지로 꼽을 수 있다.

이 두 지역은 행위제한도 다르게 적용된다. 농업진흥구역은 농수산물 관련 시설, 농업인의 공동생활 편익시설, 농업인 주택 등 농업생산과 관련된 행위만 가능하다. 이와는 달리 농업보호구역은 비오염 시설로 최대 3,000㎡ 미만까지 건축이 가능하다. 따라서 농업진흥구역보다 농업보호구역이 투자 가치가 높다.

농업보호구역이 가진 또 다른 장점은 경관이 수려하다는 것이다. 보통 저수지나 하천을 끼고 있어 심미적인 환경이 뛰어나다는 것이다. 그렇기 때문에 전원주택이나 펜션, 콘도, 근생시설 등의 용도로도 적합하다. 시세도 주변 관리지역에 비해 낮게 책정된 경우가 많다. 농업보호구역은 계획관리 지역에 비해 규제가 비교적 까다롭기 때문이다.

반면 농업보호구역은 관리지역의 계획관리지역의 땅과 그 쓰임새가 비슷하지만 실제로 전원주택의 건축을 위한 농지전용이 자유로운 계획관리지역의 땅과는 차이가 있다는 단점이 있다. 농업보호구역은 농업진흥구역의 농업용수보호에 지장이 없는 범위 내에서만 극히 예외적으로 전용이 허용된다. 때문에 전용을 100% 장담할 수 없는 곳이 농업보호구역이다.

농업진흥구역 안에서의 농지전용은 정책적으로 억제하고 있다. 때문에 아무것도 따져보지 않고 땅을 구입하면 후회를 할 수 있다. 따라서 매입 전에 해당 지자체의 담당자를 만나 매입하고자 하는 땅이 전용허가가 가능한 땅인지의 여부부터 확인을 해보아야 한다.

만약 담당자가 "그 땅이 비록 산간지역에 위치해 있지만 집단화 된 우량 농지와 붙어 있기 때문에 전용이 힘들 것"이라는 식으로 말을 한다면 미리 발급받아 둔 〈토지이용계획확인원〉을 근거로 그 땅의 용도가 농업진흥구역이 아닌 농업보호구역으로 지정되어 있음을 확인시켜준다.

그 뒤 담당자가 "그 땅이 비록 농업보호구역으로 지정되어 있지만 주택이 들어설 경우 농업진흥구역에 공급되는 상수원의 수질오염이 예상되기 때문에 전용이 불가하다"고 말한다면 하수관을 저수지가 아닌 다른 곳으로 낸다는 등의 조건을 걸고 다시 한 번 담당자를 설득해보면 보다 좋은 결과가 나올 수 있다.

### ◈◈◈ 이것만은 알고 가자 ◈◈◈

**FTA와 농지**

비록 오래된 이야기이지만 토지 재테크에 있어서 FTA협상 이후 수혜지는 농지이다. 농업이라는 경제활동은 FTA 이후 현재보다 수지타산이 맞지 않아서 수익을 내기 어렵기 때문에 정부에서는 농지규제를 완화할 수밖에 없다. 우리나라 토지의 87%가 산지와 농지인데, 산지는 미래형 토지로 정부에서도 난개발을 막기 위해 묶어두게 되지만 반면 농지는 효율성과 생산성을 높이기 위해 규제를 풀 수밖에 없는 게 우리의 현실이다. 이렇듯 농지의 규제가 완화되면 부동산 시장에서 농지시장은 호황으로 이어지면서 농지는 재평가를 받아 투자자들의 훌륭한 투자처로 각광을 받는다.

농업보호구역 내의 땅을 고를 때도 요령이 있다. 먼저 저수지의 상류 쪽에 있는 토지가 좋다. 하류 쪽의 경우 심사 규정이 까다롭기 때문이다.

농업보호구역은 지형이나 주변 자연환경, 도로와의 접근성 등에 따라 가격이 천차만별이므로 시간이 날 때마다 현장답사를 다니는 것도 좋다. 주변에 있는 도로의 사정도 알아봐야 한다. 같은 도로라도 도로로서 승인을 받을 수 있는 법정도로가 있고, 받을 수 없는 현황도로가 있다. 만약 도로가 포장이 되어 있지 않으면 도로로 인정받을 수 없는 경우가 있다.

▶▶▶ 콕 짚어 주는 땅 투자 포인트 ◀◀◀

**자신만의 투자 스타일을 지켜라**

자기만큼 자신의 사정을 잘 아는 사람은 없다. 아무리 친한 전문가라고 해도 자신의 모든 것을 드러내면서 해답을 구할 수 없다. 돈이 얼마나 있는지, 투자 목적이 뭔지, 돈을 회수할 시점은 언제인지를 꿰뚫고 있는 사람은 자신뿐이다. 전문가나 주변의 친지, 그리고 중개업소에 의존하는 습관을 갖다 보면 남의 얘기를 듣지 않고서는 아무것도 못 하게 된다. 작은 돈을 운용하더라도 스스로 해결하려는 자세를 가져야 땅 투자에 성공할 수 있다.

## 고수들이 노리는 땅, '그린벨트'

개발제한구역은 '그린벨트'라고도 불리는 구역이다. 말 그대로 땅의 개발을 제한해 자연환경을 보존하고 도시민의 건전한 생활환경을 확보하는 것을 목적으로 만든 지역이다.

개발제한구역에는 건축물의 건축 및 용도변경, 공작물의 설치, 토지의 형질변경, 죽목의 벌채, 토지의 분할 등 토지개발 행위가 원칙적으로 불허되고 도시계획사업도 할 수 없다.

하지만 이 개발제한구역은 도시에 비해 상대적으로 땅값이 싸고 자연환경이 좋은데다 해제 가능성도 가지고 있어 주요 투자 대상이다. 문제는 제한이 해제된다는 시중에 떠도는 소문을 믿고 그린벨트 토지를 덜컥 샀다가 손해를 보는 경우가 많다는 것이다.

개발제한구역이 투자자에게 인기가 높은 또 다른 이유에는 '이축권'이 있다. 이축권이란 주거환경이나 정책적 이유 등으로 인근 지역으로 집을 옮겨 지을 수 있는 권리다.

개발제한구역에서 이축권을 행사할 수 있는 경우는 도로개설 등 공익사업으로 집이 철거된 경우, 수해 지역으로 이전이 불가능한 경우, 그린벨트로 지정되기 전 다른 사람의 땅을 임대해 주택을 지었는데 땅 소유자가 재임대를 거부해 할 수 없이 집을 옮겨야 하는 경우 등이다.

문제는 이축권이 고가의 프리미엄이 형성되어 거래되기도 한다는 것이다. 이는 명백한 불법이지만 개발제한구역의 여러 매력적인 요소들로 인해 많은 투자자들이 시도하는 방법이기도 하다.

# 땅의 가치를 알기 위해서는 직접 확인하라

## 현장답사에 길이 있다

### 입지환경 분석

토지란 각기 다른 개성을 가지고 있어서 비슷한 규모의 인접한 토지라 할지라도 그 가치에 있어서는 다양한 차이를 보인다. 따라서 부지의 위치나 인접한 토지의 이용 상태 등 제반 조건들은 대상지의 성격을 결정하는 중요한 요소가 된다.

예컨대 도로변에 입지한 부지가 있다고 하면 수도권을 중심으로 상행선과 하행선의 어느 쪽에 위치했느냐에 따라 부지 성격이나 개발 방향이 달라질 수 있을 것이다. 이에 대상 토지가 갖고 있는 종합적인 성격의 규명, 곧 입지 분석이 필요하게 된다. 즉 입지 분석이란 대상지가 위치한 용도지역 및 토지 현황 등의 기초 조건과 접근성, 주변 환경 등

제반 여건을 조사하여 대상지의 특성을 도출하고 특정 용도로 개발하는 데 적합한지의 여부 또는 적절한 활용 방안을 설정하는 데 필요한 자료로 평가, 분석하는 것을 말한다.

따라서 부동산을 개발하거나 또는 신규로 취득할 시 가장 기본적인 검토 행위로 볼 수 있으며 대략 다음과 같은 사항들에 대한 조사 연구로 이루어진다.

### 부지 현황 분석

무엇보다도 해당 부지에 대한 정확한 관찰이 필요하다. 즉 규모는 물론 부지 형상이나 표고, 경사, 향向 등의 지형과 지세 및 주변 경관과 현재의 이용 현황 그리고 임야의 경우라면 입목 현황 등의 조사를 요한다.

이러한 분석은 용도 설정 및 시설계획뿐만 아니라 농지전용 · 산림형질 변경 등 인 · 허가 가능성에 대한 판단 자료가 된다. 이를 위해서는 여러 차례 현장답사가 필요하며, 규모가 비교적 큰 토지(특히 임야)일 경우 1/5,000 지형도면을 구입하여 활용하면 개략적인 지형 등의 파악이 가능하다. 이와 함께 지적공부와 실제 면적 및 경계를 확인해 보아야 한다.

도시 외 지역의 경우 〈지적도〉와 실제 현황이 불일치하는 경우가 많으므로 반드시 비교해 보고 확인해 보아야 하며, 만약 오류가 있다면 측량 등을 통해 정정해야 할 것이다.

## 도로와 교통 현황 분석

접근성에 관한 문제는 매우 중요하다. 주요 시장 권역에서의 공간적 거리 외에도 시간적 거리의 중요성이 커지고 있으므로 소요시간 및 다양한 접근 방법이 있는지 확인한다. 또한 통과 교통량(유동인구)의 크기도 업종을 선정함에 있어서 주요한 고려 요소라고 할 수 있고, 스쳐가는 도로인지, 경유지로서의 성격인지의 여부도 개발 방향을 설정하는 데 커다란 영향을 미친다.

이와 함께 시설개발 시에는 진입도로의 확보가 필수적이다. 도로와 접하여야 함은 물론 거의 대부분의 시설입지에는 폭 4m 이상의 도로가 있어야 한다. 따라서 해당 사업 토지까지의 도로 연결 여부와 만약 도로가 없다면 개설(사도개설 허가 후)이 가능한지에 대한 확인이 필요하다.

이 경우 진입도로 부지에 대한 확보가 필요하므로 도로 현황에 대한 정확한 파악과 준비가 요청된다.(진입도로 부지 매입에 애로가 큰 경우가 많다.)

※ 도로와 관련 도로법에서는 고속국도, 일반국도, 지방도, 시·군도 등(일반적인 의미의 도로)에 관한 사항을 정하고 있고, 이외의 농어촌 지역의 도로에 대하여는 농어촌도로정비법으로 정하고 있다. 농어촌지역의 마을 진입도로, 농로 등은 대부분 이 법에 의한 면도, 리도, 농도(농로)에 해당하며 이 도로는 시장·군수가 관리한다.

## 시장 권역(배후 상권) 분석

개발 시설의 최대 이용 대상자의 설정에 관한 사항이다. 크게 구분하면 동일 지역 주민을 대상으로 하는 근린형이 있을 수 있고, 외지인(관광, 유동인구)을 대상으로 하는 광역형 시설이 있을 수 있다. 관광지 주변이라든지 대형 시설 주변은 후자에 해당한다. 주 이용자의 연령별, 소득별 계층과 행동 양식, 거주지(지역), 규모 등과 해당 사업지까지의 접근성에 대한 분석이 요구되며, 이에 맞추어 업종 설정 및 영업 전략이 수립되어야 할 것이다.

## 주변 환경 분석

대단위 시설이 아닌 대부분의 도시 외 지역 시설 개발은 신규 수요 창출이 매우 어렵다. 즉 이미 형성되어 있는 시장 규모에 맞추어 시설 개발이 이루어져야 하므로 주변 환경 및 개발 현황은 매우 중요한 요소가 된다. 특히 주변경관이나 인접부지 이용 현황이 대상지의 성격에 많은 영향을 미치므로 주변의 개발계획도 파악할 필요가 있다.

대규모 배후 또는 시장 권역을 배경으로 하고 자연경관이 수려하며 교통이 편리한 지역이라면 가장 바람직할 것이나 실제로 이러한 부지는 매우 드물다. 업종에 따라서는 동일한 업종이 다수 입지해 있는 지역이 사람들이 모여들게 되는 데 따른 이익을 얻을 수 있는 경우가 많다.

다만 시장이 한정되어 있고 독점적인 입지를 요하는 시설일 경우는 주변에 동일 업종의 시설 개발이 추진되고 있는지 여부를 확인한 후 시설 개발을 검토하는 것이 바람직하다. 또한 주변 지역의 땅값, 시설 분양 및 임대료 현황 등에 대한 조사는 추후 사업수지를 추정하는 데 많은 참고가 될 수 있다.

### 상위 계획 분석

국토종합개발계획은 물론 도건설종합계획, 시·군건설종합계획, 권역별 관광개발계획, 도로계획 등 상위의 개발계획을 파악하여 사업지와의 관련 여부를 체크한다. 즉 주변의 개발계획이 사업지의 성격에 어떤 영향을 줄 것인지에 대한 예측과 그 시기 등을 파악해야 한다. 특히, 각종 사회간접자본 시설의 건설로 많은 변화가 이루어지고 있으므로 그 중요성이 커지고 있다.

개발계획상의 인접 부지를 제외하고는 상위계획 자체가 대상지에 직접적인 영향을 미치는 경우는 매우 드물다고 할 수도 있으나, 광역적, 장기적인 환경의 변화를 예측할 수 있다고 하겠다. 대단위의 장기간에 걸친 개발계획은 〈국토종합개발계획도〉에 대부분 표시되어 있으며, 사업지에 많은 영향을 주는 각종 도로 계획의 경우도 군(건설과 등)에서 확·포장 계획을 확인할 수 있다.

이밖에 해당 지역에 대한 각종 개발 정보(인터넷, 신문기사, 잡지 등)에 지속적으로 관심을 기울여 자료를 정리해 두어야 할 것이다.

## 법적 규제 사항 확인

부지를 특정 목적으로 개발할 수 있는지 제반 법규에 따른 제한 여부를 확인해 보아야 한다. 이의 기초적인 사항은 〈토지이용계획확인원〉으로 확인할 수 있다. 〈국토의 계획 및 이용에 관한 법률〉상의 용도지역 및 기타 사항의 확인이 가능하다.

용도지역이 확인되면 각각의 용도지역에서 허용되는 행위 등을 파악하면 된다. 일반적으로 농림지역인 경우(보전임지, 농업진흥지역) 농림어업용 시설 이외의 대부분의 행위가 제한되며, 관리지역의 경우는 부지면적 30,000㎡(9,075평) 미만의 개발은 허용되는 시설이 많으므로 비교적 활용도가 높다고 할 수 있다. 다만 용도지역과 별도로 다른 법률에 의한 제한이 있을 수 있는데, 예를 들어 상수원보호구역은 대부분의 개발행위가 불가하며, 특별대책지역 1권역의 경우도 일정 규모 이상(연면적 800㎡ 이상)인 대부분의 시설이 금지 또는 제한되므로 주의를 요한다.

그린벨트(개발제한구역) 및 공원인 경우도 허용행위가 극히 제한적이므로 수익성 있는 시설의 개발은 거의 불가능하다고 할 수 있다. 따라서 계획관리지역이라 하더라도 군사시설보호구역, 특별대책지역 등에 해당된다면 그에 따른 제한사항을 확인해 보아야 한다. 또한 행정지침(농어촌숙박시설 제한 등) 및 지방자치단체의 조례로 시설 설치 및 규모 등을 제한하는 경우도 있으며 특히, 계획관리지역 내 식품접객업 및 숙박업소 설치제한에 관한 조례에 대해 해당 시·군을 통해 확인을 해 보아야 한다. 이와 함께 농지, 산림 등은 해당 법규에 따라야 한다.

도시외 지역인 경우 '국토계획법'에 의한 용도지역(도시지역, 관리지역, 농림지역, 자연환경보전지역), 개발계획수립 여부 등이 표시되며 도시계획구역인 경우는 '도시계획법'에 의한 도시지역(주거·상업·공업·녹지지역) 및 용도지구(풍치, 주차장정비·미관·고도지구 등)와 도로·공원 등 도시계획시설, 개발사업계획, 개발제한구역 여부 등이 표시된다.

국토 이용 및 도시계획 사항뿐만 아니라 군사시설보호구역 여부, 농업진흥지역 여부, 보전임지 여부, 공원구역 여부, 상수원보호구역 여부, 토지 거래허가(신고)구역 여부 등의 확인이 가능하다.

도시계획구역은 도면이 첨부되어 발급되나 도시 외 지역은 발급되지 않으므로 별도로 〈지적도〉 등의 발급을 신청하여 도면상 확인을 하는 것이 바람직하며(1필지에 용도지역이 2 이상인 경우가 있으므로), 인접 토지라도 용도지역이 다를 수 있으므로 전체 필지를 확인해 보아야 한다. 도시 외 지역이라면 국토이용계획뿐 아니라 농지·산림 등 해당 사항 전체에 대한 확인을 신청하는 것이 좋다.

### 지적도를 통한 분석

땅 투자를 하려는 사람에게 〈지적도〉는 음악을 연주하는 연주자에게 악보와도 같다. 악기를 연주하는 사람이 악보를 읽을 줄 알아야 하듯 땅 투자자도 〈지적도〉를 읽을 줄 알아야 한다. 물론 현장답사로 변화된 땅의 지형이나 주변 건축물, 인근 지역의 환경 등을 알아보는 것이 필수다. 하지만 그 전에 〈지적도〉를 살펴 본래의 땅 모양을 숙지하는 것이 필요하다.

최근에는 인터넷으로도 〈지적도〉를 열람할 수 있다. 집안에서 한결 편하게 〈지적도〉를 검색할 수 있는 것이다. 각종 민원 서비스를 제공하는 사이트(정부24)에 가면 〈지적도〉 등을 볼 수 있는 코너가 마련되어 있다.

사실 〈지적도〉가 없다면 땅을 찾기가 쉽지 않다. 서울에서 김 서방 찾기다. 전문가들도 구별하는 데 애를 먹을 정도다. 100~200평 규모의 땅은 보기에 다 고만고만하기 때문이다.

그러나 현대 사회는 인터넷의 발달로 인하여 지적도 외에도 위치 추적, 면적, 각종 정보 등을 손 안에 있는 핸드폰으로 모든 서비스를 제공 받을 수 있다.

그러면 〈지적도〉에는 어떤 요소가 기재되어 있을까?

〈지적도〉에는 토지의 소재, 지번, 지목, 경계, 도면의 색인도, 축척, 도곽선 및 도곽선 수치, 좌표에 의해 계산된 경계점 간 거리 등이 등록되어 있다.

〈지적도〉에서 지번표시가 없는 부분은 임야다. 그리고 〈지적도〉 지번 뒤에 '임' 또는 '林' 자가 표시되어 있으면 토임(토지임야)이다.

임야는 지번 앞에 '산' 또는 '山'이라고 명시되어 있다. 그리고 지번이 '산1'번지에 가까울수록 산 정상이라고 보고 지번이 숫자가 뒤로 갈수록 능선 밑 부분에 가깝다. 구거(하천)의 경우 자연스럽게 선형을 이루고 있고 도로와는 달리 폭이 넓어졌다, 좁아졌다, 휘어졌다를 반복한다.

도로의 경우는 '도' 또는 '道'라고 표시되어 있다. 도로는 구거와 달리 선형이 직선이거나 사다리형, 즉 평행선을 이루는 경우가 많다. 실제 도로를 설계할 때는 그 넓이를 4m, 6m, 8m, 10m, 12m의 순으로 평행선을 원칙으로 설계한다. 또 〈지적도〉나 임야도의 경계는 동과 동, 리와 리의 경계로 구분되며 〈지적도〉와 임야도 공통으로 적용을 받는다. 그리고 대부분 땅의 형태대로 만들어져 있고 간혹 세월이 흘러 구거의 모양이 변형된 곳이 있으니 구거 경계가 이상하다고 생각이 들면 십중팔구 변형됐다고 보면 된다.

〈지적도〉상의 방위는 일반적으로 위쪽이 북쪽이다. 그러나 예외적인 경우가 있을 수 있으니 주의해야 하며 이런 경우 글자를 기준으로 글씨의 위쪽을 북쪽으로 보면 된다.

〈지적도〉의 열람 또는 등본을 교부받으려면 소관청에 신청해야 하고 읍 · 면장은 지적 약도를 신청한 주민의 열람에 제공해야 한다. 인터넷으로도 조회가 가능하다.

그러면 현장답사에서 〈지적도〉를 들고 해당 땅을 찾으려면 어떻게 해야 할까?(현 시점에서는 과학의 발달로 인하여 핸드폰의 로드뷰, 네비게이션 등을 통하여 왠만한 땅을 찾는 데는 별 어려움이 없다.)

이럴 땐 먼저 해당 토지의 기점을 찾아내 이를 〈지적도〉와 일치시키는 게 중요하다. 가장 먼저 봐야 할 것은 방위 표시다. 〈지적도〉의 상단이 북쪽에 해당하는데, 나침반을 활용해 〈지적도〉상의 위치와 실제 위치를 일치시킨다. 그 다음으로 축적을 살펴야 한다. 만약 1,200분의 1축적이라면 1cm는 실제 12m에 해당한다. 이를 토대로 현장에서 실제거리를 대략 계산해 볼 수 있다.

문서확인번호 : 1 2-8762-8 7-7 2

# 지적도 등본

| 발급번호 | 20224413 | 처리시각 | 15시 04분 47초 | 발급자 | 정부24 |
|---|---|---|---|---|---|
| 토지소재 | 충청남도 천안시 서 구 | 지 번 | | 축 척 | 등록:1/500 출력:1/1000 |

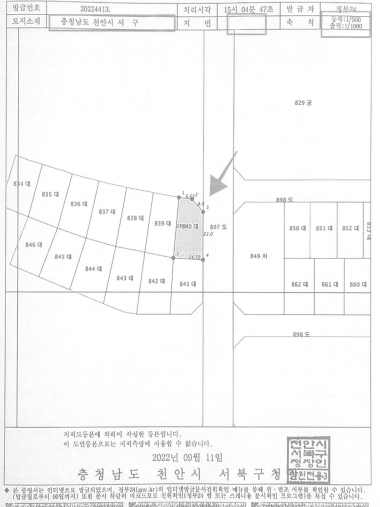

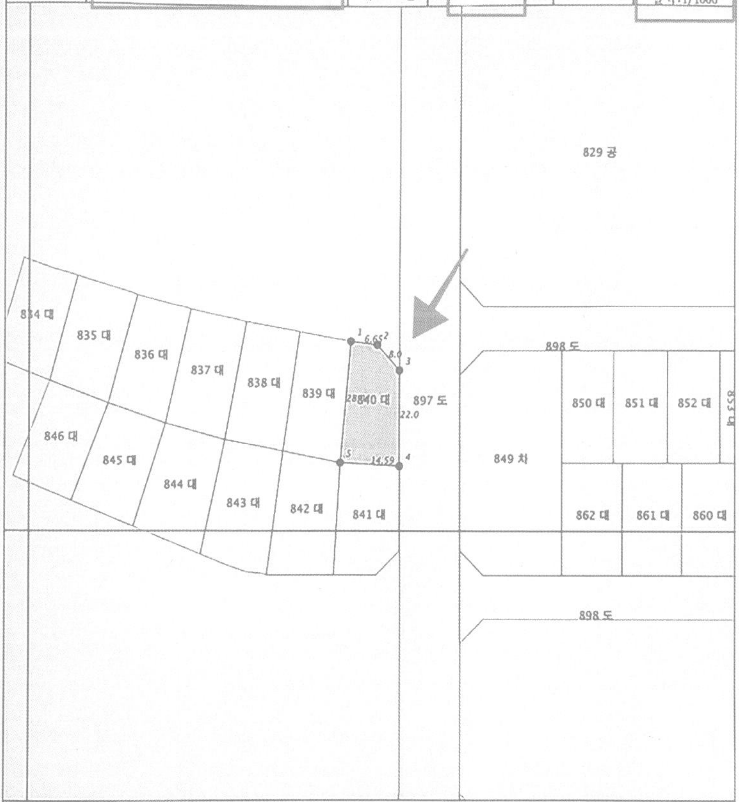

지적도등본에 의하여 작성한 등본입니다.
이 도면등본으로는 지적측량에 사용할 수 없습니다.

2022년 09월 11일

충청남도 천안시 서북구청장

◆ 본 증명서는 인터넷으로 발급되었으며, 정부24(gov.kr)의 인터넷발급문서진위확인 메뉴를 통해 위·변조 여부를 확인할 수 있습니다. (발급일로부터 90일까지) 또한 문서 하단의 바코드로도 진위확인(정부24 앱 또는 스캐너용 문서확인 프로그램)을 하실 수 있습니다.

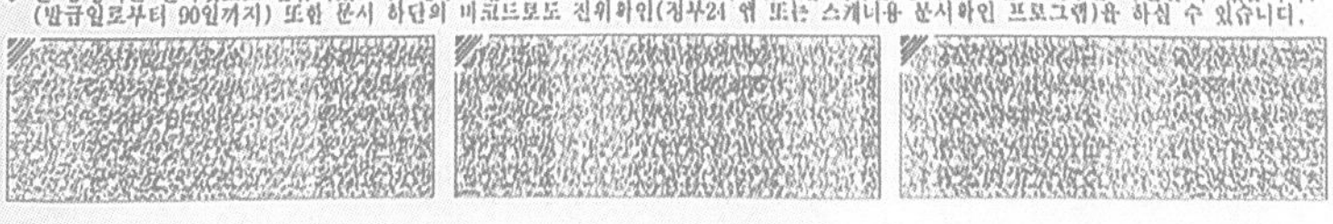

## 지적도와 측량 결과는 다를 수 있다

땅을 사는 것은 정육점에서 쇠고기를 사는 것과는 다르다. 쇠고기의 무게는 저울을 이용하면 1g까지도 정확히 알 수 있어 그에 해당하는 값을 치룰 수 있다.

하지만 땅의 크기는 다르다. 서류상에 기재된 면적과 실제 면적이 정확히 일치하기란 어려운 일인 탓이다. 때문에 손해를 보고 땅을 사는 경우도 비일비재하다.

이를 방지하기 위해 사전작업으로 선택하는 것이 바로 측량이다. 측량의 종류도 여러 가지다. 경계측량, 분할측량, 현황측량이 그것이다. 먼저 **경계측량**이란 토지경계에 대한 분쟁이 일어날 시 내 땅이 어디까지인지를 파악할 때 이용하는 측량으로 대부분 경계측량의 방식이 사용된다.

경계측량 신청은 한국국토정보공사에서 한다. 준비물은 측량을 원하는 도면과 〈사업장등록증〉, 〈신분증〉 정도면 된다. 먼저 측량 접수 직원에게 해당 서류를 준 뒤 측량의 목적을 말한다.

합당한 목적이란 것이 판명되면 측량 비용을 산정한다. 측량 비용은 땅의 크기에 따라 다르다. 지역마다 다르기 때문에 해당 국토정보공사에서 알아봐야 한다. 측량비는 땅을 파는 사람이 내는 것이 일반적이다.

간혹 이를 내지 않는다고 버티는 땅 주인이 있을 수 있는데, 그럴 때는 서로 협상을 통해 타협하는 것이 좋다. 감정이 상하면 좋을 게 하나도 없다. 서로 손해 보는 장사를 하는 것이다.

한국국토정보공사 직원이 알려 주는 측량비를 내면 측량을 할 날짜와 시간을 통보받게 되고 해당 날짜에 측량 장소로 가면 된다. 측량을 할 때는 꼭 현장에 가서 제대로 측량을 하는지를 살펴보는 것이 좋다. 자신의 토지와 다른 사람의 토지 경계 부분에 빨간 못 등을 박아 표시를 하는데 만약 현장에 가지 않으면 어디가 자신의 땅인지를 모를 수도 있다. 특히 산속이나 풀숲은 더욱 경계 부분을 찾기 힘들기 때문에 더욱 세심히 지켜볼 필요성이 있다.

### 한 가지 과정이 더 필요한 분할측량

분할측량은 1필지의 땅을 2필지 이상으로 나눌 때 실시하는 측량이다. 분할 측량을 신청할 때는 한 가지 과정이 더 필요하다. 해당 시 · 군 · 구청 도시과에 분할을 위한 개발행위허가신청을 해 허가증을 발급받아야 하는 것이다. 허가를 받는 데는 약 7～15일이 걸린다.

이 과정을 통해 분할측량허가를 받으면 한국국토정보공사의 측량접수창구로 가야 한다. 이때 필요한 서류는 〈토지대장〉, 〈토지이용계획확인원〉, 〈지적도〉, 〈신분증〉 정도다.

제출할 지적도에는 분할 예정선을 표시해 두는 것이 좋다. 만약 매매를 사유로 한 분할신청을 할 경우에는 그 증거가 될 매매계약서 사본도 제출해야 한다.

현황측량은 경계측량으로 확정된 대지 위에 건축물이 어떻게 들어섰는지를 확인할 때 쓰는 방법이다. 즉 지상 구조물 또는 지형, 지물이 점유하는 위치 현황을 지적도나 임야도에 등록된 경계와 대비해 그 관계 위치를 표시하기 위한 측량이다. 건축물을 새로 짓고 준공검사를 신청할 때 제출할 서류 작성을 위해서도 해야 하는 측량으로 건축물이 앉혀진 모습과 인접 대지 경계선과의 관계를 볼 수 있기 때문이다.

이 현황측량은 혹시 건축물이 이웃하는 대지 경계선을 넘었는지를 확인하는 것도 가능하다. 따라서 '건축 면적'에서 뜻하는 부분인 지상 위의 돌출된 건축 구조물에 대해서도 고려를 해 두는 것이 좋다. 간혹 실수로 땅 위에 접해져서 설치된 건축물만 생각하다가 남의 대지 위에 건축 구조물이 지어지는 경우가 있어 건축물 신축에는 꼭 필요한 측량이기도 하다.

이처럼 각종 측량은 우리나라의 땅이 대부분 실제 면적과 서류상 면적에서 차이가 크다는 이유에서 필요하다. 현재 우리나라에서 사용하는 지적도는 일제강점기 당시 동경을 원점으로 측량을 해 작성한 것으로 실제 크기와 차이가 발생할 수밖에 없다. 때문에 불분명한 토지경계가 생겼고 이로 인한 분쟁도 수없이 발생하고 있다.

한 사례를 살펴보자. 서울에서 사업을 하고 있는 J씨는 땅 크기의 차이 문제로 인해 손해를 봤다. J씨는 주택을 지을 목적으로 200평의 땅을 구입했다. 계약서를 작성할 때까지 별다른 문제 없이 순조롭게 일이 진행됐다. 그런데 이듬해 그에게 청천벽력 같은 종이 한 장이 도착했다. 그것은 바로 〈토지인도청구소송장〉이었다.

난데없는 소송장에 놀란 J씨는 그 길로 어찌된 영문인지를 알아봤다. 문제는 그가 산 땅과 붙어 있는 땅의 주인인 K씨의 주택이었다. K씨는

J씨가 땅을 산 이후 자신의 땅에 집을 지으려고 계획하다 경계측량을 의뢰했고 그 결과 J씨의 땅 11평 정도가 K씨의 땅으로 편입된 것을 알게 됐다. 결국 수천만 원어치의 땅이 한 순간에 K씨의 손으로 넘어가게 된 것이다. 하지만 정확한 측량에 의한 결과이기 때문에 J씨는 아무 말도 못한 채 값비싼 땅을 K씨에게 넘겨줘야 했다.

이처럼 실제 면적과 계약서 상 면적이 차이가 나 손해를 보는 경우가 비일비재하다. 따라서 땅을 매입하기 전에 측량을 통해 정확한 땅의 면적을 알아보는 것이 뜻밖의 손해로 이어지지 않는 비법이 될 것이다.

## 임야도를 통한 분석

그 다음에는 지적경계선을 보자. 현장의 땅 경계와 〈지적도〉상의 경계를 일치시켜 최종적으로 땅의 위치를 파악할 수 있다. 기점도 유념해야 한다. 기점이란 답사 대상 토지를 찾아내는 데 기준이 되는 자연물이다. 대개 도로와 하천, 계곡 등이 기점이 된다.

만약 구거(하천)가 〈지적도〉에 있다면 이를 기점으로 삼아 〈지적도〉와 현장을 맞춰보면 된다. 토지의 가장 가까운 곳의 농가주택을 통해 도움을 받는 방법도 있다. 이 방법은 확인하기 어려울 때 요긴하게 사용할 수 있다.

이 같이 〈지적도〉는 땅의 전체적인 모양과 주변 땅과의 인접 관계, 도로 상황을 확인할 수 있고 맹지인지 아닌지의 여부를 판단할 수 있기 때문에 점 찍어둔 땅이 있다면 1차적으로 확인해야 한다.

도로 접근성 역시 필수적으로 확인해야 한다. 〈지적도〉상 도로가 접해 있어야 개발허가가 가능하기 때문이다. 가치 높은 땅을 고르려면 이런 점들을 세심히 살펴봐야 한다.

그리고 지번 앞에 '산'이 있으면 임야도를 발급받아야 한다. 지목은 임야라도 지번 앞에 산이 없는 일반 지번의 경우에는 '토임'이라고 해서 등록전환이 되었기 때문에 〈지적도〉를 확인해야 한다.

## 성공적인 땅 투자를 위한 '현장답사' 요령

투자는 고도의 정밀성이 요구되는 지적 행위라는 말이 있다. 소액의 주식투자가 아닌 수 억 원의 돈을 들여야 하는 부동산투자는 철저히 투자 리스크를 배제하는 정밀성이 요구된다. 따라서 투자를 결정하기 전에 수차례 현장을 들러 투자성은 물론 지역적 특성을 살펴보게 되는데, 대체로 초보투자자들은 현장답사를 할 때 수박 겉핥기식 조사만 하고 중개업자 또는 소개자의 말만 믿고 덜컥 투자를 결정하는 우를 범하는 경우가 허다하다.

더욱이 요즘 같은 침체기에는 다양한 짝퉁 매물들이 투자자의 눈을 어지럽히며 급매물 또는 우량매물로 둔갑해 다량 출현한다. 부동산은 현장성과 개별성이 강한 상품이다. 따라서 다년간 부동산투자 현장에 몸담았던 전문가라 하더라도 구체적인 부동산물건에서는 다른 평가를 내리기 쉽다. 이럴 때 초보자들은 전문가 또는 현장의 중개사의 말을 맹신하게 된다. 번지르르한 말로 유혹하는 부동산투자 현장에서 투자자는 나름대로 자기만의 조사 기법이 필요하다.

성공적인 부동산투자를 위해서는 현장답사가 기본임은 두 말할 나위가 없다. 발품을 팔 때는 최소한 몇 가지 중요한 체크리스트를 작성해 현장답사 때 확인하고 투자에 불리한 환경은 없는지 조사하고 나름대로 매물들을 비교 분석하는 안목이 필요하다. 현장조사 시 아파트 등 주거시설과 토지, 상가 등 부동산 종목별로 현장에서 알아봐야 할 내용들이 다르지만 일반적인 현장에서 직접 조사해야 할 내용들을 알아보자.

조사를 위해 현장에 출발하기 전 미리 그 지역 정보에 대해 알아보는 절차가 필요하다. 지역 내 개발계획은 물론 가격 형성(공시기준시가와 시세와 호가 등) 등 기초 정보를 파악해 두면 현장조사를 할 때 참고자료로 유용하다. 예전과 달리 요즘은 지자체 홈페이지를 활용하면 두루 지역 정보를 얻기 쉽다. 시 · 군 · 구청의 홈페이지가 기본적으로 구축되어 있고 거의 대부분의 지역 읍 · 면 · 동사무소도 해당 지역의 인구 및 성별 등 통계와 현황에 대해 기초 자료가 공개돼 있어 유용한 투자 정보로 활용이 가능하다.

현장에 가서는 투자 대상지 일대의 지리적 입지 분석부터 하는 것이 순서다. '입지 분석'이란 쉽게 말해 주변 상황이 어떤지를 파악하는 것이다. 부동산의 현재 상태를 조사하는 것이다. 도로 상태, 교통 현황(도로 및 지하철 · 버스정류장 등 대중교통 노선) 등을 살펴보고 블록별 시설(주거 · 상업 · 업무 등)의 현황도를 한번 그려보는 것이 좋다. 특히 너무 가까운 역세권은 부동산 종목에 따라 좋은 경우도 있지만 나쁜 경우가 많다. 아파트 등 주거시설의 경우 역과 너무 가까우면 사람과 차량의 소통이 많아 시끄러운데다 먼지와 소음이 많아 생활이 불편할 수 있다.

만약 상가 투자를 목적으로 한다면 주변의 업종 조사와 상권의 현황에 대해 조사해 보고 공실空室은 얼마나 있는지도 확인해야 한다. 공실률에 따라 임대차 가능성을 체크할 수 있고 그 지역 거래 활성화 여부를 알아낼 수 있다. 공실률이 많을수록 임대가 안 되고 투자성이 적을 가능성이 커 불리하다.

또 몇몇 지역 주민과의 대화를 통해 지역 현황에 대해 들어보는 것도 중요하다. 혐오시설과 자연재해 발생 여부와 중요 시설의 이전 또는 입주 여부도 확인해 보자. 그 지역에 거주하는 주민들은 어설픈 전문가보다 훨씬 많은 정보를 갖고 있다. 향후 입주시설 또는 개발예정 시설이 들어설 가능성은 물론 주변 지역의 부동산 현황에 대해 물어보고 참고해 볼 필요가 있다.

### 부동산 중개업자 탐문

개업공인중개사는 그 지역의 대표적인 부동산 전문가다. 반드시 현장답사에서 몇 군데 중개업자로부터 그 지역 사정에 대해 자문을 구하는 과정은 필수 코스이다. 솔직한 질문으로 답을 유도하는 것이 좋다. 이 지역 일대 부동산에 관심이 있어 자문을 구하고 싶다고 이야기하면 얼마든지 도움을 준다. 다만 신분을 밝히고 직업과 명함, 연락처를 알려주는 성의를 보여준다면 나름대로 투자 가망 고객으로 생각해 좋은 정보를 쉽게 얻을 수 있다. 현장조사가 필요해 부동산업소를 방문해 의견을 물을 때는 음료수 또는 기념품을 들고 가거나, 점심식사를 대접하는 경우가 많다. 약간의 성의 표시가 의외의 지역 내 자세한 정보를 얻는 데 도움이 되는 경우가 허다하다.

### 뺀질이, 뺀순이 고객

부동산투자자들 중에는 별의별 사람들이 다 있다. 부동산투자를 하기 위해서는 가장 먼저 찾는 곳이 부동산중개사무소인데 모든 투자자가 다 그런 것은 아니지만 재미삼아 이곳 저것 부동산중개사무소를 찾아다니면서 그 지역 정보만을 쏙 빼내 가는 뺀질이 뺀순이 고객들이 있다.

부동산투자에 관심이 있어 자문을 구하고 싶다고 솔직히 이야기하면 얼마든지 도움을 줄 수 있는데 거들먹거리면서 알짜 정보만 요구하는 뺀질이, 뺀순이 고객이 되어서는 안 된다. 그 지역의 대표적 부동산 전문가인 공인중개사도 호락호락한 사람이 아니다.

고객과 전문가가 윈-윈하는 그런 분위기가 조성되기를 기대해 본다.

중개업소에는 예외 없이 그 지역 일대의 자세한 지번도가 붙어 있는데, 그 앞에서 지역 특성에 대해 허심탄회하게 질문해보자. 손님이 적은 요즘에 공인중개사인 중개업자는 고객을 위해 그동안의 경험을 바탕으로 자세하게 브리핑을 해 줄 가능성이 높다. 주변 블록별 지역의 땅값 또는 집값의 형성도와 최근 거래가를 물어보면 지역 시장을 파악하는 데 큰 도움이 된다.

또 해당 지역 내 부동산 거래 동향과 함께 분양률과 청약률, 공실률 등 기본 통계에 대해 물어보자. 중개업소에는 최근 또는 지난 분양 또는 임대 팸플릿을 가지고 있다. 양해를 구할 수 있다면 분양가에서부터 시설의 특성, 현재의 프리미엄 형성 정도를 알아낼 수 있다. 유사 개발 사례 조사에는 건물의 분양 시기와 분양 · 전용률을 확인해 보자. 만약 초기 분양률이 높다면 이 지역의 부동산 수요는 넉넉하다는 얘기이다. 그러나 그 반대라면 향후 당분간 수요는 정체 상태라고 봐도 무방하다.

### 관련 기관 조사

현장조사를 할 때 달랑 현장 근처 몇 군데만 보고 답사를 끝내기보다는 지자체를 방문해 담당자를 한번 찾아가 보자. 공무원 중에는 민원인들에 대해 사무적으로 대하는 경우도 많지만 친절하거나 의식(?) 있는 공무원을 만나면 의외의 수확을 거둘 수 있다.

그 지역 사정에 정통한 공무원이 알려 주는 정보는 알짜일 가능성이 크다. 다만 공무원을 만날 때 무턱대고 부동산투자를 위해 방문했다고 한다면 도움을 받기 어렵다. 나름대로 도움을 받기 위한 전략(?)이 필요하다. "지역 내 부동산을 가지고 있는데 향후 전망을 알아보고 싶다"거나, "현지 거주민인데 부동산 활용 방안을 찾고 있다"고 이야기하면 도움이 되는 정보를 얻기 쉽다.

몇 달 전 지방의 모 지자체에 부동산 활용 방안을 조사하기 위해 방문했는데, 친절한 담당공무원이 그 지역 일대의 개발예정시설에 대해 열람시켜 주며 향후 개발계획과 잠재력에 대해 자세히 알려줘 크게 도움이 된 적이 있다. 관공서에 들른 김에 해당 부동산의 각종 공부(토지이용계획확인원과 건축물대장 및 토지대장)등을 열람해 보고 의문이 나는 점은 즉시 공무원에게 확인해 보는 것이 좋다.

또 지자체 자료실을 들러 도시기본계획이나 시 · 군(구)정 보고, 통계연보, 행정통계자료 등 자료를 얻어두면 큰 도움이 된다. 일반적으로 자료 반출이 안 된다고 한다면 자료 복사 신청을 해도 된다. 주로 주택과와 건축과(건축지도계 · 건축행정계)에서 자료를 얻을 수 있다면 좋다. 상가투자 시에는 상공회의소의 산업 관련 자료 및 통계자료를 얻고, 소방서의 시설별 층별 현황(방호과 · 예방계) 자료를 얻는다면 유용한 업종 조사가 된다.

마지막 현장답사를 마친 후에는 지역 정보지나 매물정보지를 종류별로 수집해 매물란에 나온 유사 매물의 시세 형성 및 호가와 급매가 수준 등을 파악하자. 최소한 3군데 이상 중개사무소에서 거래 시세를 알아낸 후 가격이 객관적으로 어떻게 형성돼 있는지를 구해봐야 한다. 최근의 거래 사례도 파악해 두는 것이 좋다.

어느 지역 부동산에 관심이 있다면 현장답사 전 자세한 지도부터 한 권 구입하자. 재미있는 것은 부동산투자자들은 수 천만 원에서 수 억 원이 넘는 부동산에 투자하면서 의외로 지도를 사는 데 인색하다. 실제 5,000분의 1 지도에는 개별 부동산의 지번이 나온다. 현장에 가보지 않고도 1차적으로 해당 부동산의 입지와 상권 분석을 쉽게 할 수 있다. 길을 찾아가기 쉽고 어떤 입지와 상권에 속하는지 미리 파악이 가능하다. 부동산투자를 통해 돈을 벌려면 제대로 된 지도부터 먼저 갖추라고 필자는 부동산투자자들에게 권하고 싶다.

### 현장답사에서 반드시 체크해야 할 것들

부동산 답사는 단순히 좋은 물건이 있다고 무작정 따라 나가는 것이 아니다. 여기서는 현장답사에서 미리 해 두어야 할 준비와 현장에 갔을 때의 체크 사항 그리고 부동산 중개업자와의 협상 방법과 그 뒷얘기들에 대해 참고해 봐야 할 점들이 많을 것으로 생각한다. 체크해 봐야 할 사항은 다음과 같다.

① 구입 목적과 맞는가? 투자인가? 아니면 개발 및 활용하기 위한 목적에 맞는가?
② 예산 및 주변 시세보다 저렴한가?
③ 용도지역이 활용 및 개발에 적합하여 인·허가가 가능한가?
④ 임야라고 한다면 평균 경사도 확인
⑤ 도로의 종류와 폭, 현황 진입도로 및 지상물 존재 여부
⑥ 토질, 습지, 바위가 많은 곳인지 등 토지의 상태를 철저히 확인
⑦ 주변 교통과 혐오시설, 분묘 등 확인
⑧ 일조량, 조망권, 채광 등을 확인
⑨ 주변 경치와 지반 등을 확인
⑩ 전기, 식수 등을 어떻게 조달할 것인지 검토

위에서 들었던 조건이 충족되지 않는다면 시간과 비용이 낭비일 뿐이다. 대체적으로 노련한 투자자들이라면 위에서 든 몇 가지에 대하여 분명히 파악하고 답사를 한다.

부동산 중개업자와 미리 사전에 조율을 하고 조율이 끝나면 답사할 서류를 넘겨받아 검토를 한다. (보통 조율과 함께 서류를 건네받으나 조율이 안 되면 서류를 돌려준다.)

답사 전 서류를 통해 아래와 같은 몇 가지 파악 가능한 부분의 정보를 입수한 후 답사를 떠나게 된다. 물건답사는 서류와 현장 파악으로 직접 판단하고, 부지의 경계는 70~80% 주변의 지형지물을 이용하면 파악이 가능하나 진입도로등은 경계측량까지 실시하여 이상이 없음을 확인하고 계약을 체결한다.

이런 기준과 원칙을 가지고 현장답사를 하다 보면 자연 조건이나 투자 가치 측면에서 만족할 만한 땅(크게는 리 단위, 작게는 마을 단위)이 가끔 눈에 들어온다. 순간적으로 '필'이 꽂히는 인연의 땅도 만날 수 있다. 땅은 다 임자가 있는 것이다.

이후에는 점찍어 둔 곳을 대상으로 집중적인 매물 분석에 나선다. 매물 분석에서 발품은 필수다. 필자는 "부동산은 현장이다." 라고 늘 강조하는데, 관심이 가는 땅에 대해서는 시간을 두고, 보고 또 본다.

그러나 발품 전에 손품도 필요하다. 그래야 실제 현장답사 때 제대로 된 입지 및 투자 분석을 할 수 있다. 먼저 매물의 지번을 확인해 〈지적도〉와 〈토지이용계획확인원〉, 〈토지대장〉 등을 떼어 확인을 해보고 하자가 없는지 체크한다. 그리고 인터넷 항공, 로드뷰, 위성사진과 지도를 통해 해당 매물의 위치와 주변 환경 등을 꼼꼼히 살펴본다.

이 과정에서 걸림돌이 바로 매물 지번 확보다. 대부분의 부동산중개사무서의 공인중개사들은 해당 물건의 지번을 노출하는 걸 꺼린다. 자기가 애써 확보한 물건을 자칫 다른 업자에게 가로채기 당할 수도 있기 때문이다. 부동산업계에서는 이러한 상황을 '뒷박 당했다' 라고 표현하기도 한다.

어쨌든 시간과 비용 낭비를 줄이기 위해선 매물 답사 전에 미리 그 물건에 대한 지번을 확보해 기본적인 분석을 마치는 것이 여러모로 이득이다. 그게 어렵다면 공인중개사인 중개업자와 함께 한꺼번에 여러 물건을 둘러본 다음에 맘에 드는 매물의 지번을 확보해 꼼꼼하게 살펴본 뒤에 현장을 답사해 종합 분석하는 방법을 택한다.

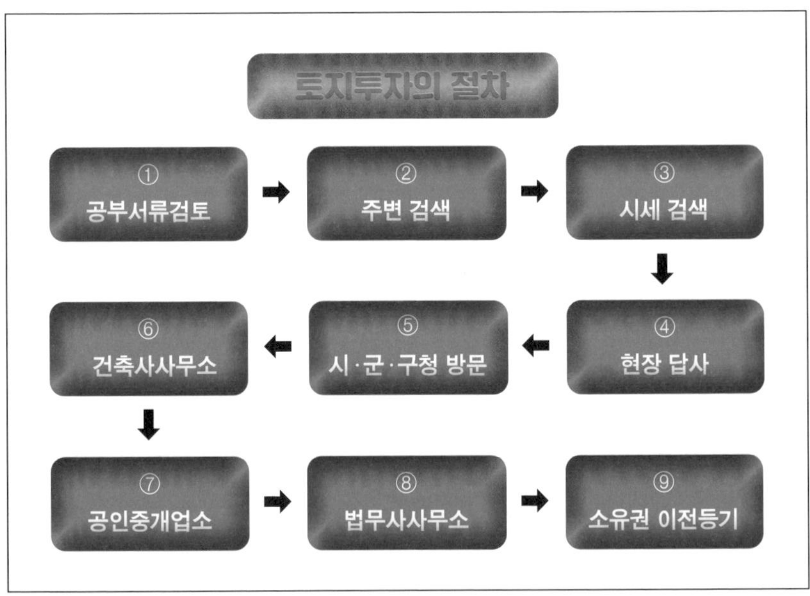

## 땅값은 귀신도 모른다

정확하게 규정할 수 있는 땅값은 존재하지 않는다. 정가가 없는 것이 땅이다.

하지만 땅은 '여러 가지 가격'을 가지고 있기도 하다. 정부가 조사해 발표하는 공시지가에서부터 감정가, 경매가, 시가, 매도호가, 매수호가, 급매가, 흥정가격, 실거래 가격 등에 이르기까지 적어도 10여 가지는 된다.

이처럼 땅값의 종류는 많지만 일반적으로 시장에서 통용되는 정확한 실거래 가격을 파악하는 것은 쉬운 일이 아니다. 아파트는 그래도 어느 정도 통일된 가격을 형성하지만 땅은 그야말로 부르는 게 값이기 때문이다.

땅값이 변화무쌍하고, 사람에 따라 가격이 변동되기 때문에 가격을 알아보는 자체가 무리수이다. 심지어는 가격을 알아보는 도중에도 땅값은 변한다.

과거에 비해 농촌이나 어촌 같은 시골지역에도 엄청난 변화가 일어나고 있는 만큼, 농어민이라고 해서 옛날만큼 순박하고 어수룩하지 않다. 농어촌에 살고 있는 토지소유주가 내세우는 땅값과 땅을 매수하려고 하는 투자자 사이에 가격 차이가 심해서 투자자 입장에서 땅을 매수하는 결정을 내리는 것이 쉽지가 않다. 노련한 토지 전문가조차도 호가에 땅을 잡았다가 낭패를 보는 경우가 많다.

기본적으로 땅값에는 호가와 실거래가가 있는데, 호가는 말 그대로 토지소유주가 부르는 가격, 실거래가는 실제로 매매되는 가격을 말한다. 땅값과 관련해 호가가 '꿈'이라면 실거래 가격은 엄연한 '현실'이다.

최근에는 인터넷 공간에서 토지의 실거래 가격을 알려주는 '땅야', '디스코', '밸류맵' 등의 앱이 있어서 시세를 파악하는 데 어느 정도 도움은 되지만, 토지의 개별성으로 인하여 정확한 땅값을 아는 건 무리다. 한마디로 땅값은 귀신도 모른다는 것이다.

땅값을 정확하게 파악하기 위해서는 현장답사가 필수다. 이때 땅의 모양, 고저, 경계, 주변 여건 등은 기본적으로 조사해야 할 사항이다.

현지에서 땅값을 파악하는 방법으로는 이장 등 현지인을 통하는 방법과 현지 중개업소를 통해 확인하는 방법이 있다. 하지만 둘 다 절대적이지는 않다. 일단 수도권지역의 '이장과  방' 정도라면 이미 웬만한 부동산중개업자 못지않은 이력이 붙었다고 간주해야 한다. 그동안 개발이 이 지역에 집중됐던 만큼 수많은 경험과 학습을 통해 전문가 뺨치는 지식과 정보를 축적했기 때문이다.

따라서 자신들의 재산 가치를 좌우하는 동네 땅값을 낯선 사람에게 정확히 말해줄 리는 없다. 대개 땅을 사러왔다고 하면 시세보다 상당히 높게 부르는 게 일반적이다. 현지 부동산중개업소도 땅값을 정직하게 말해주지 않는 편이다. 이는 중개업소 사장들이 부도덕해서가 아니다. 시세를 정확하게 말해줬다가는 현지 주민이나 동업자, 심지어 고객들로부터 따돌림을 당하거나 미움을 살 수 있기 때문이다.

이처럼 투자를 위해 땅을 매입하려는 사람들이 자주 토로하는 어려움 중 하나가 바로 자신이 매입하려는 땅값이 적정한 것인지 판단하기 힘들다는 것이다. 도심지에 비해 주변에 유사한 거래 사례가 드문데다 접근 통로도 제한돼 정확한 시세를 매기기가 어렵다는 얘기다.

필자 역시 40여 년 동안 연구하고 경험을 쌓은 토지 전문가라고는 하지만 땅값을 정확히 확정해서 말하는 것은 쉽지가 않다.

## 토지의 특성과 용도지역을 알아야 땅값이 보인다

땅마다 가격은 천차만별이다. 그러면 땅마다 값이 제각각 다른 이유는 무엇일까? 바로 "개별성"과 "부동성"이라고 하는 땅이 가지고 있는 자연적 특성 때문이다. 토지의 부동성이라고 하는 것은 움직이지 않고 한 곳에 고정되어 있는 성질을 말하는데, 이 때문에 각 토지마다 지형, 지세, 면적 등이 달라지고, 행정적, 사회적, 문화적인 가치가 상이하여 뚜렷한 땅 값의 차이가 발생한다.

예를 들어 본다면, 같은 단지에 있는 땅이라고 해도 큰 도로와 접하고 있는 앞부분의 땅과 뒷부분 구석진 곳에 위치한 땅은 각각 용도가 다르기 때문에 가격이 다를 수밖에 없다. 이런 토지의 특성을 일컬어 우리는 토지의 개별성이라고 한다.

땅이 가지고 있는 이런 특성 때문에 토지는 거래를 위한 가격 정보를 구축하는 데 상당한 노력이 필요하다. 또 땅값이라고 하는 것은 매우 유동적이기 때문에 가격 정보도 지속적으로 업데이트를 해야 한다.

반면 부동산 상품 중에서도 아파트는 쉽게 가격을 확인할 수 있는데, 아파트는 어느 정도 규격화 되어 제반 정보가 잘 갖춰진 상품이기 때문이다. 수많은 노력을 들여야 알 수 있는 토지 가격 정보와는 확실히 다르다고 할 수 있다.

지리산 계곡에 있는 외딴 곳의 임야, 미성숙지, 미개발지의 전 · 답과 같은 토지의 경우에는 가격 정보를 얻을 수 있는 곳이 한층 더 제한적이고 난해하다. 이럴 때는 토지를 용도지역으로 분류하는 방법을 사용하면 대략적인 토지 가격을 가늠하는 일이 조금 더 쉬워진다.

일반적으로 토지는 쓰이는 용도에 따라 도시지역, 관리지역, 농림지역, 자연환경보전지역 등으로 용도가 분류된다. 이는 토지의 경제적, 효율적 이용과 공공의 이익을 위해서는 토지의 쓰임새와 건축물의 건폐율, 용적률, 높이 등을 제한하여야 하기 때문이다.

4장

# 대박을 가져오는
# 땅 투자 실전 스킬

# 고수들의 스킬 가져오기 : 맹지 탈출

## 길이 없으면 가지를 마라!

우리나라 국토 면적에서 맹지가 차지하는 비율은 어느 정도 될까? 통계적으로 정확한 수치는 없지만 상당히 높은 비율을 차지할 것이라는 건 분명하다. 특히 임야와 농지인 경우, 맹지가 차지하는 비율은 우리가 생각하는 이상일 것이다. 맹지에 대해 상담을 하면서 지적도를 열람해 본 결과 적어도 임야는 60~70%, 농지는 30~40% 정도는 차지하지 않을까 싶다. 이것은 수많은 맹지 소유자들이 집을 짓거나 땅을 매도하고자 할 때, 도로 확보나 땅값을 제대로 받을 수 없어 적잖은 스트레스를 받는 경우가 많음을 의미한다.

땅의 가치를 결정하는 가장 중요한 요소는 바로 도로다. 사람의 몸으로 본다면 온몸에 피를 공급하는 혈관에 해당한다. 피가 통하지 않으면 살 수 없는 것과 마찬가지로 도로와 접하지 않는 땅도 마찬가지다.

어떤 땅이 도로에 접해 있느냐 그렇지 않느냐에 따라 그 토지의 용도와 가격은 하늘과 땅만큼 달라진다.

'맹지'는 바로 타인의 토지에 둘러싸여 도로와 어떤 접속면도 갖지 못하는 토지를 말한다. 즉 도로에 붙어 있지 못한 땅이다. 도로에 접해 있지 못하다 보니 우선 출입이 불편한 것은 당연하다. 반드시 남의 토지를 거쳐서 드나들어야 하고, 그러니 늘 인접 토지소유주에게 피해를 주게 되고 또 그 사람의 허락을 받아야 하는 불편함이 있다.

또 맹지에는 건축법상 건물을 지을 수 없도록 되어 있다. 맹지에는 건축허가가 나지 않는다. 어떤 사람이 맹지에다 집을 지어놓고 매일 인접 토지를 지나다닌다면 그 인접 토지소유주는 얼마나 피해가 많겠는가.

따라서 특별한 경우가 아니고는 맹지는 투자 대상에서 제외하는 것이 좋다. 어떤 개발 사업에 의해 그 지역 전체가 집단적으로 개발이 되는 경우를 제외하고 맹지는 아무런 희망이 없다. 그런데 투자자들에 따라서는 간혹 맹지를 구입하는 경우도 있다.

바로 이런 경우이다.

여기 맹지가 하나 있다고 생각해 보자. 바로 그 앞에 있는 토지는 도로에 접해 있다. 그리고 이 맹지가 아주 싼값(경우에 따라서는 공시지가 이하로)에 매물로 나왔다. 이때 맹지를 싼 값에 사고 나서 바로 앞에 도로에 붙은 토지도 마저 구입한다. 그런 다음 두 토지를 합병을 하게 되면 원래 맹지였던 토지의 가격이 상승하므로 높은 투자 수익을 얻게 된다. 이외에도 여러 가지 스킬들이 있다. 인접한 토지의 소유자로부터 〈토지사용승낙서〉를 받아 진입로를 내거나 구거를 통해 도로와 접하는 등 여러 방법들을 검토할 수 있으므로 해당 토지에 관계되어 있는 조건들을 검토한 후에 투자를 결정하도록 한다. 여기서 중요한 것은 도로 이외에도 오폐수 관로가 연결되지 않으면 건축허가를 받을 수 없다는 점도 유의해야 한다. (맹지에 대해 자세히 알고 싶다면 『맹지탈출』 이인수, 청년정신 참고)

따라서 쓸모없는 땅이라고 알고 있는 맹지를 중심으로 투자를 하는 토지 전문가들이 있다. 실제로 고수들은 이런 땅을 노린다. 일반적으로 토지 시장에서 "맹지는 매입하면 안 된다"는 투자 정석이 자리 잡은 것이 사실이기는 하지만 정확한 안목을 토대로 철저한 분석을 거쳐 정밀하게 계획을 세운다면 맹지도 금싸라기 땅으로 바꿀 수 있다. 전형적인 '하이 리스크 하이 리턴'의 투자라고 할 수 있다.

물론 맹지가 대박을 안겨주는 땅으로 변모하기 위해서는 도로와 접해야 한다. 그리고 맹지에 도로를 내는 방법에는 다음과 같은 여러 가지 방법이 있다.

### ◈◈◈ 맹지에 도로 내는 방법 ◈◈◈

1. 도로법에 의한 진입도로 개설 혹은 도로지정 고시
2. 사도법에 의한 사도개설.
3. 인접 토지 매입(단독 또는 공유지분)에의한 사설도로 개설
4. 진입 토지에 대한 〈토지사용승낙서〉를 받아 도로로 사용
5. 구거의 하천(구거)점용허가에 의한 도로 개설
6. 민법상 주위 토지통행권의 주장
7. 통로를 위한 민법상 지역권 혹은 지상권 설정으로 도로 개설

맹지를 구입해 대박을 친 30대 후반의 평범한 직장인 A씨의 사례를 통해 비록 맹지라고 할지라도 어떤 가능성을 품고 있는지 알아보자.

A씨가 구입한 맹지는 국유지와 접한 땅이었다. 펜션을 짓기 위해 도로가 접하고 자연과 어우러지며 실개천이나 물이 가까운 땅을 찾다가 경기도 용인 인근에 위치한 500여 평의 토지를 발견한 것이다.

큰 강이 보이고 2차 선로에 인접해 있어 입지조건도 마음에 들었다. 한 가지 아쉬운 것은 국유지가 부지 진입로를 가로막고 있고 부지 뒤편은 하천부지로 둘러싸인 맹지라는 것이었다.

그러나 A씨에게 이 점은 크게 흠이 되지 않았다. 오히려 잘 이용하기만 한다면 돈을 벌 수 있는 금싸라기 땅으로 보였다. 이에 그 자리에서 일시불 처리 조건으로 시세보다 평당 10만 원 낮은 평당 45만 원에 매도 의사를 전달했다.

땅을 보자마자 그 자리에서 계약을 하겠다고 나서는 그를 보고 공인중개사인 중개업자는 놀랐지만 계약 건수를 올리기 위해 땅주인을 설득한 후 그날 평당 45만 원 조건으로 총 2억 2,500만 원에 계약을 끝마쳤다.

A씨가 맹지라는 문제점이 있음에도 불구하고 확신을 갖고 계약한 이유는 두 가지였다. 하나는 주변 토지 시세가 평당 50~60만 원 선으로 해당 땅값이 주변 땅에 비해 저렴하다는 점이다.

다른 하나는 도로와 접한 국유지의 규모가 작고 부지 뒤로 하천부지 800여 평이 있다는 점이다. 좁은 국유지는 점용허가를 통해 도로를 내고 부지 뒤에 위치한 하천부지를 펜션 사업에 활용할 수 있는 장점이 있다. A씨는 이 점을 노렸다. 연간 몇 십만 원 안팎의 저렴한 점용료를 납부하면서 실제로는 진입로와 하천부지 1,300여 평을 활용할 수 있다는 점을 계산한 것이다.

A씨는 이에 서둘러 펜션 신축 허가를 내기 위한 작업에 들어갔다. 우선 중장비를 투입해 울퉁불퉁한 땅을 고르게 펴는 작업을 진행했다. 그 다음 500여 평 중 일부를 전에서 대지로 지목 변경했다. 도로와 인접한 국유지와 부지 뒤에 있는 하천부지에 대해 각각 점용허가를 받기 위한 사업계획서도 준비했다. 부지 앞 국유지는 진입로를 사용하는 목적, 부지 뒤 하천부지는 야외정원으로 활용하겠다는 계획으로 각각 장기간 사용할 수 있는 점용허가를 받았다.

예쁜 정원과 천연야외 수영장 등 조경을 보강해 특별한 야외정원으로 기획도 마쳤다. 이렇게 건축설계 및 허가 비용으로 사용한 돈은 대략 3,000만 원 가량이었다.

그리고 1년 후 급하게 자금이 필요했던 A씨는 펜션건축허가서 및 자신이 기획한 하천부지 활용 기획안을 포함해 펜션을 매물로 내놓았다. 당시 그 일대 펜션 부지 시세는 평당 100만 원 선으로 오른 상황이었다. 평당 45만 원에 산 땅이 1년 만에 두 배로 오른 것이다. 그리고 물건은 얼마 되지 않아 팔렸다. 가격 조정 없이 A씨가 원하던 가격인 평당 100만 원에 해당 땅을 사겠다는 매수자가 나타난 것이다.

맹지지만 800여 평이란 하천부지를 활용할 수 있는 이점과 펜션부지 건축허가 등 철저한 사업계획이 준비된 상태라 원하던 가격에 쉽게 매각할 수 있었다.

A씨처럼 쓸모없어 보이는 맹지로도 성공적인 투자를 할 수 있다. 물

론 철저한 사업계획서와 안목이 뒷받침되어야 한다. 사실 농어촌주택 전문, 신설도로 개통지를 알아내 선점하는 전문가, 입주권과 분양권 분야의 고수, 그리고 산지와 묘지 일대 토지를 헐값에 매입했다가 개발 차익을 챙기는 임야 투자자까지 못난 땅을 골라내 가치 있는 땅으로 바꾸는 전문투자자들은 많다. 그들은 어려운 투자기술로 자산을 일군 틈새시장 전문가들이라고 할 수 있다.

※ 숨은 고수들은 무리를 쫓다 행운을 얻는 것이 아니다. 외롭게 공부하고 투자지식을 쌓아 체계적으로 공부한 사람들이다. 운과 요행을 바라지 않고 투자의 전문지식을 쌓아 노력하고 그 결과는 하늘에 맡기는 것이 땅 투자의 성공 포인트다. 그리고 기다릴 줄 아는 인내심을 갖는 것은 마지막으로 성공 투자자들이 가져야 할 덕목이다.

## 고수들의 스킬 가져오기 : 분할과 합병

부동산에서 토지투자의 단점은 환금성이다. 내가 빨리 팔고 싶어도 수요자를 쉽게 찾지 못해 자금이 묶이게 된다. 그러다 보면 빨리 팔기 위해 가격을 낮출 수밖에 없다.

잘 안 팔리는 땅은 쪼개서 팔라는 말이 있다. 땅을 칼질해 작은 땅으로 나누면 매수 금액이 적어져 일반인도 쉽게 살 수 있기 때문이다. 마찬가지로 지주의 입장에서도 평당 땅값을 높게 받을 수 있어 유리하다. 따라서 토지분할은 기획부동산이나 주택건설업자뿐 아니라 일반인에게도 많은 관심의 대상이 된다.

이것은 덩어리가 큰 땅은 수요자가 적어서 평단가가 낮을 수밖에 없다는 데 있다. 즉 수요자가 많이 찾는 평수로 쪼개기를 하면 평당 가격이 높아져 투자 수익으로 연결된다는 데 토지분할의 또 다른 매력이 있다.

예를 들면, 평당 20만 원인 땅 5,000평을 사면 10억 원이 되는 것이 일반적인 셈법이지만 땅도 콩나물과 같은 실물 상품이기에 흥정도 가능하고 덩치가 커서 평단가가 낮아 20% 정도 싸게 매입할 수 있어 8억 원으로 매수할 수 있는 것이 보통이다. 이러한 땅을 비교적 수요가 많은 300평 규모의 땅으로 쪼개거나 주말농장을 목적으로 500평 이하로 쪼개기를 하여 매도할 때는 다시 평당 20만 원선인 10억 원으로 매도할 수 있기 때문에 2억 원의 단순 차익이 가능하다는 점에서 투자 수익을 맛본 투자자라면 분할 가능성을 타진하게 되는 것이다.

### 토지분할의 또 다른 매력의 Case Study

필자는 2021년 5월 경기도 안성시 고삼면 월향리 2차선 도로변에 있는 토지 664평을 평당 85만 원에 매입 한 뒤 200평, 200평, 264평 3필지로 분할하여 불과 5개월 만에 평당 150만 원에 매도를 하였다. 물론 단타성 매매라서 합법적으로 양도소득세를 많이 내기는 하였지만 그래도 단기간에 수익은 짭짤하였다.
일반 투자자가 많이 찾는 투자 금액과 면적으로 분할하여 매각을 하면 평당 가격이 높아져 투자 수익으로 연결된다는 또 다른 매력이 있다.

이러한 토지 분할은 광역적인 호재가 없어도 합법적으로 자신의 노력으로 얻어지는 수익이기 때문에 변수가 없는 투자법으로 주목을 하고 있기도 하다. 한마디로 안전하게 수익을 얻을 수 있는 블루칩이라 할 수 있다.

하지만 무분별한 난개발을 방지하고 기획부동산과 같은 무리들의 폐해를 막기 위해 분할이 가능한 대상을 다음과 같이 법적으로 명확하게 분류하고 있고, 각종 제한을 두고 있으니 꼼꼼한 접근이 필요하다.

토지분할을 제한하는 법률이 생긴 이유는 기획부동산의 무분별한 토지분할을 방지하기 위해서였다. 기획부동산이 큰 땅을 팔기 쉬운 금액 단위의 작은 땅으로 쪼개 토지에 대한 경험과 지식이 부족한 소비자에게 감언이설로 유혹해 팔아넘김으로써 토지의 정상적인 활용에 방해가 되기 때문에 이를 막고자 법을 제정한 것이다.

기획부동산에서 쪼개서 판 땅은 소유자만 많고, 많은 소유자의 이해타산이 얽혀 결국에는 아무짝에도 쓸모없는 땅으로 전락하기 때문에 안타까운 현실이지만 조심할 수밖에 없는 것이다.

하지만 '구더기 무서워 장 못 담근다'는 말처럼 부동산 시장의 1%도 안 되는 기획부동산 때문에 99%가 넘는 애꿎은 농민이나 선량한 투자자 혹은 사용자만 전체 토지를 팔지 않는 한 작게 땅을 쪼개 팔 수 없다는 폐단이 나왔고, 이에 대한 해결책으로 토지분할허가절차에 관한 관련법이 개정되었다.

토지분할은 정부에서 법을 만들어 막으려고 해도 선의의 피해자인 다수의 부동산 소비자가 존재하는 한 부동산 개발에 능통한 투자 고수들이라면 방법은 많다. 토지개발에 관한 지식과 노하우를 가지고 있다면, 방법은 얼마든지 있다. 위법이나 탈법을 조장하는 것이 아니라 조금 번거롭기는 하지만 합법적인 분할 방법을 활용하는 것이다.

하지만 그런 분할 방법을 통해 매도자와 매수자가 모두 만족할 수 있는 결과를 얻기 위해서는 당연히 먼저 분할과 합병에 대해 잘 알고 있어야 한다.

## 토지를 분할할 수 있는 경우

토지 가공에서 가장 보편적인 사례는 분할이지만 그 외에도 토지, 즉 농지나 임야를 개발하면 기존 땅값보다 가격이 오르게 되는 게 당연하다. 물론 분할 및 합병을 하기 위해서는 지목이 동일해야 하고 근저당권 설정과 같은 문제가 먼저 해결되어야 하며, 토지의 위치, 용도지역 등을 세밀하게 검토한 뒤에 추진해야 한다.

문제는 개발허가를 받기 위해서는 목적사업이 있어야 하고 반드시 건축이 따라야 한다고 생각할 수 있다는 것이다. 실제로 단순히 토지를 개발하는 것에 비해 건축 행위에 훨씬 더 큰돈이 든다.

이럴 경우에는 어떻게 해야 할까.

먼저 목적사업을 건축 자재나 기타 자재의 야적장으로 설정하고 개발행위, 농지전용, 산지전용 등을 한다면 글자 그대로 건축을 하지 않고 울타리만 설치하는 것으로도 잡종지로 지목을 변경할 수 있을 것이다.

따라서 건축에 따르는 비용을 절약할 수 있으며, 필요하다면 컨테이너 사무실을 하나 설치해 준공을 하는 정도로 토지 가치를 높이면서도 비용을 아낄 수 있을 것이다. 임야의 경우라면 평탄지를 만들면서 발생하는 토사를 필요로 하는 이에게 매각함으로써 오히려 수익을 내면서 지목을 바꿀 수도 있다.

임야나 농지에서 잡종지로 지목이 바뀐다면 우선 공시지가가 상승되며, 감정평가에도 토지의 가치가 상승된다. 즉 담보능력이 상승되는 것이다.

토지를 분할할 수 있는 방법은 크게 다음과 같은 4가지로 분류할 수 있다.

### 매매에 의한 분할

토지소유주가 토지 중 일부를 매매하고자 할 때, 토지소유주가 분할신청을 하여 토지분할을 진행하는 것이다.

### 공유물에 의한 분할

여러 사람이 지분을 가지고 하나의 토지를 소유하고 있을 때 각자의 위치에 대한 동의와 합의에 의해 분할을 진행하는 것이다. 매매에 의한 분할과 다른 점은 소유권 이전이 완료된 이후에 상호 동의를 받아 분할한다는 점이다. 지분을 가지고 있는 사람 중에서 하나라도 동의하지 않는다면 공유물에 의한 분할은 이루어질 수 없다. 보통 개발행위제한구역의 토지를 공동으로 매입한 후 개발행위제한구역이 해제되었을 때 각자의 위치와 지분만큼 분할하는 경우가 많다.

예를 들어 한 필지로 된 1000평짜리 토지를 3명이 공유지분으로 매입해 각 지분에 따라 3등분으로 쪼개 분할신청을 한 다음 각자 등기한다.

### 소송에 의한 분할

위에서 이야기했던 공유물에 의한 분할에서 지분 소유자들 중 2/3가 분할에 동의했음에도 1/3이 동의를 하지 않을 경우, 소송을 제기해 분할하는 경우다. 또는 개발행위제한구역의 분할 금지로 인해 공증이나 확약서를 통해 분할 위치와 분할 도면을 정한 뒤 매수를 하였는데, 추후 개발행위제한구역이 해제돼 분할을 하고자 할 때 상대방이 변심하여 동의를 하지 않게 되면 공증이나 확약서로 작성된 문서를 가지고 소송에 의한 분할을 진행하기도 한다.

### 개발행위에 의한 분할

한 필지로 된 토지 일부를 형질변경 등으로 용도를 다르게 하여 분할신청을 할 수 있다. 한 필지 1,000평짜리 농지를 200평 정도로 농지전용허가를 낸 다음 건축을 하고, 지목을 대지로 변경하여 2필지로 분할신청을 하는 방법이다.

## 분할이 가능한 토지

① 1필지의 일부가 지목이 다르게 된 때.

② 소유권이 공유로 되어 있는 토지의 소유자가 분할에 합의하거나, 토지

거래허가구역에서 토지 거래계약허가가 된 경우, 또는 토지의 일부를 매수하기 위하여 매매계약 체결 등으로 인하여 1필지의 일부가 소유자가 다르게 된 때.

③ 분할이 주된 지목의 사용 목적에 적합하게 토지소유자가 매매 등을 위하여 필요로 하는 때.

④ 토지이용을 위한 불합리한 지상경계를 시정하기 위한 때.

토지를 분할할 수 있는 자는 원칙적으로 토지소유주에 한한다. '공간정보의 구축 및 관리에 관한 법률'에 따르면 지적 분할을 신청할 수 있는 경우는 토지소유주가 소유권 이전, 매매 등을 위해 필요한 경우와 토지 이용에 있어 불합리한 지상경계를 시정하기 위한 경우, 그리고 관계 법령에 따라 토지분할이 포함된 개발행위허가 등을 받은 경우에 한한다.

토지소유주가 토지분할을 하고자 하는 때에는 지적소관청, 즉 지적공부를 관리하는 특별자치시장, 시장(제주특별자치도 설치 및 국제자유도시 조성을 위한 특별법에 따른 행정시의 시장을 포함하며, 자치구가 아닌 구를 두는 시의 시장은 제외한다.) · 군수 또는 구청장(자치구가 아닌 구의 구청장을 포함한다.)에게 〈토지분할신청서〉와 분할허가서 사본(해당 서류를 지적소관청이 관리하는 경우 지적소관청의 확인으로 서류 제출을 갈음할 수 있다.) 및 〈지적측량성과도〉를 제출하고, 그 외에 토지분할의 합리적인 사유를 소명하여야 한다.

또한 지적공부에 등록된 1필지의 일부가 형질변경 등으로 용도가 변경되어 분할을 신청할 때에는 〈지목변경신청서〉를 첨부하여 60일 이

내에 의무적으로 지적소관청에 토지의 분할을 신청하여야 한다.

**분할신청 절차**

① 개발행위허가(분할허가) 신청(지적과)
② 분할측량(한국국토정보공사)
③ 분할신청서 제출(시·군·구청)

토지분할 절차를 시행할 때의 실무적인 부분을 알아보면 다음과 같다.

① 행정기관 민원실(또는 지적공사 출장소)에 분할신청서를 제출한다.

- 일부 시 · 군에서는 분할을 개발행위허가신청을 받기도 하고, 어느 지역은 단순히 분할만 신청을 받기도 한다.
- 분할신청서는 각 시 · 군의 국토지리정보공사 출장소에 가면 양식이 있다.
- 각 시 · 군의 민원실에 지적공사에서 직원이 출장을 나와 코너를 개설하여 자리를 잡고 있으므로 도움을 받을 수 있다.
- 분할을 하고자 하는 토지소유자라면 직접 신청이 가능하며, 대리인은 위임장을 첨부하여야 하고, 위임장은 접수창구에 비치되어 있다.
- 위임장의 날인은 인감도장이 아닌 일반도장으로도 가능하다.
- 위임장의 인감증명서 첨부는 각 시 · 군마다 다르므로 준비하는 게 좋다.

• 분할허가(개발행위허가)를 받아야 하는 경우 시 · 군은 일반인이 작성하기 힘들기 때문에 토목측량설계회사에 위탁하는 게 좋다.

• 구비서류

- 매매는 매매계약서(인감도장이 날인된 계약서: 시 · 군마다 다름), 인감증명서, 〈지적도〉(분할선 표기: 분할 면적 지정)
- 공유물 분할 : 〈지적도〉, 〈등기부등본〉, 공유자 분할동의서(인감첨부)

② 분할허가 득(허가증 수령) : 분할신청에 개발행위허가를 필요로 하지 않는 시 · 군은 분할허가를 받을 필요 없이 즉시 분할 신청을 한다.

③ 국토지리정보공사출장소에 허가증을 첨부하여 분할 신청

• 분할신청은 분할을 하고자 하는 필지의 〈지적도〉에 분할구역을 표기하여 신청한다.

• 분할을 해야 하는 사유를 입증할 서류 일체. (매매의 경우 계약서, 공유물 분할의 경우 〈등기부등본〉, 허가를 받은 경우 허가증과 구적도) 여기서 구적도라 함은 〈지적도〉와 〈지적도〉 내에서 허가를 받은 면적을 표기한 도면을 말한다.

④ 분할측량 실시 일자 고지

분할측량 비용을 납부하면 접수창구에서 즉시 측량일자를 알려준다.

⑤ 분할측량 실시

분할측량을 실시하는 날자는 접수를 할 때 알려주지만 측량 시간은 측량 전일 오후에 전화로 연락이 온다.

⑥ 〈분할측량 성과도〉 발급

분할측량을 실시한 측량 도면을 지적공사에서 발급하여 준다.(〈성과도〉 수령은 보통 문자로 또는 전화로 알려준다.)

⑦ 지적정리신청

- 시 · 군의 지적과에 신청.
- 측량 신청 시에 지적정리까지 함께 신청하면 〈성과도〉를 수령하면 된다. 지적정리를 하러 직접 다닐 필요가 없다.

⑧ 지적정리 - 분할측량 업무완료

〈지적도〉에 분할선이 표기되어 개별 지번이 생성된다.

분할측량에서 지적정리까지는 일반적으로 20일 정도가 소요된다.

## 죽은 땅을 살려내는 합병 테크닉

토지합병(합필)이란 지적공부에 등록된 2필지 이상의 토지를 1필지로 합하여 등록하는 것을 말한다. 토지합병은 토지분할과 반대되는 것으로 분할하는 경우보다는 적으나 재개발이나 재건축에 있어서 아파트단지나 작은 택지를 묶어 새로운 필지를 편성하는 경우 혹은 대규모 택지를 개발하거나 도시구획정리를 하는 경우에도 발생한다.

토지의 합병과 분할이 동시에 일어나는 경우도 있다. 서로 이웃한 토지소유주가 서로 조금씩 땅을 내놓아 중간의 통행도로를 만들 때에는 각기 도로 부분만큼 쪼개서 분할한 후에 다시 한 필지로 합쳐서 도로를 만든다.

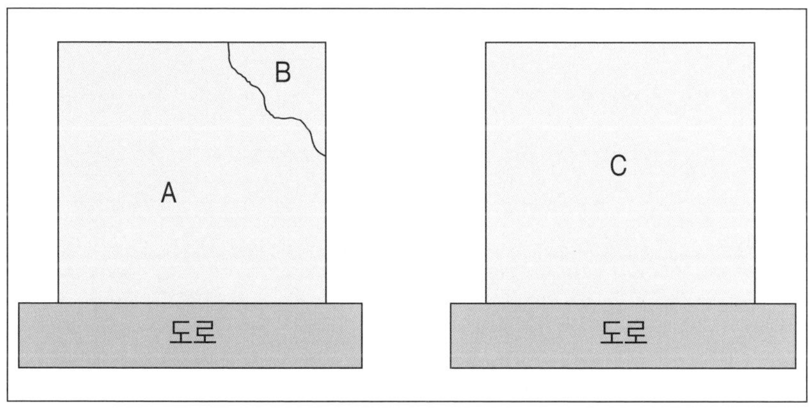


### 토지의 합병 절차

토지소유주가 토지를 합병하려면 지적소관청에 합병을 신청하여야 한다. 토지를 합병해야 할 사유가 있는 경우, 토지소유주는 60일 이내에 특별자치시장, 시장(제주특별자치도 설치 및 국제자유도시 조성을 위한 특별법에 따른 행정시의 시장을 포함하며, 자치구가 아닌 구를 두는 시의 시장은 제외한다.)·군수 또는 구청장(자치구가 아닌 구의 구청장을 포함한다.)에게 신청하면 된다.

토지합병의 절차는 다음과 같다.

① 지적측량 의뢰

② 합병신청서 제출

③ 합병요건 심사 (토지합병의 금지사항 여부 심사)

④ 합병승인

⑤ 합병등기 신청

⑥ 합병등기 완료

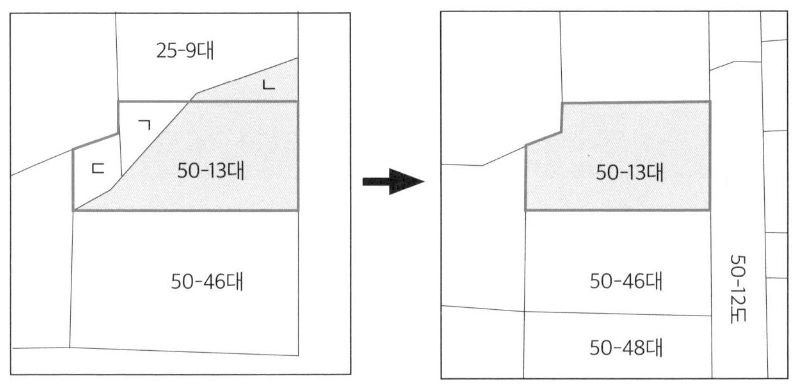


## 토지의 합병을 제한하는 경우

토지를 합병하게 되면 토지는 하나의 필지로 되는 것이므로 공간정보관리법상 1필지의 요건에 맞지 않거나 1필지로 하는 것이 당사자의 권리보전, 기타 이해관계상 적당하지 않은 다음의 경우에는 토지의 합병이 금지된다.

① 합병하려는 토지의 지번부여지역, 지목 또는 소유자가 서로 다른 경우. 지번부여지역이란 지번을 부여하는 단위지역으로서 동 · 리 또는 이에 준하는 지역을 말한다.

② 합병하려는 토지에 소유권 · 지상권 · 전세권 · 임차권 및 승역지에 대한 지역권의 등기 외의 등기가 있는 경우, 그리고 합병하려는 토지 전부에 대한 등기원인 및 그 연월일과 접수번호가 같은 저당권등기 외의 등기가 있는 경우.

※ 동일한 채권을 담보하기 위한 본래의 저당권이 설정된 토지의 추가저당권이 설정된 토지는 합필등기를 할 수 없다.(추가적 공동저당권 합필금지등기 선례)

※ 수 필의 토지에 등기 원인 및 그 연월일과 접수번호가 동일한 가등기 · 예고등기 · 가압류등기 · 가처분등기 · 경매등기 · 체납처분에 의한 압류등기 등의 등기가 있는 경우, 명문의 규정이 없으므로 합필의 대상이 될 수 없다.

③ 합병하려는 토지의 〈지적도〉 및 임야도의 축척이 서로 다른 경우.

④ 합병하려는 각 필지의 지반이 연속되지 아니한 경우.

⑤ 합병하려는 토지가 등기된 토지와 등기되지 아니한 토지인 경우.

⑥ 합병하려는 각 필지의 지목은 같으나 일부 토지의 용도가 다르게 되어 분할대상 토지인 경우. 다만, 합병 신청과 동시에 토지의 용도에 따라 분할신청을 하는 경우는 제외한다.

⑦ 합병하려는 토지의 소유자 별 공유지분이 다르거나 소유자의 주소가 서로 다른 경우.

⑧ 합병하려는 토지의 구획정리, 경지정리 또는 축척 변경을 시행하고 있는 지역 안의 토지와 그 지역 밖의 토지인 경우.

### 합병 후 다시 분할함으로써 토지의 가치를 높인 사례

대부분의 투자자는 땅을 있는 그대로 사서 가격이 오르면 시세차익을 보고 파는 방법이 땅 투자의 전부라고 생각한다. 그러나 조금만 공을 들이고 약간의 비용을 감수하면 투자한 비용의 10배 이상으로 땅의 가치를 올릴 수 있다. 그것이 바로 합병, 분할기법이다.

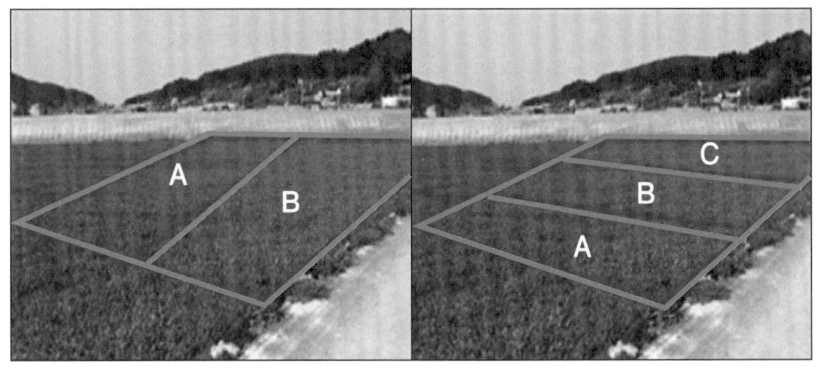


위의 왼쪽 사진은 합병하기 전의 사진이다. 이곳은 도로를 따라 길게 생겼기 때문에 건축을 하기에는 적합하지 않다. 그래서 도로 뒤에 있는 토지의 지주를 설득해 땅을 매입했다. 그 땅은 맹지였기 때문에 시세보다 저렴하게 살 수 있었다. 이렇게 함으로써 종전의 A땅 맹지도 도로를 더 확보할 수 있게 되어 가격을 상승시킬 수 있다.

합병에도 전제조건이 있다. 바로 합병할 예정인 토지의 지주가 동일인이어야 하며 지목도 동일해야 한다. 모두가 전이거나 답으로 구성되어 있어야 한다는 뜻이다. 섞여 있는 경우엔 형질변경을 해서 지목이 같도록 해야 하는데, 사실 합병 자체도 말처럼 쉬운 일은 아니다.

비용은 생각보다 적게 든다. 이 경우에는 토지소유자가 달랐지만 저렴하게 매입할 수 있었고 둘 다 논으로 쓰이고 있었기에 순조로운 합병이 가능했다. 전과 답이 선을 하나 그을 때마다 비용이 추가된다고 보면 되는데, 보통 적은 규모일 경우, 한 필지를 두 필지로 만들 때 50~70만 원 가량의 비용이 든다. 이 땅의 경우 총 세 필지로 분할했기 때문에 150~200만 원 가량 비용이 들었다. 일반적으로 합병 분할 과정은 본인이 직접 하는 것이 아니라 측량사무소에 의뢰하면 된다.

## 소액으로 공유지분 분할 토지에 투자

방송작가 P씨는 몇 해 전 토지분할 방법으로 성공적인 투자를 할 수 있었다. 평소 땅 투자에 관심을 가지고 있던 P씨는 모아둔 돈으로 경기도 용인에 있는 500평 규모의 임야를 사려고 했다. 하지만 쉽사리 매물은 나오지 않았다. 가뭄에 콩 나듯 물건이 나오긴 했지만 손해를 보고 사야 할 만큼 가격이 비쌌다. 이러지도 저러지도 못한 채 고민만 하던 그에게 뜻밖의 희소식을 날아들었다.

가입해 활동하고 있던 인터넷 온라인투자클럽에서 땅 공동투자자를 모집한다는 소식이 들렸던 것이다. 투자 클럽에서 점찍어 둔 땅은 용인시 남곡리 소재 1만 8,000평짜리 임야. 가격은 평당 30만 원으로 인근의 200평 규모 전·답에 비해 절반 가격에 불과했다.

P씨처럼 마땅한 땅을 찾지 못해 고민하던 클럽 회원들은 너도나도 땅에 관심을 가졌고 결국 45명이 모여 땅을 샀다. 그 뒤로 P씨와 클럽 회원들이 한 일은 토지분할이다. 그리고 이 절차를 밟고 난 이후 한 사람 당 200~500평 규모의 땅을 소유할 수 있었다. 그리고 P씨가 산 땅은 조금씩 오르기 시작했다. 평당 30만 원의 가격으로 산 땅이 불과 1년도 지나지 않아 55만 원을 넘나들게 된 것. 남곡리 일대 농림지역이 제2종 주거지역으로 도시계획이 변경된다는 공람공고 완료 후 실거래가가 천정부지로 오르기 시작한 것이다.

## 고수들의 스킬 가져오기 : 못생긴 땅을 성형하라

### 땅도 성형을 하면 예뻐지고 가격도 오른다

누가 봐도 매력적인 땅을 골라내는 일은 아무나 할 수 있다. 하지만 성공적인 토지 재테크를 꿈꾸는 사람들에게 이런 땅을 점찍는 것은 그리 권할 만한 방법은 아니다.

좋은 입지 조건을 가진 땅은 누구나 군침을 흘리는 땅이고 그만큼 가격 경쟁력이 떨어진다. 때문에 투자를 하기에는 볼품없는 땅이지만 '성형'을 하면 가치 있는 땅으로 탈바꿈할 수 있는 땅을 고르는 안목을 가지는 것이 중요하다.

부동산투자자 S씨가 땅을 고르는 눈은 남들과는 조금 다르다. 투자 당시 볼품없는 땅과 집에만 투자한다. 결과는 항상 성공적이다. 약간의 노력으로 하찮은 땅의 가치를 상승시키는 재주가 있다. S씨는 가격 상승폭이 작고 발품을 많이 팔아야 하는 지방의 땅을 피해 주로 수도권

매물만 공략한다. 그 중에서도 현황 상 길 없는 농지, 옆 필지와 비교해 모양이 반듯하지 않은 땅, 허름한 주택 등을 점찍는다. 이런 땅을 값싸게 매입한 후 관련법을 적용해 용도를 바꾸거나 개 · 보수, 합필과 분필을 통해 가치를 높인다.

최근에도 S씨는 용인시에 소재한 땅을 되팔아 엄청난 시세차익을 거둬들였다. 이번에도 그가 산 땅은 누가 봐도 볼품없는 경사진 농지다. 이 땅을 성토와 복토의 방법을 거쳐 주변 땅과 비슷하게 만든 다음 인근 공장용지로 용도를 바꿨다. 그 다음 실수요자에게 주변 지가보다 약간 저렴하게 매각하는 방식을 사용했다.

항상 지자체 건축조례 관련 책을 끼고 사는 그는 건축과 부동산 법률에 대한 해박한 지식을 밑거름으로 성공적인 투자를 하고 있다.

필자가 잘 알고 지내는 전업 부동산투자자인 K씨 역시 못난 땅을 골라내 옥석으로 다듬는다. 정식으로 부동산에 대한 공부를 하지는 않았지만 대학에서 건축설계를 전공해 자투리 개발에 관한 한 최고 경지의 고수에 이르렀다. 특유의 감각과 경험을 가진 그는 건물을 짓고 남은 자투리땅이나 빈 공터를 보면 개발 가능성과 매각 후 이익 등을 계산한다.

이런 K씨의 주요 전략은 개발지 가까운 곳에 위치한 중소 규모 자투리를 활용해 상가나 주택으로 개발한 후 되파는 것이다. 매입 가격이 비싸더라도 최고 입지와 상권만 고집하는 것이 전략이다. 그런 다음 주변 상권의 특성을 감안, 미니 상가나 업무시설로 지은 다음 구분 시설로 잘라서 분양하거나 되판다.

매입 가격이 비싼 만큼 분양가가 비싸고 초기분양률은 늘 실패한다. 그러나 지역이 개발되거나 상권 성숙이 이루어지는 수개월 이후 시점에는 어김없이 100% 분양에 성공한다.

성공 비결은 상권을 미리 예측하고 목 좋은 곳만 골라 비싸더라도 수요자들은 몰린다는 이치를 잊지 않는 것에 있다. 현재 100억 원 대의 자산가인 그는 토지 성형의 귀재로 불리며 승승장구하고 있다.

### ▶▶▶ 콕 짚어 주는 땅 투자 포인트 ◀◀◀

**투자하기 좋은 땅**

가로의 폭은 적당한 것이 좋은 땅이라고 할 수 있다. 이때 만일 굽어진 길의 가로라면 안쪽이 좋다. 비탈길에서는 아래쪽의 땅에 더 가치를 친다. 동서로 된 가로라면 더 투자할 만한 것은 서쪽 땅이다. 변하는 상품을 다루는 업종은 서쪽에서 동쪽을 향한 입지나 북향이 유리한 것으로 꼽는다. 무른 땅보다 견고한 지반이 좋고, 노면의 위쪽보다는 아래쪽 부지를 좋은 땅으로 친다.

## 대박은 성형이 가능한 땅을 보는 데서 시작한다

정부의 각종 개발계획이 발표되면 많은 사람이 토지투자에 대한 관심을 보이지만 정부의 강력한 부동산 규제정책으로 최근에는 부동산 투자에 대한 관심도 줄었다.

토지투자는 다른 투자에 비해 상대적으로 현금 유동화가 어렵고 장기적인 투자로 인식되어 막연한 두려움을 갖고 있는 사람이 많아서 토지에 대한 다양한 정보와 사례를 통하여 토지투자에 대한 이해를 높이고자 한다.

최근 토지투자에서 유행하는 것은 리모델링이다. 아파트나 상가 등을 리모델링하여 수익을 극대화 하는 것처럼 토지도 리모델링을 잘 하면 가치를 극대화 할 수 있다.

토지투자에 관심이 있는 K씨는 최근 간선도로에서 약 10m 떨어진 곳에 있는 농지 1,150평을 매입했다. 매입 당시 도로가 인접한 땅값은 평당 35~42만 원을 호가하고 있었지만 맹지(도로와 조금이라도 접하지 않은 토지)라서 평당 12만 원에 매입을 했다.

그는 전문 컨설턴트로부터 토지를 리모델링하라는 권유를 받았다. 토지를 점검한 결과 단점은 도로보다 지면이 낮고 돌 등이 많은 데다 진입도로가 없다는 것이고 장점은 도로에서 약 12m 밖에 떨어지지 않았다는 것이다. 또한 혁신도시라는 개발 이슈로 건너편에는 대형음식점들이 들어서고 있다.

K씨는 토지성토 및 정리 작업에 860만 원을 들였고 인접 지주와 협상을 통하여 도로와 인접한 땅의 일부를 1,075만 원에 매입을 했다.

관청과 협의를 통해 구거(용수나 배수를 목적으로 만든 인공적인 수로)를 덮고 인접 토지소유지주와 협상 등을 통하여 도로를 약 8m 개설하였다. 또 유실수 등 관상수와 묘목 등을 심어 보기 좋게 꾸몄다. 리모델링 비용을 더하면 토지 매입비는 모두 1억 9천만 원 정도인데 평당 12만 원짜리 땅이 16만 원짜리로 바뀐 것이다. 하지만 이는 주변 시세의 절반 가격이다.

토지의 가치는 도로와의 연접성과 개발 가능성 등에 의해 결정된다. 또 시각적인 면도 중요하다. 도로에 연결된 땅과 가치는 그렇지 못한 땅과 약 20~30% 이상의 가격 차이가 난다.

K씨처럼 인근 지주와 협상을 통하여 확장·포장작업 등을 하면 땅의 가치를 높일 수 있다. 도로 개설 및 포장은 할 때와 안 할 때의 부가가치를 비교 분석해 결정하는 것이 바람직하다. 아울러 토지를 임야나 농지처럼 가치를 높이기 위해서는 3~5평의 컨테이너 같은 창고나 원두막 같은 시설물이 있는 것이 좋다.

## 리모델링으로 가치를 높이기

일반적으로 '리모델링'이라고 하면 건축물을 대상으로 한정하기 쉽다. 하지만 토지(땅)도 리모델링이 필요할 때가 있다. 예쁜 땅이 보기가 좋고, 값도 잘 오르기 때문이다. 토지를 리모델링하는 목적은 그 가치를 더 높이려는 데 있다. 즉 토지의 가치를 하락시키는 물리적인 현황을 보완하여 그 가치를 상승시키는 것이 토지 리모델링의 목적인 셈이다.

물론, 토지 리모델링의 실행 여부는 리모델링에 투입되는 비용 대비 토지 가치의 상승분을 감안하여 결정된다. 당연한 말이지만, 충분히 리모델링을 할 가치가 있다고 판단될 경우에만 토지 리모델링은 시행될 것이다. 대표적인 토지 리모델링에는 '화장작업'과 '정지작업'이 있다.

토지를 화장한다는 말은 사람의 얼굴을 예쁘게 단장하듯 토지를 잘 정돈하여 외관상 보기 좋고 깔끔하게 하려는 일련의 미화작업을 말한다. 예를 들면, 잡초를 매고, 땅의 표면을 고르거나 불필요한 돌을 솎아내어 평평하게 고르고, 진입도로를 넓게 포장하는 작업 등이 있겠다. 또한 나무가 우거진 야산의 경우 잡목을 베어 평평한 지반 상태를 가진 임야로 만드는 작업도 해당된다.

한편, '정지작업'이란 땅(토지)과 도로의 높이가 맞지 않을 경우 이를 맞추는 작업, 즉 높이 조정 작업을 말한다. 정지작업이 필요한 이유는 땅과 도로가 평평하게 맞지 않을 경우 미관상은 물론이거니와 도로의 이용에 어려움이 따르기 때문이다.

정지작업에는'성토'와 '절토'라는 방법이 있는데, 성토는 도로보다 낮은 땅을 높이는 방법을 말하는 반면, 절토는 도로보다 높은 땅을 낮추는 방법을 말한다. 통상 절토는 흙을 덜어내는 작업이므로 남는 흙을 되팔 수도 있다.

반면, 성토의 경우 인근에 흙을 쉽게 구할 수 있는 건축공사 현장이나 산을 깎아 내리는 토목공사 현장이 있는지 여부에 따라 투입되는 비용이 크게 달라지므로 보다 꼼꼼한 준비 과정이 필요하다.

하지만 약간의 흠결로 인해 저평가된 토지를 싼 값에 매입한 후, 토지 리모델링(성토 또는 절토)을 통해 가치를 높이게 된다면 이 또한 부동산 재테크의 모범답안이 된다는 것을 필자는 많은 사례를 통하여 경험해 보았다.

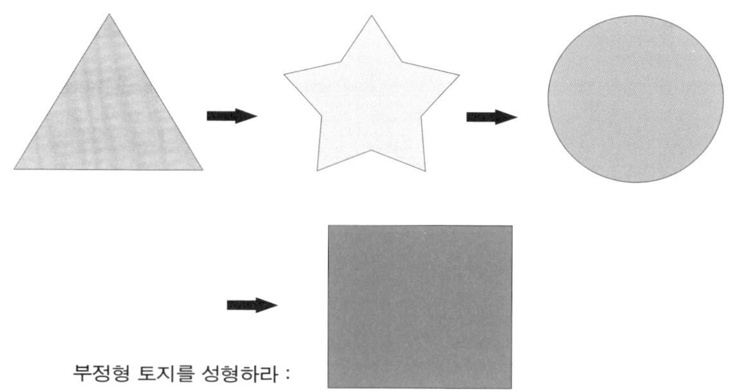


"토지의 분할 합병은 토지의 생산이다."

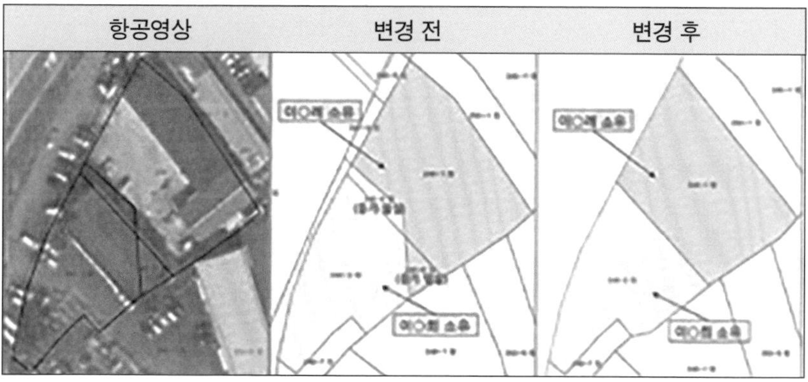


**토지 리모델링**

- 토지 리모델링이란 : 토지를 물리적 또는 법률적으로 바꿔서 효율적으로 이용 및 가치를 올리기 위한 행위
- 토지 리모델링은 땅에 관한 적극적이고 공격적인 전략
- 사례
  - 도로 옆 꺼진 논을 평평하게 성토 작업 후 밭으로 지목 변경
  - 맹지에 도로를 내 토지 가치를 올려 파는 방법
  - 토지를 분할하여 주말농장으로 분양하는 방법

| 물리적 토지리모델링 | 법률적 토지리모델링 |
|---|---|
| - 맹지에 진입도로 내기<br>- 하천점용허가<br>- 도로점용허가 도로 연결하기<br>- 구거점용허가<br>- 하천, 구거의 다목적 일시 사용허가<br>- 묘지개설 및 이장<br>- 개간 매립<br>- 폐교, 무인도 입찰 및 활용 | - 토지분할<br>- 토지합병<br>- 형질변경<br>- 벌채, 수종 갱신<br>- 토석채취, 골재채취, 채석 허가<br>- 야적장 허가<br>- 사도개설<br>- 지목변경<br>- 등록전환<br>- 용도변경(토지, 건축물)<br>- 용도지역 변경<br>- 농업진흥지역 및 보전산지 해제<br>- 농지전용<br>- 산지전용 |

## 합병을 통해 못난 땅을 성형한 사례

IT업체 대표 L씨는 토지합병을 통해 이익을 본 경우다. L씨는 부친이 유산으로 남긴 대구의 땅 115평이 있다는 걸 알았다. 생각지 못한 유산에 기뻐했던 그였지만 기쁨은 오래가지 못했다. 땅의 모양새가 썩 마음에 들지 않았기 때문이다.

L씨의 땅은 대구시 수성구 왕복 4차로 도로변 상가지에서 1필지 뒤쪽에 위치한 곳이었다. 입지는 괜찮은 편이었다. 하지만 진입로가 좁은 골목길에 위치한 터라 차량 출입이 불가능해 맹지에 가까웠다. 땅이 경사진 데다 좁고 긴 모양이라 건축물을 짓기도 어려웠다.

사정이 이렇다보니 L씨가 가진 땅에 관심을 가지는 사람들은 드물었다. 인근의 시세의 30% 수준에 땅을 내놔도 사겠다는 사람이 없었다. 아버지가 남긴 소중한 유산이 무용지물이 되는 순간이었다.

그러나 L씨는 포기하지 않았다. 대신 땅을 살릴 방법을 찾기 위해 지적도를 면밀히 살펴봤다. 그러다 뜻밖의 수확을 거뒀다. 자신의 땅과 붙어 있는 60평 정도의 땅도 활용 가치가 없었으나 두 땅을 합치면 활용도가 매우 높은 땅으로 변모할 수 있다는 사실이었다. 자신의 땅과 앞쪽 도로변에 위치한 땅을 합치면 170평 규모의 정방형 A급 토지로 재탄생 할 수 있었던 것이다.

L씨는 이에 땅을 합쳐 쓸모 있는 땅을 만들기로 결정하고 도로변 땅의 주인을 찾아 공동개발 또는 공동매각 방안을 제안했다. 그리고 두 사람은 땅을 합쳐 합필한 뒤 땅을 현 상태로 감정평가해 감정가액 비율로 배분하기로 합의를 봤다.

그 결과 평당 80만 원 수준이었던 L씨의 땅이 평당 340만 원의 금싸라기 땅으로 변했다. 땅을 합친 것만으로도 3억 원에 가까운 수익을 보게 된 것이다.

이처럼 뜻밖의 소득을 가져다 줄 수 있는 게 토지합병이지만 주의할 것이 있다. 합병 조건이 충족되는지를 면밀히 살펴봐야 한다는 것이다. 합병하고자 하는 토지의 지반이 연속되고 지목, 소유자, 축척이 동일해야 토지합병을 할 수 있다. 소유권 이외의 권리관계인 저당권 및 근저당권의 등기원인 및 그 접수번호도 일치해야 한다. 이 모든 조건이 충족되면 해당 지방자치단체는 합필을 신청한 토지가 1필지로 이용되고 있는지의 여부, 토지의 합병 금지사유 저촉 여부 등을 심사해 합필의 여부를 결정한다.

이처럼 땅은 쪼개고 합치는 과정을 거쳐 환골탈태할 수 있다. 해당 조건만 충족되고 관련 법을 충분히 숙지한다면 뜻밖의 성과를 얻을 수 있다. 현장 경험이 풍부해 쓸모없는 땅이라도 바꿀 자신이 있는 고수가 되도록 노력하는 것이 뒷받침되어야 함은 물론이다.

그것이 바로 땅 투자 고수가 가야 할 길이다.

# 고수들이 제언하는 투자 노하우

## 정책 변화에 투자한다

경제 한파가 몰아치면서 사람들이 크게 달라진 것은 돈에 대한 생각이다. 한국 경제가 잘 나갈 때 대부분의 사람들은 만 원짜리 한 장을 우습게 봤다. 외식을 나가 3~4만 원을 써도 아무렇지도 않았다. 그랬던 사람들이 경제 한파를 겪으면서 달라졌다. 주머니에서 만 원짜리 한 장을 꺼내는 데도 한두 번은 생각하는 것이다. 돈 귀한 줄을 알게 된 셈이다.

이 같은 흐름은 땅 투자자들에게도 그대로 반영됐다. 예전에는 무작정 땅을 사고보자는 식이었다.

하지만 지금은 현저하게 다른 양상으로 나타나고 있다.

## 개발은 곧 돈이다

그러면 땅 투자 시 돈을 붙잡을 수 있는 방법은 무엇일까.

가장 좋은 방법 중 하나는 정책 변화의 흐름을 분석해 투자에 임하는 것이다. 실제 땅 부자들은 정책 변화에 민감하게 반응한다.

실제로 땅 투자로 돈을 번 사람들을 분석해 보면 도시개발이나 행정도시, 대규모 산업단지 개발사업 등이 진행될 조짐만 보여도 사냥을 시작한다. 전국의 신시가지 지구 내의 대로변, 코너, 교차로변의 상가를 지을 수 있는 땅 등이 탐내는 사냥감에 속한다.

현재 전국의 구도심과 외곽지들을 살펴보자. 이들 지역에서는 새로운 수용에 맞춰 신시가지 용지로 땅의 용도가 탈바꿈을 하고 있다.

땅 부자들은 이를 도외시하지 않는다. '황금싸라기 땅'들이기 때문이다. 실제 이 같은 땅들은 1~3년 내에 최소 2~10배까지 시세 차익이 보장하곤 한다.

정책 변화는 개발을 의미한다. 개발은 또 곧 돈으로 이어진다. 정부가 추진하는 정책의 뼈대는 국토종합개발계획이다. 이에 따라 시·군에서 도시기본계획을 추진한다. 따라서 이 계획을 알고 있는 것은 돈을 버는 길을 파악하고 있다는 것을 의미한다. 더욱이 먼저 알고 있다면 투자 수익을 올리기 쉽다.

땅 투자에 관심 있는 사람들에게 조언을 한다면 우선 개발계획에 관심을 가지라는 것이다. 정책의 큰 흐름을 볼 수 있기 때문이다. 흐름이 눈에 들어오면 투자 전략을 마련하기가 쉬워진다. 투자할 곳도 발견할 수 있다.

## 고속도로·철도를 따라 투자한다

정책 변화 흐름에 따라 땅 투자를 할 때 주목할 볼 것들이 있다. 그 중 대표적인 것을 꼽는다면 신규고속도로 및 도로의 건설과 철도 개통 지역이다. 고속도로와 철도가 건설되면 개발도 일사천리로 진행되기 때문이다.

문제는 투자할 곳이다. 투자처를 찾기 위해서는 현재 진행되고 있는 사업들을 알아둘 필요가 있다. 이런 정보는 지도만 봐도 알 수 있는데 고속도로 건설 계획은 국토종합계획에 들어 있다.

지도를 펼치고 도로망을 살펴보자. 그러면 전 국토에 바둑판 모양의 간선망으로 건설되고 있음을 발견할 수 있다. 그러면 투자할 곳을 찾기에 어느 정도 유리해진다.

투자 전략의 일환으로 고속도로와 자동차전용도로가 새로 건설되거나 확장되는 곳을 노려보자. 투자 이유는 간단하다. 건설이 마무리되면 그 지역으로 산업과 인구가 유입되고, 당연히 많은 변화도 수반되는 만큼 땅값이 요동을 치게 된다.

그렇다고 무작정 땅을 사들여서는 곤란하다. 노른자위는 따로 있다. 고속도로 나들목(IC)이 2㎞ 이내의 지역이 그곳이다. 여기까지는 개발의 직접적인 영향을 받기 때문에 그만큼 시세차익도 많다.

이 지역이 수혜지역인 이유는 IC와 가까우면 여러 가지 용도로 땅을 활용할 수 있다는 데 기인한다. 활용도가 높다는 얘기다.

게다가 대도시권과 가깝다면 금상첨화다. 인구 이동과 산업 재배치에 따른 효과를 확실히 누릴 가능성이 높아지기 때문에 수익효과도 커지게 된다.

철도 개통 지역에 주목한다면 철도복선화사업 지역이나 전철역세권 지역을 노리는 게 좋다. 이들 지역에는 실수요와 투자 수요가 왕성하다.

특히 역세권 주변은 인구이동이 높고 개발도 많아 땅값 상승효과를 톡톡히 얻을 수 있다. 반면 멀어질수록 땅의 활용도가 떨어져 땅값 상승은 제한을 받으므로 가급적 투자하지 않는 게 바람직하다.

## 도시개발 수익효과는 상상 이상

정책 변화에 따라 투자하는 전략 중 빼놓을 수 없는 게 도시개발이다. 도시개발 정보를 미리 알고 땅을 선점한다는 것은 돈을 버는 방법을 꿰고 있다는 것과 일맥상통한다.

실제 도시개발에 따른 수익 효과는 상상 이상이다. 지역의 인프라 확충으로 이어지면서 땅값이 올라가기 때문이다. 경우에 따라서는 몇 십배의 시세차익을 얻기도 한다.

가령 지방에 땅을 조금 가지고 있다고 치자. 그런데 그 지역에 도시개발이 진행되고 있다면 돈방석에 앉은 것과도 같다.

그러면 어떤 투자 전략이 필요할까.

이 책을 읽고 있는 독자들에게 서해안과 용인, 화성, 안성에 관심을 갖도록 권한다. 국가경제의 새로운 동력 지역이기 때문이다. 이는 곧 현재와 미래에 가장 가치가 높아질 것으로 예상되는 지역이라는 의미다.

지도를 펴고 서해안 개발을 따라 내려가 보자. 인천을 시작으로 평택, 당진, 군산, 서천, 목포 등이 눈에 들어온다. 이들 지역은 나름대로 높은 투자 가치를 보유하고 있다.

인천의 경우는 경제자유구역으로 자리를 잡고 있다. 인천과 평택과 당진은 황해 경제자유구역으로 거듭나고 있는 중이다. 군산, 서천, 목포는 새만금 개발과 연계되어 개발될 예정이다. 이만하면 투자처로 손색이 없다.

서해안이 투자 메리트가 높은 이유는 또 있다. 그동안 서해안 지역들은 개발이 늦었다. 그만큼 낙후도가 심한 것도 사실이다. 이런 것들은 투자자 입장에서는 기회가 많다는 얘기가 된다. 땅값이 싸기 때문이다.

투자 전략으로는 일단 개발 중심 지역을 노려야 한다. 개발 여력과 땅값 상승폭이 높다는 이유에서다. 일례로 영종도, 청라지구, 강화도 등을 보면 유망한 투자 지역으로 떠오르면서 땅값 상승의 견인차 역할을 했다.

거점 지역을 놓친다면 제2의 수혜지역으로 꼽히는 관광단지나 바닷가 주변에 관심을 가진다. 아직까지 비교적 땅값이 싸고 개발 여력이 남아 있다. 향후 땅값 상승이 기대된다는 것이다. 특히 주변 지역에 도로 확장이 가능한 땅이나 상가 및 주택이 들어설 만한 땅은 지속적으로 관심을 가져야 한다.

▶▶▶ 콕 짚어 주는 땅 투자 포인트 ◀◀◀

**투자는 타이밍이다**

개발계획을 먼저 알 수 있다면 투자 수익을 올릴 수 있다. 모든 개발계획은 체계적으로 관리된다. 개발계획에 관심을 가지면 국토정책의 큰 흐름을 볼 수 있다. 그만큼 투자처를 찾고 투자 전략을 수립하는 데 많은 도움을 얻을 수 있다는 얘기다. 투자에 성공하기 위해서는 경기의 흐름과 정부 정책의 방향을 이해하는 것이 가장 중요하다고 할 수 있다.

## 국가적 대규모 개발재료에 투자한다

어느 지역에 땅값이 오른다는 소문은 언제나 떠돌아다닌다. 이런 소문 가운데는 믿을 만한 정보도 있지만 대부분이 뜬소문에 불과하다.

그런데도 많은 사람들은 소문에 이끌려 땅 투자를 한다. 때로는 근거 없는 소문들을 만드는 작전꾼들의 말에 홀려 크게 손해를 보는 경우도 있다. 이런 화를 면하려면 개발 가능성이 높아 땅값 역시 오를 가능성이 있는 지역을 고를 수 있는 혜안이 있어야 한다.

### 아기 울음소리가 나는 지역에 주목

그러면 어떤 조짐에 주목해 땅을 골라야 하는 것일까?

먼저 인구증가 추세가 두드러지는 지역이 투자처로 안성맞춤이다. 아기 울음소리가 들려야 땅값이 오른다는 말이 있다. 아기울음 소리가 나는 지역은 젊은 부부가 많은 지역이다.

이 같은 지역에는 자연히 일자리가 많고 아이들이 다닐 학교도 증가하기 마련이고, 이에 따라 관공서나 금융기관 등도 차례로 늘어날 것이 분명하다.

이처럼 젊은 사람들이 살기 좋은 기반시설이 늘어나면 외부 인구들도 더욱 많이 유입될 것이며, 이에 따라 땅값도 자연히 들썩이게 된다. 관공서가 이전하거나 행정타운이 조성되는 곳에 땅값이 갑자기 오르는 현상이 그것이다.

이런 이유로 투자할 땅을 고를 때는 인구흐름부터 살펴보는 것이 좋다. 지난 3년, 5년 혹은 10여 년 간의 인구증가율과 이동 방향을 찾아보는 것도 한 방법이다. 일반적으로 3년 내지 5년 간 지속적인 인구증가율을 보이는 지역은 분명히 땅값이 오르는 지역이라는 견해가 유력하다.

특정 지역의 인구증가율을 알고 싶다면 국가기관에서 공개하는 인구증가율에 관한 통계자료를 보면 된다. 통계청, 행정안전부, 국토교통부에 해당 시 · 군 · 구의 홈페이지를 보면 과거 10여 년간의 인구수와 인구증가율이 나온다.

인구를 끌어들일 만한 산업 또는 성장 동력이 있는지도 살펴봐야 한다. 일자리를 제공하는 산업이나 교육 인프라를 제공하는 개발 프로젝트가 예정된 지역은 특히, 인구증가와 함께 땅값 상승도 기대되는 지역이다.

땅값이 오를 것이라고 예고되는 또 다른 조짐은 교통이 좋아지고 관광자원이 풍부해지는 현상이다. 이런 지역은 땅값 또한 오를 가능성이 높다.

최근 부동산투자의 흐름을 변화시킨 가장 강력한 요인은 국가의 부동산 개발 정책이었다. 대규모 택지개발이나 지구단위계획, 국도나 철도 등 사회간접자본 건설이 진행되면 인근의 땅은 갑자기 금싸라기로 바뀌어 투자자들이 몰려든다.

이렇게 개발이 진행되는 지역은 자연히 교통이 좋아지게 마련이다. 지하철역이 들어서거나 도로가 신설되면 유입 인구가 늘어나고 땅값 상승으로 이어진다.

### 좋은 교통이 땅값을 올린다

같은 맥락으로 도로 진입이 수월하고 생활 편의시설이 가까운 지역 역시 투자하기 좋은 지역이다. 인구가 유입되고 유동인구가 늘어나려면 도로가 있어야 한다. 접근성이 좋은 도로가 있다는 것은 그만큼 땅의 활용 가치가 높아진다는 것이고 땅값 상승 역시 기대해 볼 만하다.

지방자치단체와 지역 주민이 지역개발에 호의적인지도 확인해봐야 한다. 어떤 지역이 개발이 되려면 지방자치단체와 주민들의 협력은 필수적이다. 땅의 일부를 지역 발전을 위해 내 놓기도 하고 편의시설을 제공하는 노력도 필요하기 때문이다. 이런 부담을 감수하고라도 지역을 개발하겠다는 의지가 있는 지역이 투자하기에 좋은 지역이다.

해당 지역의 지방자치단체가 특화사업 등의 사업을 벌이고 있다면 개발에 도움이 된다. 최근 많은 지자체들이 관광객이나 외부유입 인구를 늘리기 위해 문화상품을 개발하고 이벤트를 열고 있다. 이런 곳에 있는 땅은 관광 상품과 연계되는 개발부지로 바뀌어 훌륭한 투자 상품이 될 수 있다.

이처럼 국가나 지방자단체가 지역개발을 위해 어떤 계획을 하고 있는지를 알고 그 지역에 투자를 한다면 실패 없는 투자가 될 것이다.

---

**▶▶▶ 콕 짚어 주는 땅 투자 포인트 ◀◀◀**

**땅 부자가 되는 핵심 가치**

땅 투자는 신중하게 판단하고 과감하게 베팅해야 한다. 땅 부자들의 투자 비법과 그들의 투자 원칙, 함정을 피해가는 법 등 그들만의 노하우를 따라 해 보자. 땅 부자가 되기 위한 첫걸음은 부자들의 땅 투자 마인드를 배우는 것이다. 이들에게는 공통적인 마인드가 있다. 땅에 대한 절대적인 믿음, 인내력, 결단력이 그것이다.

---

## 지역적 소규모 개발재료에 투자한다

두 사람의 땅 투자가가 있다. 먼저 한 사람은 약 5년 전부터 땅 재테크를 시작한 자영업자 S씨다. 30여 년 간 식당을 운영하며 제법 큰돈을 벌어들인 S씨는 7년 전 단골손님들로부터 땅 투자로 재미를 본 사람들의 이야기를 들었다.

그러나 땅에 대해서는 문외한이라 쉽게 손을 댈 수 없었던 S씨는 믿을 만한 사람으로부터 정보 하나를 듣고 땅을 사기로 결심했다. 그것은 경기도 모 지역에 신도시가 건설될 것이라는 정보였다. 욕심이 난 S씨는 현장답사 한번 하지 않은 채 큰 덩어리의 땅을 무작정 매입했다. 지금은 허허벌판이지만 몇 년 안에 신시가지로 변화할 거라는 말을 믿었기 때문이다.

하지만 5년이 지난 지금도 S씨가 산 땅은 여전히 허허벌판이다. 물론 땅값도 거의 움직임이 없다. 물가 상승률을 고려하면 오히려 손해 보는 장사를 하고 있는 셈이다.

S씨는 이제나 저제나 신도시가 건설될 거라는 믿음에 기대며 세월을 보내고 있다. 이제 와서 누구를 원망할 수도 없다. 선택에 따른 책임은 모두 자신의 몫이다.

또 다른 투자자는 직장인 P씨다. P씨의 투자 방식은 S씨와는 판이하게 다르다. 20년의 직장생활과 주식투자로 투자금을 모아 왔던 그는 3년 전부터 땅에 눈을 돌려 투자를 시작했다.

비록 3년차 투자자이지만 그가 땅 투자를 위해 공을 들인 세월은 10여 년이 넘는다. 그 동안 여러 통로를 통해 토지 공부를 해왔던 것이다.

P씨는 먼저 하루도 빠짐없이 인터넷에서 부동산과 경제 분야 그리고 신문을 읽고 있다. 그 중에서도 그가 탐독하는 면은 역시 부동산 분야. 특히 토지 관련 개정법에 관련된 기사가 나오면 스크랩까지 하면서 공부를 했다. 덕분에 토지 관련법 상식은 전문가 수준이다.

또 하나는 땅 투자 동호회에 가입한 것이다. 그곳에서 회원들의 땅 투자 노하우를 전수받으면서 하나 둘씩 머리와 몸으로 투자법을 깨우쳤다. 회원들을 따라 현장답사를 간 것도 여러 번이었다. 직접 땅을 둘러보면서 개발 가능성이 높은 지역을 보는 안목을 길렀다.

땅값이 오를 가능성이 높은 지역에 있는 부동산 중개업자들과의 친목도 다졌다. 주말이면 개발 이슈가 있는 수도권 지역의 부동산을 찾아다니면서 여러 가지 정보를 얻어듣기도 했다.

이렇게 체계적으로 준비를 해 온 P씨는 드디어 3년 전 땅을 사기로 결심했다. 그 전에 몇 가지 원칙을 정했다. 그 중 하나는 큰 땅 하나를 사기보다는 크기가 작은 땅 여러 필지를 구매한다는 것이었다.

또 하나는 개발 초기의 대도시와 구도심, 신도시 내 신시가 지구의 대로변 등의 지역에 일반주거지역이나 상업지역을 고른다는 것이다. 만약 돈이 필요해 땅을 팔아야 할 때를 염두에 둔 선택이었다. 팔기 쉬운 땅을 사는 것이 급한 불을 끄는 데 도움이 된다는 판단에서다.

P씨는 이에 따라 대규모 산업단지가 들어서는 지역의 신시가지 내에 있는 일반주거지와 상업용지 등 4필지를 10억여 원에 샀다. 주위에서 들은 정보를 토대로 직접 현장답사를 다니면서 고르고 고른 땅이었다.

### 작은 필지 다중 투자가 정석

결과는 성공적이었다. 3년이 지난 지금 P씨가 산 땅들은 모두 두 배 이상 가격이 올라 20억여 원의 수익을 냈기 때문이다. 땅을 팔 때도 비교적 수월했다. 사겠다는 사람이 여러 명 나타나 원하는 값을 받고 매도할 수 있었다.

S씨와 P씨의 투자법을 보면 큰 차이가 있다는 것을 알 수 있다. 떠도는 정보만을 믿고 큰 덩어리의 땅에 덜컥 투자를 한 S씨와 체계적인 정보수집과 꾸준한 연구로 분산투자를 한 P씨의 투자사례를 비교해 볼 때 결과 역시 큰 차이가 날 수 밖에 없다.

이처럼 땅 투자에 전문적인 지식과 정보가 없는 투자자들의 경우에는 소규모 땅에 나눠 투자하는 것이 좋다. 가능하다면 여러 필지에 투자를 하는 것이 위험을 줄이는 방법이다. 50평, 100평, 200평 단위의 소필지에 다중 투자하는 것이 노하우다.

▶▶▶ 콕 짚어 주는 땅 투자 포인트 ◀◀◀

**고향 땅 투자 지침**

땅 투자자들 중에는 고향 인근 땅에 특별히 관심 있는 사람들이 많다. 하지만 이런 투자자들에게는 꼭 필요한 것이 있다. 향수에 젖어 땅을 매입해서는 절대 안 된다.

필자의 고향은 새만금지구가 개발되는 주변 지역인데 많은 사람들이 어릴 적 추억을 더듬으면서 향수에 빠져 땅을 사곤 한다. 이런 땅 투자를 해서는 절대 실패라는 것을 명심해 두어야 한다. 이와 같은 개발 이슈가 있는지 여부를  꼭 확인하여야 한다.

새만금과 같은 개발 이슈 여부가 토지투자의 성공 여부를 결정짓기 때문에 고향 땅 투자 시 개발 이슈가 없다면 투자보다는 그저 추억이 서린 고향 땅일 뿐이라고 생각해야 한다.

## 미래 가치에 투자한다

누가 봐도 훌륭한 땅을 찾는 것은 쉽지가 않다. 유동인구가 많고 관공서나 기반시설이 잘 갖춰져 있고 교통망도 편리한 것 등 생활하기에 좋은 지역에 있는 땅을 찾아야 한다.

하지만 이런 땅은 치명적인 문제가 있다. 값이 비싸다는 것이다. 많은 사람들이 탐내는 만큼 가격도 치솟기 마련이다. 따라서 이 같은 입지에 있는 땅은 우리가 생각하는 투자용으로는 적당하지 않다.

## 10년 후 모습을 떠올려라

투자 목적에 부합하는 땅은 현재의 가치보다 미래의 가치가 높아질 가능성이 있는 땅이다. 개발 재료의 가시화 정도에 따라 수익률과 매도 시기가 달라질 수 있지만 대체로 5~10년 후의 모습을 전망해 투자해야 한다.

가령 현재 농사만 지을 수 있어 투자 가치는 없는 땅이 있다고 치자. 하지만 이 땅이 신·구 도시 사이에 있거나 도심에서 가까운 지역이라면 이야기는 달라진다. 도시화가 진행되어 도시의 규모가 커지면 이런 지역의 규제는 풀릴 가능성이 높기 때문이다.

만일 이런 토지가 주거지역용으로 바뀌기만 한다면 땅값은 몇 배로 뛸지 아무도 모른다. 그러나 해당 토지의 규제 사항을 파악하고 관련 법규를 따져 5~10년 후의 사정을 예측하는 것은 전문가에게도 쉬운 일이 아니다.

또 다른 부동산처럼 규격화된 정보가 부족한 것이 땅이다. 평형과 입지에 따라 대략적인 가격이 드러나는 아파트와 달리 땅은 규모와 모양 등이 천차만별이고 미래 가치 또한 다른 것이 보통이다. 때문에 해당 땅의 미래 가치를 파악하는 것은 어려운 일이다.

그러면 어떤 점이 땅의 미래 가치를 결정지을까?

그 중 하나는 인구가 이동하는 땅으로 눈을 돌려야 한다는 것이다. 현재 많은 인구들이 사는 지역보다는 인구의 유입속도가 빨라지거나 사람들을 끌어모을 만한 시설들이 갖춰지려는 곳이 미래 가치가 높은 지역이다.

수도권을 살펴보자. 수도권은 먼저 서울을 중심으로 고양시, 의정부시, 구리시, 하남시, 성남시, 과천시, 의왕시, 수원시, 군포시, 안양시, 시흥시, 인천광역시가 있다. 이 지역은 서울과의 접근성이 좋아 인구와 산업이 밀집되어 있는 곳이다. 이에 따라 땅값 역시 오를 대로 오른 곳이다. 이런 지역은 투자용으로는 적합하지 못하다.

반면 북쪽의 김포, 연천, 파주, 동두천, 양주, 포천과 남쪽의 안산, 오산, 화성, 용인, 안성, 평택 그리고 동쪽의 가평, 양평, 광주, 이천 등은 성장관리권역에 속한 곳이다. 서울을 중심으로 한 지역보다 개발이 덜 이뤄져 인구와 산업을 유치하고 있는 지역이다.

이 지역 중에서도 동쪽에 있는 도시들은 자연보전권역이 넓은 지역으로 북쪽과 남쪽에 비해서 값이 싼 지역이다. 발전 속도 역시 더디게 진행된다. 하지만 10년 후의 가치를 본다면 이 지역에 있는 땅들이 높은 가치를 지니고 있다.

## 인구이동 지역 토지에 주목

인구이동의 가능성 역시 높은 지역이 유망지다. 인구이동이 증가되고 일자리가 많아지면 땅값 또한 자연히 뛸 수 있는 지역이다.

인구이동 등 거시적 관점에서의 미래 가치 판단과는 달리 미시적 관점에서 땅의 가치를 따질 수 있는 것은 '최유효 이용 원칙'에 의한 방법이다.

객관적으로 봤을 때 합법적으로 최고 최선이 되게 이용하는 것을 최유효 이용이라고 하고 이런 원칙을 최유효 이용의 원칙이라고 한다. 토지자원을 효율적으로 이용하기 위해서는 최유효 이용의 원칙이 그 기준이 되며 그 판단은 다음을 기준으로 한다.

먼저 법률적 기준은 대상 부동산을 특정 용도로 이용하는 것이 지역지구제, 토지이용규제, 환경규제 등에 어긋나지 않는 합법적 이용이어야 한다는 것이다.

두 번째 경제적 기준은 해당 이용에 대한 주변 상황이나 수요 측면에서 봤을 때 가까운 장래에 경제적 타당성이 있는 합리적 이용이어야 한다는 것이다. 세 번째 기술적 기준은 대상 부동산의 건축 가능성 등 물리적 채택 가능성이 있는 이용이어야 한다는 것이다.

마지막으로 경험적 증거는 합리적, 합법적, 물리적으로 채택 가능한 여러 가지 대안적 이용 중에서 그 이용이 최고의 수익을 올릴 수 있다는 것이 경험적 자료에 의해 지지될 수 있는 이용이어야 한다는 것이다.

이 같은 네 가지 판단 기준을 모두 따져 최대한의 이익을 낼 수 있는 지역을 고르는 것이 미래 가치를 판단하는 또 다른 방법이다.

## 직접 발로 뛰어라

땅의 미래 가치를 전망하는 또 다른 방법은 발품을 팔아 직접 현장 답사를 해보는 것이다. 특히 정보력이 떨어지고 미래를 예측하고 분석하는 것이 어려운 초보 투자자들에게 현장 경험은 어떤 것보다 득이 되는 공부법이다.

최근 갑자기 땅값이 오른 지역이나 투자자들에게 입소문이 나고 있는 지역들을 찾아가 보면 다른 땅의 미래 가치를 전망하는 데 도움이 된다. 어떤 요소가 투자자들에게 매력적으로 다가갔는지를 알 수 있기 때문이다.

그 지역에 오래 살았던 주민들이나 수십 년 간 부동산 중개업 사무소를 운영하고 있는 사람들을 찾아가 땅값이 오르기 전과 달라진 모습을 들어보는 것도 좋다. 뜬소문보다는 현재 그 지역에 살고 있는 사람들의 말만큼 믿을 만한 정보는 없다.

## 정보에 투자한다

땅 투자의 성패는 정보가 좌우한다. 정보 하나에 따라 웃을 수도 있고 울 수도 있다. 문제는 정보의 가치다. 얼마만큼 정확한 정보인지가 투자자의 마음을 흔들어 놓는다. 결국 부동산 정보는 돈인 셈이다.

정보에 기초한 투자는 의외로 성공할 확률이 높다. 하지만 정보는 가만히 앉아 있으면 아무것도 얻어지는 것이 없다. 정보를 입수하고 끊임없이 확인하고 분석하고 투자하는 흐름에는 성공한 사업가만큼의 노력이 있어야 한다. 정확한 정보를 수집하여 발로 뛰는 사람만이 성공할 수 있다는 것, 이것이 땅 투자 성공의 지름길이다.

### 인터넷, 유튜브, 신문에는 고급 정보가 한가득

모든 재테크의 기본은 정보 선점이다. 특히 땅 투자의 경우에는 정보 전쟁에서 누가 승리하는가가 투자 성공을 결정짓는다. 하지만 수없이 떠도는 정보 중 어떤 것이 진짜 정보인지를 판별하는 것은 전문가들에게도 힘든 일이다. 안방에 앉아 남들도 모두 보는 인터넷 정보를 뒤적이는 것도 뾰족한 방법은 아니다.

그렇다면 전문가가 아닌 일반인, 더구나 토지에 문외한인 초보 투자자들이 고급 정보를 한발 먼저 얻으려면 어떻게 해야 할까. 가장 쉽고 간편한 방법은 신문기사나 인터넷에서 돈 되는 정보를 얻어내는 것이다. 물론 신문에 나오는 정보는 고수들에게는 한물간 이야기일 정도로 오래된 정보들이 대부분이다. 이런 땅에 뒤늦게 투자하는 것은 별로 좋은 방법이 아니다.

하지만 신문에 나온 정보들은 비록 한발 늦은 정보일지라도 정확한 정보들이다. 매일 신문기사에서 이런 정보들을 접하다 보면 초보자들도 땅 투자의 법칙이나 관련 법, 최근 동향 등을 깨우치게 된다. 자신도 모르는 사이 땅을 분석하고 좋은 땅을 고르는 눈이 조금씩 길러지기 시작한다.

신문기사 열독은 끊임없이 변하는 토지 관련 법 상식이나 바뀐 규칙 등을 알 수 있게 해 준다. 땅을 사는 데는 계약서에 도장을 찍는 그 순간까지도 복잡한 과정을 거치는데. 이때 바뀐 법 등을 모른다면 막대한 손해를 보기 십상이다.

정보를 얻는 또 다른 방법은 국가 정책 결정이나 집행에 관한 사항을 항상 주시하는 것이다. 우리나라의 경우 땅값은 국가 정책에 의해 좌지우지되는 경우가 많다. 개발계획이라도 나돌게 되면 인근 땅값부터 들썩들썩하는 것을 보면 알 수 있다.

그러면 이런 개발 정보는 어떻게 알아낼 수 있을까.

흔히 시·군 지역의 개발 정보는 그 지역의 공인중개사인 부동산 중개업자나 건축사, 감정평가사들이 빠삭하게 꿰고 있다. 이들과 인맥을 쌓고 부지런히 정보를 캐다 보면 뜻밖의 고급 정보를 얻어낼 수 있다.

정부의 국토종합계획과 지방자치단체의 도시기본계획 등에도 촉각을 곤두세워야 한다. 국토종합계획 정보는 국토교통부에서 얻을 수 있고 도 종합계획과 시·군의 도시관리계획 정보는 해당 도와 시·군에서 정보를 얻을 수 있다.

한국도로공사에서는 고속도로 건설 계획을, 국토교통부의 기반시설본부에서는 철도 건설을, 문화관광부에서는 문화관광 정보를 알 수 있다.

이런 정보는 땅값의 동향을 파악하는 데 매우 중요하다. 새 도로가 뚫리고 지하철역이 생겨 유입인구와 유동인구가 많아지면 자연히 땅값은 오르게 마련이다. 때문에 이들 부처가 관장하는 사업의 흐름을 알아두면 앞으로 어떤 땅이 금싸라기 땅으로 변할지를 파악할 수 있다.

부동산의 수급이나 땅값의 변화 같은 시장동향은 부동산중개사무소나 인터넷 부동산 사이트에서 어느 정도는 알아볼 수 있다.

### 고수를 찾는 것도 실력

인터넷 카페나 블로그, 동호회에서 꾸준히 활동을 하다 보면 특히, 고수를 만나 뜻밖의 수확을 거둘 수도 있다.

직장인 L씨도 부동산 동호회에서 땅 투자 전문가를 만나 공부도 하고 돈도 버는 일석이조의 효과를 얻었다. L씨는 3년 전 한 부동산 동호회에 가입했다가 J씨를 알게 됐다. J씨 역시 평범한 직장인이었지만 땅에 있어서는 어느 누구에게도 뒤떨어지지 않는 고수에 가까웠다.

몇 번의 만남으로 친분을 쌓게 된 두 사람은 본격적으로 땅에 대한 공부에 들어갔다. J씨가 L씨에게 전수해 준 것은 남들이 보기에는 매력적이지 않은 땅이지만 약간의 작업을 거쳐 좋은 땅으로 바꿀 수 있는 방법들이었다.

처음에는 반신반의했던 L씨였지만 J씨를 따라 꾸준히 현장답사를 다니고 버려진 땅들을 옥석으로 만드는 J씨의 재주를 눈으로 본 뒤 자신도 땅 투자를 시작했다. 그 결과 L씨는 1년 만에 대박을 터트리는 수익을 거뒀다.

마지막으로 현장답사 역시 정보를 얻는 좋은 방법이다. 아무리 〈지적도〉를 분석하고 부동산 정보를 섭렵하고 책을 읽어도 한계는 있는 법이다. 이를 극복하고 하루가 다르게 요동치는 땅값의 변화를 직접 알기 위해서는 눈으로 보고 세부적인 정보를 캐내는 것이 중요하다. 결국 토지 정보를 선점하는 데는 부지런히 읽고 연구하면서 발로 뛰면서 찾아다니는 것이 비법 아닌 비법이다.

---

### ▶▶▶ 콕 짚어 주는 땅 투자 포인트 ◀◀◀

**땅 부자가 되는 핵심 지침**

땅 투자는 마라톤이다. 부자들은 땅 투자를 단거리 경주가 아니라 마라톤이라고 생각한다. 그들은 땅은 사 두면 나중에 돈이 된다는 믿음으로 여유자금만 생기면 땅을 산다. 실제 땅을 사는 동안 한가한 어촌이 국제공항으로 변모하고 경제특구로 지정돼 대한민국 물류의 중심축으로 발전하는 사례는 많다. 당장 10~20% 올랐다고 해서 팔지 못 해 안달이 나거나 조금 떨어졌다고 해서 불면증에 시달린다면 땅으로 대박을 터뜨릴 가능성은 거의 없다. 오로지 **땅은 거짓말을 하지 않는다**는 믿음 아래 장기적으로 투자하겠다는 생각을 가지고 투자에 나서는 것이 성공의 지름길이다.

---

## 투자 시기를 정확히 잡는다

땅 투자는 장기투자다. 단기적으로 투자를 많이 하는 주식이나 펀드와는 다르다. 결국 땅 투자의 해답은 장단기적으로 토지 시장을 읽을 줄 알아야 한다는 것이다. 그리고 멀리 볼 줄 아는 능력이 그만큼 중요하다.

### 신도시 건설은 메가톤급 호재

땅 투자에서 무엇보다 성패를 좌우하는 것은 투자 시기다. 시장의 흐름을 제대로 읽지 못하고 엉뚱한 시기에 투자를 했다가는 낭패를 보기 쉽다.

현재 토지 시장의 흐름은 매우 빠르게 진행되고 있다. 정부의 관련 정책은 수시로 바뀐다. 땅값도 가파르게 움직인다. 이런 움직임 속에서 시장이 어디로 흘러가는지 감을 잡기가 쉽지 않다.

그러면 땅 투자 시기는 어떻게 잡는 것이 좋을까.

우선 투자자가 할 수 있는 방법은 개발에 대한 정보를 확보하고 그에 따라 투자에 임하는 것이다. 행정도시나 기업도시 등 새로운 도시 건설은 땅값에 많은 영향을 미친다. 주변 지역의 땅값을 크게 올리는 역할을 담당한다.

일례로 신행정도시로 결정됐던 연기·공주 등 충남지역을 보자. 결정이 발표되자마자 땅값은 천정부지로 치솟았다. 지금은 이곳이 세종

특별자치시로 변경되면서 땅값이 폭발적으로 올랐다. 행정도시와 세종시 개발 호재에 따른 혜택이라고 볼 수 있다.

이 같은 상황은 기업도시에서도 엿볼 수 있다. 기업도시 울산에는 현대자동차와 현대중공업이 있다. 이들 기업의 공장들이 속속 들어서면서 불모지였던 땅들이 도시로 변했다. 이에 따라 땅값은 무서운 기세로 올랐다.

이처럼 도시건설은 땅 투자자들에게는 호재다. 이미 오를 대로 올랐다고 하지만 아직 기회는 있다. 신도시에서 다소 떨어진 지역을 한 번 눈여겨 보자. 상대적으로 덜 올랐다고는 하지만 앞으로는 달라질 여지는 충분하다. 정부나 기업들의 투자가 본격화 할 경우 얼마든지 땅값은 요동칠 수 있다.

투자 시기는 교통망 정보에 따라 잡아낼 수도 있다. 땅값의 탄력성을 좌우하는 가장 큰 요인 중 하나가 도로이기 때문이다. 도로가 나고 차량 통행이 많아지면 주변 땅값은 기본적으로 두세 배 오른다. 향후 도로망이 뚫릴 가능성이 있는지에 관심을 가져보자. 어느 지역에 어떤 도로가 뚫리는지 알아보면 된다. 그리고 가능성이 있는 지역을 점검한다. 그런 다음 아직 땅값이 움직이지 않았지만 움직일 가능성이 높은 땅을 사면 된다. 넓건 좁건 상관 없이 도로가 뚫리고, 본격적인 개발 가능성이 높아진다면 그만큼 시세차익을 기대해도 좋다. 도로건설 계획의 발표는 실제 공사가 들어가기 3~4년 전에 이뤄진다.

이때 땅값이 많이 오른 지역의 땅을 사는 것은 금물이다. 이런 지역은 이미 더 이상 오르는 데 한계를 가지고 있다. 이미 호재가 땅값에 반영되어 있는 까닭이다. 땅 투자의 강점으로 환금성이 떨어지는 데 비해 대박 가능성이 다른 종목의 투자보다도 훨씬 높다는 것을 잊어서는 안 된다.

## 소문에 사고 뉴스에 판다?

투자 시기를 잘못 잡는 대표적 실례를 꼽는다면 특정지역의 땅이 뜬다는 기사나 소문을 듣고 투자에 나서는 경우다. 이것은 매우 위험한 투자 방법이다.

주식투자 격언 중에는 "소문에 사서 뉴스에 팔아라"는 말이 있다. 이 말은 땅 투자 때도 그대로 통용된다. "땅이 뜬다"는 말을 듣고 투자에 나서는 것은 어리석은 투자다. 늦을 확률이 매우 높은 탓이다.

땅값이 뜨고 있다는 것은 이미 땅값이 오르고 있다는 얘기다. 이를 보면 투자자들의 발길이 많이 이어지고 있는 것을 연상할 수 있다. 따라서 '뜨고 있다'는 말에 현혹해 투자에 나섰다간 낭패를 볼 확률이 높아진다. 충남의 연기군과 공주군이 그랬고 서울 강북지역 뉴타운도 그랬다. 이들 지역 모두 정부의 발표가 나면서 오름세가 꺾였다.

땅 투자는 토지 시장의 사이클을 잘 타는 노련함이 필요하다. 장기투자냐 단기투자냐에 따라 이 사이클을 고려해야 한다. 자칫 상투에 땅을 샀다가 오랫동안 팔지 못하고 묶일 가능성이 있다. 경우에 따라서는 크게 손해를 보기도 한다.

땅을 살 때는 단기적인 것보다는 장기적으로 접근해야 한다. 장기적 투자는 몸을 사릴 필요가 없다. 호재가 있는 곳을 찾아내 그곳에 투자할 수 있다. 어차피 땅값은 호재가 있다면 잠시 움츠려 들었어도 올라가기 마련이다. 기다림의 미덕을 아는 토지투자자는 그만큼 얻은 이득도 크다.

▶▶▶ 콕 짚어 주는 땅 투자 포인트 ◀◀◀

**광역도시계획 알아두기**

도시계획은 특·광·시·군 단위로 수립되나 행정권역별로 수립된다. 따라서 나 홀로 계획의 한계를 극복하지 못 한다. 이에 따라 인접 행정권역과 연계해 계획 수립단위 권역을 따로 지정(광역계획권)해 나 홀로 계획인 도시계획의 한계를 극복하기 위한 시도를 한다. 그 시도가 광역도시계획을 수립하는 것이다.

## 팔아야 할 때와 사야 할 때의 타이밍

주부 N씨는 5년 전 부동산 관련 업종에 종사 하고 있는 친구로부터 한 가지 정보를 얻었다. 경기도 시흥에 있는 유망한 땅이 있으니 여유자금이 있으면 투자를 해보라는 것이었다. 당시 그린벨트에 묶여 있던 그 땅은 시세보다 무척 가격이 낮았다. 하지만 몇 년 안에 그린벨트가 풀려 크게 땅값이 오를 것이라는 게 친구의 정보였다. 마침 남편이 은

퇴를 해 노후자금 마련에 부심하고 있던 N씨는 솔깃해질 수밖에 없었다. 그린벨트가 풀리기만 하면 5배 정도는 거뜬히 땅값이 오를 거라는 말을 들으니 당장이라도 땅에 투자를 하고 싶었다.

N씨는 땅에는 문외한이었다. 단 한 차례도 토지 거래를 해본 적이 없었다. 하지만 1억 원을 투자하면 몇 년 안에 5억 원으로 불어난다는 말을 들은 후로 쉽사리 잠이 오지 않을 만큼 흔들렸다. 결국 남편이 퇴직금으로 받은 돈 중 1억 원을 땅에 투자했다.

그 뒤로 N씨는 그린벨트와 관련된 뉴스만 나오면 열일 제쳐놓고 TV 앞으로 뛰어갔다. 행여나 자신이 산 땅이 해제 지역에 들어갔을까, 하는 희망을 안고 뉴스에 귀를 기울이기를 3년. 하지만 어쩐 일인지 주변의 그린벨트지역은 해제가 되도 N씨가 산 땅은 요지부동이었다.

속아서 땅을 샀다는 기분을 버릴 수 없었던 N씨는 날이 갈수록 초조해지기만 했다. 꼬박꼬박 세금만 나갈 뿐 이렇다 할 굿 뉴스는 들려오지 않았다.

그러던 어느 날 N씨는 한 통의 전화를 받았다. 값을 잘 쳐 줄 테니 자신에게 땅을 팔라는 전화였다. 전화를 한 남성은 "어차피 그 지역은 그린벨트가 풀리려면 멀었으니 차라리 사겠다는 사람이 있을 때 파는 것이 좋다"고 말하며 N씨를 유혹했다.

땅값에 모든 신경이 곤두서 있어 화병에 걸리기 직전이었던 N씨는 결국 땅을 팔기로 결정했다. 1억 2,000만 원이 N씨가 받은 땅값. 세금 등 모든 걸 공제하고 나니 순수익은 남는 게 없었다.

5억 원으로 땅값이 뛸 거란 장밋빛 미래는 하루아침에 물거품이 됐다. 하지만 그린벨트 뉴스가 나올 때마다 가슴이 두근거리고 땅을 산 자신을 자책하는 것보다는 나을 거라는 것에 위안을 삼았다.

그런데 땅을 팔고 얼마 지나지 않아 N씨는 청천벽력 같은 소식을 들었다. N씨가 산 땅이 그린벨트가 해제됐다는 것. 그제야 자신이 땅을 판 사람에게 속았다는 걸 알게 됐다. 이미 정보를 알고 있었던 투자자가 이를 속인 채 N씨에게 땅을 팔라고 유혹했던 것이었다. 헛된 정보에 이끌려 땅을 팔 타이밍을 놓쳐 큰 손실을 보게 된 것이다.

이처럼 땅은 살 때도 팔 때도 타이밍이 관건이다. 먼저 땅을 사는 타이밍이 중요한 이유는 땅값은 보통 단계적으로 오르는 점 때문이다. 대부분 땅은 개발 구상 시기에 소문이 돌면서 서서히 오르기 시작해 발표 이후 급등하게 된다.

계단식으로 오르게 된다는 것이다. 판교나 파주, 용인시, 안성시 주변의 땅값 변화를 보면 이를 알 수 있다. 이 기본 원칙을 토대로 땅값이 오르기 전에 땅을 사야 한다. 오를 대로 오른 뒤에는 내려가는 것만이 남아 있을 뿐이다.

땅을 팔 때는 보다 신중해야 한다. 기본 원칙은 장기간 묻어두고 천천히 팔아야 한다는 것이다. 급전이 필요하다거나 하는 등 부득이 한 경우가 아니라면 잔잔한 시세 변화에 흔들리는 것은 금물이다.

N씨의 사례와 같이 헛소문에 혹해 개발 가능성이 있는 땅을 헐값에 팔아버리는 상황을 맞지 않으려면 여유를 가지고 묻어뒀다가 제대로 땅값의 가치가 매겨졌을 때 팔아야 한다.

땅은 단기간에 올바른 값어치를 평가받기가 것이 힘든 특성을 가지고 있다. 수시로 급변하는 환경 속에서 최대한 투자 가치가 오를 때까지 기다리는 것도 투자의 미덕이다.

땅을 팔 적절한 타이밍을 잡았다면 양도소득세와 매입 가격 등을 고려해 팔 가격을 결정해야 한다. 시세보다 너무 비싼 값으로 매기는 것도 좋지 않다. 땅을 살 사람을 찾는 시간이 길어질수록 수익률은 떨어지게 마련이기 때문이다.

▶▶▶ 콕 짚어 주는 땅 투자 포인트 ◀◀◀

**땅을 팔 때 반드시 지켜야 할 6계명**

첫째, 땅을 팔 때는 보다 신중해야 한다.

둘째, 장기간 묻어두고 천천히 팔아야 한다.

셋째, 급전이 필요하다거나 하는 등 부득이 한 경우가 아니라면 잔잔한 시세 변화에 흔들리는 것은 금물이다.

넷째, 여유를 가지고 묻어뒀다가 제대로 땅값의 가치가 매겨졌을 때 팔아야 한다.

다섯째, 최대한 투자 가치가 오를 때까지 기다려야 한다.

여섯째, 시세보다 너무 비싼 값으로 매기는 것은 좋지 않다.

## 대박을 꿈꾸기 전에 먼저 리스크와 토지 사기 수법을 보라

### 부동산 사기를 조심하라

불황이 지속되면서 땅이나 건물, 집 등을 급매물로 내놓은 사람들이 많다. 이들의 공통된 심경은 시세보다 조금 싸게 팔아도 좋으니 하루라도 빨리 부동산을 팔고 싶다는 것이다.

그런데 이런 절박한 심경을 이용한 파렴치한 사기꾼들이 있어 이들을 두 번 울리고 있다. 이들 사기꾼은 좋은 값에 물건을 사 주겠다며 유혹해 감정평가비나 급행료를 갈취하고 있다.

**"비싸게 사 줄께."**

인천에 사는 A씨도 최근 사기꾼의 행각에 걸려들 뻔 했다고 토로했다. 갑자기 사업이 어려워져 살고 있던 아파트를 팔고 더 작은 아파트로 옮기기 위해 인터넷 부동산에 급매물로 자신의 아파트를 내놨다가 큰일을 치를 뻔했다는 것이다.

A씨는 급매물로 내놨으나 시세보다 낮은 가격에도 좀처럼 사겠다는 사람은 드물었다. 인근에 아파트가 많이 지어져 그의 낡은 아파트는 사람들의 구미에 맞지 않았던 것이다.

이러지도 저러지도 못하고 하루하루를 고민하던 A씨는 어느 날 반가운 전화 한통을 받았다. 자신을 부동산 매도 전문가라고 소개한 수화기 속 남성은 "매수 희망자가 임대업을 하는데, 집값의 80% 이상 감정평가 금액이 나오는지 받아 보고 싶다"면서 "감정평가요구서를 달라"고 요청했다.

그 남성은 이어 감정평가서를 빨리 떼는 데 필요한 급행료를 보내야 한다고 말했다. 뭔가 미심쩍은 부분이 있었지만 당장 집을 파는 것이 급선무였던 A씨는 부동산 사기 전문 브로커가 요구한 급행료를 계좌로 송금했다.

하지만 그날 이후로 그 남성은 연락이 되지 않았다. 전화가 온 번호로 다시 연락을 해보니 없는 번호라는 말만 나왔다. 그제야 A씨는 자신이 사기를 당했다는 사실을 알게 됐다.

인터넷 급매물 직거래 사이트에는 최근 이런 사례가 급증하고 있다. 급매물을 직접 팔아주겠다며 시세감정서, 감정평가서, 권리분석확인서 등과 같은 허위서류 발급을 위한 별도의 비용을 요구하는 식의 사기다.

한 번 더 생각해보면 사기란 것을 쉽게 알 수 있지만 마음이 급한 이들은 사기꾼들이 던진 미끼를 덥석 물 가능성이 높다.

## 위조는 사기의 으뜸

온갖 위조가 성행하는 세상이다. 돈만 있으면 주민등록증이든 토익성적표든 결혼증명서든 못 만들어낼 서류가 없다. 이런 세태 속에서 토지 관련 서류 역시 쉽게 위조된다. 당연히 리스크를 피하기 위해서는 서류 검토를 철저히 해야 한다. 실제로 위조서류로 인한 피해자들이 많기 때문이다.

토지 서류 관련 사기수법 중 하나는 위조한 토지 서류를 이용해 담보대출을 받는 것이다.

울산에 살던 J씨는 경주시 내남면 명계리 임야 1필지의 토지소유주의 소재가 불분명한 것을 이용, 서류를 위조해 E씨 명의로 이전하는 등 같은 해 같은 달 울산 북구 산하동 토지 2필지에 대해서도 비슷한 방법으로 서류를 위조해 보존등기를 한 후 이를 담보로 1억 3,500만 원을 대출받아 가로챘다가 쇠고랑을 찼다.

J씨는 또 A씨가 경주 모화공단 내 공장 부지 조성사업계획 승인신청을 경주시에 제출한 것과 관련해 허가를 받아 주겠다며 공무원에 대한 청탁 명목으로 500만 원을 수수한 것을 비롯해 모두 8차례에 걸쳐 3,000여만 원을 받기도 했다.

전직 공무원까지 끼고 미국 정부 서류를 위조해 사기를 친 일당도 덜미를 잡혔다. S씨 등 일당은 주인이 분명하지 않은 땅이 미국 시민권자의 소유인 것처럼 거주확인서를 위조한 뒤 자신들이 땅을 사들인 것처럼 매매계약서 등을 다시 위조해 가로채는 수법으로 세 차례에 걸쳐 시가 9억 원 상당의 부동산과 토지수용공탁금 8,400만 원을 챙겼다.

조사 결과 이들은 부동산 소유자를 미국 시민권자로 위장하면 확인이 어렵고 매매용 인감증명서가 필요 없다는 점을 알고 미국에서 '정부 간 공문서 인증제도'인 아포스티유(Apostille) 위조 기계까지 사들여 땅을 가로챈 것으로 드러났다.

이처럼 각종 사기 방식으로 투자자들을 농락하는 사기꾼들이 쏟아져 나오고 있다. 이들의 가짜 서류에 속수무책 당할 수밖에 없는 이유는 전문가도 아닌 일반인이 부동산 관련 토지 서류를 보면서 위조 여부를 알아내는 것이 어렵기 때문이다.

따라서 계약서를 작성하기 전 좀 더 세심히 서류를 살펴보고 부동산 전문가에게 서류심사를 하는 등의 노력이 필요하다.

## 먹을 게 많다면 어디든 똥파리가 꼬인다

투자자들의 관심이 집중된 곳에는 사기꾼들도 들끓게 마련이다. 이런 지역에는 돈을 뜯어낼 수 있는 이들을 물색하기 쉬운 탓이다. 이렇다보니 신도시개발이 확정되거나 개발 관련 소문이 흘러 다니는 지역에서는 어김없이 사기행각이 횡행한다.

과거 신도시가 개발되었던 송도를 예로 든다면 마찬가지로 사기꾼들의 각축장이었다. 당시 경제특구로 지정된 인천 송도신도시 개발에 대한 관심이 높아지면서 신도시 개발 공사와 관련된 허위 계약서를 미끼로 금품을 갈취하는 사례가 빈번했었다. 당시 경제자유구역청은 사기계약에 따른 피해를 막기 위해 경찰에 수사를 의뢰하고 "사기피해를 주의하라"는 안내문까지 게재하였음에도 사기행각을 제어하기에는 역부족이었다.

신도시 개발로 토지 보상이 활발히 이뤄졌던 경기도 파주시와 화성시, 행정중심복합도시 건설 인근 지역인 대전시 등에서도 여지없이 사기꾼들은 날뛰었다. 재건축 규제 완화와 뉴타운 지정 추진 등으로 매매가 활발했던 서울 강남구·동대문구·성동구 등에서도 호적등본과 인감증명서 등을 위조해 부동산 근저당권 등기 신청을 하면서 사기 대출을 시도하던 사례가 끊이지 않았다.

지난 2005년 경기도 파주의 경우를 보면 무려 300억 원대의 사기행각을 벌인 일당이 적발되기도 했다.

Y씨 등 일당은 2002년 경기 파주시 탄현면 국유지 임야 2만여 평(시

가 300억 원 상당)을 사망한 J씨의 아버지가 1935년에 매입한 것처럼 매도 증서를 위조한 뒤 법원에 J씨를 원고로 한 소유권보존등기 말소 청구소송을 냈으나 2004년 대법원에서 승소판결을 받을 수 있었다. 고문서의 경우 위조를 해도 가려내기 쉽지 않다는 점을 노린 범행이다.

이처럼 개발 소문이 파다한 지역에 투자를 하려고 마음을 먹었다면 사기꾼들의 농간에 넘어가지 않도록 정신을 차려야 한다. 돈을 넘긴 뒤 후회를 해봐야 아무 소용이 없다.

## 봉이 김선달 뺨치는 토지 사기꾼들

한양 상인들에게 대동강 물을 팔아넘긴 봉이 김선달. 현대판 봉이 김선달은 토지 시장에도 있다. 있지도 않은 땅을 팔아넘기거나 개발 가능성이 없는 땅인데도 개발이 된다고 속여 비싼 값을 받는 등의 토지 사기를 치는 사기꾼들이다.

2007년에는 '건국 이래 최대 국유지 사기사건'이 터져 충격을 주었는데, 주범은 세무공무원이었던 L씨였다. L씨는 자신의 직위를 이용해 국유지를 주물러 7,000억 원에 달하는 땅값을 거래했고, 이를 이용해 땅 놀이를 한 그가 올린 부당이득은 190억 원이나 되었다.

그런가 하면 지난 2006년에는 허위개발 정보를 알려 주고 땅을 판 뒤 매매대금을 가로챈 기획부동산업체 K씨가 쇠고랑을 찼다. 당시 K씨는 텔레마케터들을 고용해 "평창 동계올림픽 등 건설 호재가 많은 땅이 있는데 펜션 부지로도 적합하다"고 홍보한 뒤 땅 구매 의사를 밝힌 피해자 7명으로부터 임야 매매대금 4억 8,000여만 원을 받아 가로챘다.

조사 결과 해당 임야는 펜션이나 전원주택 단지로 개발될 가능성이 없는 곳이었으며 K씨가 일한 기획부동산은 이 지역 토지의 소유권을 확보하지도 못한 상태에서 영업을 했던 것으로 드러났다.

이들은 통상의 기획부동산 업체와 달리 회사 자금이 전혀 없이 땅을 판매하고 고객들에게 받은 돈으로 원 지주에게 뒤늦게 땅을 구입하는 방식을 사용했다. 봉이 김선달 식으로 사기를 친 것이다.

이밖에도 남의 부동산을 자기 것인 것처럼 판 뒤 돈을 받고 사라지는 사기도 꾸준히 발생해 투자자들을 울리고 있어 주의가 필요하다.

### 브로커는 조심 또 조심!

돈이 있는 곳에는 '검은 브로커'들도 있다. 법원 경매시장을 필두로 대출 브로커, 정치 브로커 등 각종 브로커들이 활개를 친다. 문제는 브로커들이 만드는 각종 폐해들이다. 이들의 움직임에 따라 시장이 어지럽게 얽히는가 하면 온갖 게이트로 비화돼 전국을 떠들썩하게 하기도 한다.

악덕 브로커는 부동산 시장에도 있다. 아파트를 팔기 위해 생활정보지에 광고를 낸 A씨도 가짜 중개 브로커에게 속을 뻔 했다.

급전이 필요했던 A씨는 이제나 저제나 집을 사겠다는 사람의 전화를 기다리고 있었다. 그러던 차에 자신을 부동산 중개법인에 근무한다고 소개한 사람에게 전화가 왔다. 광고를 보고 전화했다는 이 사람은 A

씨에게 원활하게 매수를 하기 위해서는 신문에 광고를 내야 한다며 수십만 원의 비용을 요구했다. 처음엔 집을 팔 수 있다는 생각에 혹한 A 씨는 하지만 금세 사기꾼의 농간에 말려들 뻔 했다는 걸 알아챈 뒤 급하게 수화기를 내렸다.

수도권을 중심으로 일제강점기와 한국전쟁을 거치며 지적공부, 등기부 등 지적자료가 없어진 점을 악용해 허위 또는 위·변조된 문서로 국유림을 편취하려는 토지 브로커들이 개입된 국가소송도 늘었다. 하지만 전국에 포진한 토지 브로커들을 모두 잡아내기엔 역부족이다. 이들의 행각을 모두 막는 것은 쉽지 않을 수밖에 없다.

## 함정이 숨어 있는 폭탄 분할

규모가 큰 땅을 사는 것은 땅 투자자들 입장에서 부담스러울 수밖에 없다. 이때 자주 사용하는 방법이 토지분할이다. 이는 덩치가 큰 땅을 작게 쪼개 살 수 있어서 소액 땅 투자자들에게는 유용한 방식이다.

이런 와중에 폭탄 분할이란 분할 방식이 등장했다. 폭탄 분할은 분할이 어려운 땅을 소송을 통해 합법적으로 칼질하는 수법을 말한다. 이 수법은 정부가 비도시지역에도 토지분할 사전허가제를 도입한 이후 크게 늘었다.

또 국토계획법이 시행에 들어가면서 분양사업 목적의 3,000평 이상의 단지형 전원주택에 대한 허가가 어려워지게 되자 일부 개발업자들이 편법적으로 인 · 허가를 받기 위한 수법으로 애용되기도 했다. 이 방법을 사용하면 지방도시계획위원회의 심의나 자문을 받을 필요가 없어 허가가 쉽다는 이유에서다.

폭탄 분할을 위해서는 먼저 10~20명의 공동투자자를 모아야 한다. 그 다음 공유지분등기를 해 준 뒤 분할청구소송을 통해 10~20개로 땅을 나눠 주는 방식이다. 이 방식은 마치 폭탄이 폭발하는 것과 유사하게 이뤄진다고 해서 폭탄 분할이란 명칭이 만들어졌다.

이 폭탄 분할은 불법은 아니지만 여러 함정을 안고 있다. 자칫하면 사기꾼의 농간에 걸려들 위험성도 큰 것이 폭탄 분할이다. 일부 기획부동산 업체에서 텔레마케팅을 통해 분할 판매를 하면서 땅값을 올려놓는다. 토지분할 허가제가 변경되면서 기획부동산이 다시 활개를 쳤던 2005년 무렵 폭탄 분할과 관련된 문제들이 등장했다.

실제 기업·혁신도시로 선정된 강원도 원주에서도 이런 사기가 횡행했다. 당시 기획부동산업체들은 투자자들을 유혹하기 위해 택지조성지역과 가깝지만 개발 지역에서 빠졌던 지역의 땅을 폭탄 분할한 뒤 가격을 뻥 튀기 해 판매했다.

자영업자 A씨도 폭탄 분할의 함정에 빠진 케이스다. A씨는 한 부동산업체가 주최한 세미나에 참석했다가 강원도 평창의 임야를 매입했다. 높은 투자 수익을 보장한다는 말에 넘어간 것이다. 유명 부동산업체가 추천하는 상품이라 믿고 투자했던 게 화근이었다.

하지만 A씨는 후에 분양업체가 허가도 받지 않은 임야를 펜션용 부지로 분양했다는 사실을 알게 됐다. 이 업체는 일단 분양을 받은 땅을 공유지분으로 소유하고 있다가 나중에 개별 필지로 분할해 개별분할 등기를 해 준다는 조건을 걸었는데, 이는 편법적인 폭탄 분할의 한 방식이다.

결국 허가가 날지 안 날지도 모르는 땅을 덜컥 사버린 A씨는 뒤늦은 후회를 했지만 이미 소용없는 일이었다.

분양업체의 감언이설에 넘어가 쓸모없는 땅을 구입하게 된 것이었는데, 이 같은 폭탄 분할은 적은 자금으로 땅 투자를 원하는 소액투자자들을 유혹한다.

분할된 땅을 매입하려는 계획을 가지고 있다면 허가가 난 땅인지, 믿을 만한 업체인지 등을 꼼꼼히 따져봐야 할 것이다.

## 친구 따라 강남가면 패가망신

주식이나 부동산 등 모든 재테크에는 '묻지마 투자'가 존재한다. 흘러 다니는 소문 속에서 투자에 성공했다는 사람들의 신화를 들으며 무턱대고 투자를 하는 것이다. 특히 땅 투자에는 '묻지마 투자'가 많다.

철저한 분석과 사전조사에도 실패 가능성이 존재함에도 여전히 많은 사람들은 아무런 공부나 현장답사 없이 땅 투자에 나서는 경우가 많다. 그야말로 친구 따라 강남을 갔다가 패가망신하는 지름길인 것이다.

일반적으로 부동산은 일명 '꾼'들이 바람잡이 노릇을 하고 이에 휘둘린 일반 투자자들이 땅을 사는 패턴으로 진행되기 마련이다. 이런 방식으로 피해를 보는 것은 결국 '묻지마' 투자자들이다. 꾼들의 말만 믿고 뒷북을 쳐 이미 오를 대로 오른 땅을 매입해 투자에 실패를 하는 사람들이다. 특히 신도시 등 개발이 확정된 지역에 묻지마 투자를 하고자 하는 이들과 그들을 노린 사기꾼들이 기승을 부린다.

과거 2009년에는 충남 아산시 아산만 일대에서도 묻지마 투자자들을 농락한 사기꾼들이 수도 없이 많았다. 아산시는 2007년 대림산업㈜과 양해각서를 체결한 뒤 2008년 연안관리계획과 도시기본계획(공업형 시가화예정용지)을 수립하고 아산만 갯벌 매립사업을 추진했다가 2009년 9월 환경단체의 반대로 사업이 유보됐는데, 문제는 일부 부동산 브로커들이 아산만 매립 작업이 여전히 계속된다면서 투자자들을 속여 땅을 판 것이다.

부동산 브로커들은 "공유수면 매립의 허가가 완료됐고 공유수면 매립에 필요한 토취장도 마련 중"이라며 "매립사업과 관련한 설계도면이 설계사무실에 보관 중이며 시공사에서 참여의사를 표명하면 시와 약정계약을 체결한 뒤 공사를 진행할 수 있다. 사업 이윤도 6,500억 원에 달한다"고 투자자들을 유혹해 투자를 부추겼다.

매립 작업이 유보됐다는 소식을 접한 투자자들에게는 "시가 시행사와 건설사 간의 불신으로 건설사에 해약을 통보했고 건설사는 아산시가 책임지고 처리키로 했다"며 투자자를 안심시키기도 했다. 이런 부동산 브로커들의 사기 행태로 조용했던 마을은 투기장으로 변하기도 했다.

당연히 토지 사기꾼들에게 속아 투자를 결정한 묻지마 투자자들은 하루아침에 큰 손실을 입었다. 만약 매입을 결정하기 전에 신중하게 사전조사를 했다면 이런 투자는 하지 않았겠지만 부동산 브로커들의 말만 믿고 성급하게 결정한 묻지마 식 투자가 화를 부르는 것이다.

## 소탐대실은 진리

토지를 매수할 때는 땅값 외에도 중개 수수료가 들어간다. 다른 부동산을 매입할 때와 마찬가지로 일정 금액의 수수료를 부동산 중개업자에게 지불해야 한다. 그런데 토지의 중개수수료는 주택 등 다른 부동산처럼 정해진 금액이 있는 것이 아니다. 보통 토지의 경우 0.9% 이내에서 합의해 수수료를 정하게 된다.

이렇다 보니 투자자들은 조금이라도 수수료를 아끼기 위해 애를 쓰기 마련이다. 수수료가 너무 많다고 생각하면 투자 자체를 포기하는 경우도 있는데, L씨도 중개 수수료 때문에 투자 자체를 포기했다가 후회하고 있다.

어차피 전문가가 아닌 일반 투자자들은 좋은 땅에 대한 정보를 얻을 수 있는 가장 좋은 사람이 공인중개사인 부동산 중개업자다. 이들은 공개하지 않는 좋은 물건들을 가지고 있게 마련이다. 이런 물건들에 투자하고 싶다면 중개업자에게 수수료를 조금 더 주는 것도 방법 중 하나다. 수수료에 조금 더 투자를 하고 남들은 모르는 좋은 물건을 소개받는 것이 훨씬 낫다는 것이다.

그래도 수수료를 아끼고 싶다면 거래가 완료될 때까지 수수료에 대한 문제는 이야기를 꺼내지 않는 것이 좋다. 원하는 수수료를 줄 것 같은 뉘앙스를 풍긴 뒤 계약서를 작성할 때 법정수수료를 따라야 한다는 원칙을 꺼내도 늦지 않다.

처음부터 수수료를 깎아 달라고 요구하면 어떤 중개업자도 흔쾌히 좋은 물건을 내놓지 않는다.

## 법을 모르면 돈으로 때워야 한다

땅 투자로 재테크를 결심했다면 가장 먼저 공부해야 할 부분은 토지 관련 법이다. 특히 토지와 관련된 법은 매해 바뀌는 경우가 많아 변경된 부분을 숙지해야 한다. 만약 바뀐 법이나 제도를 모른 채 땅을 샀다가 세금이나 용적률 등 생각지 못했던 복병을 만나 난감한 상황에 빠질 수 있다.

자영업자 K씨도 바뀐 토지 공법을 모르고 땅을 샀다가 사면초가에 빠진 경험이 있다. 개정된 산지관리법에 대한 정보를 몰라서 일어난 일이었다. K씨는 전원주택을 지을 목적으로 경기도에 있는 임야를 구입했다. 전원주택이 들어서기에 좋은 자연환경을 가진데다 강남 등 번화가와의 접근성도 뛰어난 편이라 큰 고민 없이 매입을 결정했던 것이다.

하지만 K씨는 주택을 짓기 위한 형질변경허가를 신청하기 위해 해당 시청에 방문했다가 청천벽력과 같은 말을 들었다. 전원주택용으로 허가를 해 줄 수 없다는 말이었다. 알고 보니 바뀐 산지관리법이 문제였다.

큰돈을 들여 투자한 땅이 하루아침에 천덕꾸러기 땅이 되는 것만은 막고 싶었던 K씨는 그제야 관련 법들을 찾아보며 땅을 살릴 수 있는 방법을 찾았다.

하지만 모든 것이 허사였다. 어떤 법과 제도를 짜 맞춰 봐도 무용지물이었다.

K씨처럼 바뀐 법에 의해 땅을 치고 후회하고 싶지 않다면 토지공법의 개정에 관심을 둬야 한다. 모든 법률을 아는 것은 무리겠지만 최소한 땅을 사는 것과 직결되어 있는 법은 알고 있어야 한다. 꼭 알아야 할 법률로는 '국토계획법' '농지법' '산지관리법' '군사시설보호법' 등이 있다.

## 남북통일 등 이슈에 현혹되지 마라

"통일이 되면 남한 땅값은 내려갈까요?"

"통일 후 사두면 가장 좋은 북한 땅은 어떤 지역일까요?"

오를 대로 오른 남한의 땅값에 지레 겁을 먹은 사람들은 통일 후 변화하게 될 북한 땅을 상상하며 이와 같은 궁금증을 가진다. 이런 호기심은 실제 북한 인근지역의 땅값 상승으로 이어지기도 했다. 남북 화해 모드가 조성될 때마다 파주나 연천 등지의 땅값이 올랐던 것이다.

일례로 경의선 · 동해선 철도 및 도로의 복원과 군사분계선 연결 노선 착공식이 진행되는 등 남북 화해 모드가 절정에 이르자 접경지역 땅값이 꿈틀거리기도 했다. 당시 문산, 금촌 등 파주 지역 일대의 부동산 값이 전반적인 오름세를 보이기도 했는데, 이 지역은 그동안 군사시설 보호구역의 해제와 남북한의 정세 변화로 한때 투기 바람이 불고 시장이 요동치다가 평온을 되찾기도 한 지역이다.

통일이 된다고 가정했을 때 유망한 지역이라는 소문이 떠도는 또 다른 곳은 강화도다. 일부 전문가들은 통일이 된다면 강화도가 최고의 요지가 될 것이라고 예상하고 있었다. 북한에서 고속도로나 항만, 공항을 이용 할 때 대부분 강화도를 통과하게 된다는 것이 그 이유다. 이런 점을 들어 인근의 땅을 장사하는 사람들은 투자자들을 유혹하고 있기도 하다.

문제는 통일 이후의 상황을 이용해 투자자들을 울리는 사기꾼들이 넘쳐난다는 것이다. 파주 통일전망대 주변에 통일신도시가 들어선다는 소문을 퍼트려 땅 장사를 하거나 있지도 않은 북한 땅문서를 보여주면서 땅을 파는 사기꾼들까지 있다.

언제 될지 알 수 없는 남북통일 이슈로 장난을 치는 사람들이 심심치 않게 나타난다. 이런 사람들의 말에 현혹되어 돈을 날리고 눈물로 날을 새는 실수를 범해서는 안 될 것이다.

### 상식적으로 생각하고 움직여라

이 세상에 '공짜 식사'는 있을 수 없다. 투자 위험이 적으면서 동시에 수익률이 높은 투자 수단은 이 세상 어디에도 존재하지 않는다. 그럼에도 주위의 많은 부동산에서는 각종 미사어구를 동원한 광고로 '공짜 식사'가 존재하는 양 사람들의 구미를 당기고 있다.

이 같은 내용을 순진하게 믿고 덜컥 땅을 샀다가 낭패를 경험한 사람들이 적지 않다. 실제 내용을 뜯어보면 광고 내용과 큰 차이가 난다는 것을 인지하지 못한 탓이다.

투자에 대한 최종적인 책임은 투자자 자신이 질 수밖에 없다. 토지 상품에 투자할 때도 그 함정에서 탈출할 수 있는 지혜의 눈을 가져야 한다.

대한민국 국민 중에서 일반 투자자들의 땅에 관한 관심은 매우 높다. 정부가 박차를 가하고 있는 개발계획으로 보아 땅은 부동산 시장의 주도 상품으로 한동안 자리매김할 공산이 크다. 문제는 땅에 대한 메리트가 커지는 데 반해 투자자들의 투자 참여는 쉽지 않다는 것이다. 실제 투자할 때는 곳곳에 함정이 도사리고 있다. 투자 금액도 만만치 않고, 땅에 관한 지식도 부족하다. 토지 정책도 하루가 다르게 바뀐다. 이 모든 게 제한 요건이다.

그러면 알고도 빠지기 쉬운 함정은 어떤 것이 있을까? 필자가 상담했던 사례를 통해 이를 확인해 보자.

회사원 K씨는 가격이 시세보다 지나치게 싼 땅이 있다는 권유를 받았는데, 투자를 결정하지 못하겠다며 찾아왔다. 가격이 워낙 저렴해 투자하기로 마음이 기울고는 있는데, 무언가 찜찜해 결정을 내리지 못하겠다는 것이다.

이때 필자는 무조건 피하라고 권했다. 이런 땅은 위험하다는 이유에서다. 그럼에도 K씨는 "급하게 돈이 필요하게 되어 싸게 내놨다"며 선뜻 동의하지 않았다.

필자는 그에게 되물었다. 당신이 급히 돈이 필요하게 됐다면 땅을 절반 값에 팔아 그 돈을 마련하겠냐고. 그보다는 땅에 저당권을 설정하고 은행에서 대출을 받는 것이 현명하지 않겠냐고. 그제야 K씨는 필자의 말에 동의했다.

그렇다. 가격이 싼 이유를 '급하게 돈이 필요하게 됐다'든지 '갑자기 먼 곳으로 이사를 가게 됐다'고 한다면 일단 의심부터 해야 한다. 절대로 그 말을 곧이곧대로 믿어서는 안 된다는 얘기다. 아무리 솔깃해도 '덥석' 무는 순간 사기꾼에게 당하는 것이다.

마음에 드는 땅이 있는데, 거래 상대방이 이상한 요구를 해서 망설이고 있다는 자영업자 L씨가 받은 상대방의 요구는 두 가지다. 하나는 휴일에 거래를 하고 다른 하나는 대리인을 통해 거래하라는 것이다.

필자는 L씨에게 일단 경계할 필요가 있다고 주의를 당부했다. 이유는 간단하다. 휴일에는 토지 거래를 하지 않는 게 안전하다. 오히려 잔금 지급과 소유권이전 관련 서류의 교환은 평일 법무사사무실 직원의 입회 하에 하면 안전성을 확보할 수 있다.

사실 휴일에 거래를 하는 것은 사기꾼이 쳐놓은 덫에 걸릴 공산이 크다. 실제 휴일만 골라 거래를 성사시키려는 사기꾼들이 부지기수다. 휴일에는 공문서 확인이 어렵기 때문이다.

거래에 대리인이 나선 경우 역시 경계 대상이다. 땅 소유자로부터 권한을 위임받지 않은 사람이 거짓으로 계약에 나설 가능성이 높다는 이유에서다. 이때는 일단 위임 여부를 확인하는 게 좋다. 확인은 소유주의 〈인감증명〉과 위임장을 통해 하면 된다. 인감증명은 동사무소나 읍사무소에 전화해 관할 행정관청에서 발급한 인감증명이 맞는지 확인하는 것이 바람직하다. 인감증명도 위조의 가능성이 있어서다.

확인 절차에 두려워할 필요는 없다. 인감증명 위에 보면 관할 행정관청의 발급번호가 있다. 이 번호를 가지고 관할 행정관청의 담당직원에게 문의하면 확인해 준다.

한식당을 운영하는 P씨가 필자를 찾은 것은 서류상 소유자가 의심스럽다는 이유에서였다. 충청도에 있는 한 땅을 권유받아 답사를 마치고 왔는데 서류를 떼어 보니 여러 가지 이유에서 의구심이 들었다고 한다.

P씨가 의심한 첫째는 장기간 아무런 등기 행위가 없던 땅에 등기가 행해졌다는 점이고, 둘째는 땅의 규모와 소유자 간 불균형한 점이 보였다는 것이다. 예컨대 땅값은 고가인데 매도자의 사회적·경제적 신분이 이에 맞지 않다는 얘기다.

P씨의 의심은 당연했다. 필자는 그에게 등기부의 소유자가 진정한 소유자인지 알아보라고 권유했다. 사기꾼들이 남의 부동산을 자기 앞으로 소유권 이전을 해 놓았을 가능성이 있다는 게 그 이유다.

반대의 경우도 있다. 소유권 이동이 잦은 땅이 그것이다. 건설업을 하는 J씨는 경기도 화성의 한 땅을 매입하려고 하는데 소유권 이동이 단기간에 너무 잦아 불안하다며 필자를 찾았다.

서류를 살펴본 필자는 뭔가 정상적이지 않은 사정이 있다고 판단했다. 때문에 J씨에게 거래를 하지 않는 것이 좋겠다고 권유하고 만일 거래를 하더라도 경계를 하고 확인 작업을 철저히 거치라고 당부했다.

사실 가격이 급등하는 지역이 아니라면 땅이 단기간에 여러 번 거래되기 어렵다. 땅은 장기간 보유하는 것이 일반적이다. 성격상 최소 3년 이상 장기 보유해야 충분한 투자 수익이 나오기 때문이다. 따라서 잦은 토지 거래는 오히려 손해라고 할 수 있다. 땅값은 매년 올라가지만 토지 거래에는 취득세, 등록세, 중개보수 등 부대비용이 만만치 않게 들어간다. 이것이 바로 개발예정지 투자 같은 특별한 경우가 아닐 때 잦은 거래가 손해를 가져오는 이유다.

잡화점을 하고 있는 J씨가 필자를 찾은 것은 추운 날이었다. 꽁꽁 언 그녀의 손에는 '연 ○○% 수익 보장'이라는 문구가 새겨진 공동투자 광고전단지가 들여 있었다.

"믿어도 되나요?" 라고 묻는 J씨의 눈에서는 "믿고 싶어요." 라는 간절한 심정을 읽을 수 있었다. 하지만 필자는 단호하게 "독이 든 사과일 수 있으니 조심하세요." 라고 조언할 수밖에 없었다.

사실 경제 한파 이후 소액으로 공동투자에 참여하려는 투자자들이 늘고 있다. 위험은 분산하고 이익은 극대화하겠다는 판단에서다. 그렇지만 공동투자가 사회문제로 급부상하고 있는 형국이다. 실제 수익을 나눠준 사례보다 유령매물 매입 등으로 사기를 쳐 일반 투자자에게 피해를 주고 있어서다.

수법은 간단하다. 일단 투자 경험이 없는 개인투자자들을 유혹한다. 미끼는 고수익을 보장한다는 것이다. 쉽게 돈을 벌 수 있다며 막대한 차익을 남겼던 성공 사례만 들고 그럴싸하게 포장해 투자자들을 꾀면 된다.

투자자가 미끼를 물으면 공동투자를 할 때 투자 금액에 대해 공동저당권이나 가등기를 설정해 준다. 안심을 시켜 주기 위해서지만 여기에 함정이 도사리고 있다. 문제가 터졌을 때 투자 자금을 보전할 가능성이 매우 희박하다는 게 그것이다. 저당권의 경우 수많은 투자자들이 한꺼번에 부동산의 가치보다 후순위에 등재된다는 이유에 기인한다.

필자는 공동투자를 꼭 하고 싶다는 J씨에게 가장 중요한 것을 짚어줬다. 등기를 할 때 반드시 투자자 모두의 이름이 올라가는 공동 명의로 해 두라는 게 그것이다. 투자 전 공동투자의 규칙을 서류로 만들어 공증을 해 두고 수익배분 방법, 금액과 기간, 매각 후 투명하게 공개하는 것을 원칙으로 한다면 함정에 빠지지 않을 수 있다.

사기꾼들은 일반적으로 공동지분소유권보다 저당권이나 가등기 설정을 권유한다. 그러면서 나중에 되팔 때 문제가 있어서라는 그럴싸한 이유를 댄다. 하지만 속셈은 따로 있다. 공동투자자들 숫자를 속이고 차익이 남으면 이익을 누락시키기 위한 것이다.

# 계약서 작성과 세금의 투자학

## 돈이 되는 계약서 작성 노하우

좋은 땅을 고르고 땅값 흥정까지 성공했다고 해서 땅 투자를 위한 과정이 모두 끝났다고 생각하면 오산이다. 그 땅을 자신의 것으로 만들기 위해서는 '계약서 작성'이라는 중요한 과정이 남아 있다.

초보자들은 계약서를 작성하는 단계를 쉽게 생각하고 관련 공부를 소홀히 하는 경우가 많다. 도장 찍는 걸 쉽게 생각한다. 하지만 이로 인해 기껏 사고자 하는 땅을 결정하고 값을 치르고도 땅을 손에 넣는 데 실패하는 경우가 종종 벌어진다.

L씨는 얼마 전 계약서 작성을 하기 전 제대로 땅에 대한 정보를 습득하지 않아 낭패를 봤다. L씨는 경기도에 별장을 짓기 위해 땅을 알아보다가 경관이 수려하고 위치는 물론 가격 또한 원하는 조건과 부합한 토지를 발견했다. 단지형 전원주택지인 그 땅이 마음에 쏙 들었던 L씨

는 오래 생각하지 않고 300평의 땅을 구입했다.

그런데 별장이 모두 지어진 다음에도 분양회사는 그에게 소유권 이전등기를 해 주지 않았다. 소유권이전등기란 말 그대로 소유권을 이전하는 등기로 해당 땅이 L씨의 땅이 되기 위해 필수적인 과정이다.

그제야 뭔가 잘못됐다는 것을 알아챈 그는 땅의 소유권 등을 파헤치기 시작했다. 알고 보니 분양회사가 이 땅을 사면서 이전의 토지소유주 S씨에게 매매대금의 일부를 주지 않고 있었다. 이에 S씨는 받지 못한 땅값을 담보하기 위해 해당 부지에 짓고 있는 모든 주택의 건축허가를 자신의 명의로 받았고, 결국 L씨의 별장은 S씨 명의로 소유권 보존등기가 되어 있었던 것이다.

보존등기는 미등기부동산에 최초로 하는 등기로 보존등기를 하게 되면 그 부동산에 관한 등기용지가 새로 개설되며 향후 이 부동산에 관한 권리변동 사실이 모두 이 등기용지에 기재되게 된다. 때문에 S씨는 L씨에게 소유권 이전등기를 해 줄 수 없게 된 것이다.

L씨는 그제야 자신의 실수를 깨닫고 뒤늦은 후회를 했다. 다음부터 땅을 살 때 같은 실수를 반복하지 않겠다고 다짐한 그는 관련 공부를 하기 시작했다.

여기서 주의할 것은 단지형 주택지를 매입할 때는 분양계약서를 쓰기보다는 토지매매계약서를 작성하는 것이 더 바람직하다는 것이었다. 설령 사업주가 부도를 내도 보호받을 수 있는 것이 바로 토지매매계약서이기 때문이다.

또 L씨가 이전에 샀다가 실패를 본 땅처럼 토지소유주의 명의, 건축주와 시공회사, 분양업체가 모두 다른 땅은 더욱 세심하게 신경을 써야 한다는 것을 알아야 한다. L씨가 당한 것처럼 소유권이전등기를 할 때 문제가 생길 수 있기 때문이다. 이럴 경우 계약서 작성 전에 반드시 걸림돌이 있는지를 확인해야 한다.

이처럼 계약서를 작성하는 과정은 그 앞의 모든 과정만큼이나 복잡하고 어렵다. 하지만 기초 상식만 정확히 알고 있어도 L씨가 당한 것과 같은 일을 피할 수 있다. 그러면 계약서를 작성하기 전 알아야 할 상식은 어떤 것이 있을까?

먼저 계약을 하기 전에는 서류를 확인하고 또 확인해야 한다. 단돈 만 원짜리 물건을 살 때도 영수증을 꼼꼼히 확인하면서 정작 수 천, 수억 원이 넘는 땅을 살 때는 계약서를 읽는 과정을 등한시 하는 사람들이 적지 않다.

계약을 하는 날에는 본인이 해당 관청에 찾아가 토지 〈등기부등본〉 등의 서류를 발급 받아보는 노력을 게을리 하면 안 된다. 계약서에 도장을 찍고 돈을 내고 난 뒤에야 서류를 떼어 본들 아무것도 도움이 되지 않는다. 만약 사려는 땅에 근저당 설정이나 가압류 같은 제한사항이 설정되어 있다면 채권액과 종류 등에 관해 해당 금융기관에 알아봐야 한다. 또 매도자가 채무승계를 받기로 했다면 해당 금융기관으로부터 이에 관한 내용을 확인하고 법적 절차를 밟아야 한다. 물론 계약서를 작성하기 전에 끝내야 하는 과정이다. 그리고 계약서를 쓸 때는 '소유권이전등기가 완료되기 전에 다른 권리가 설정될 경우 자동적으로 계약은 파기되고 그동안 지불한 금원은 반환해야 한다'는 조항을 삽입해야 한다. 이처럼 철저히 자신이 사려는 땅의 정보를 파헤쳤더라도 잔금을 지불하기 직전에 다시 해당 관청을 찾아가 보는 것이 좋다. 등기부가 갑자기 바뀌어 있을지도 모르기 때문이다.

계약을 할 때는 모든 것이 완벽했던 등기부가 잔금을 치르기 전 근저당으로 얼룩진 경우도 종종 일어난다. 사려는 땅에 일반주택, 일반창고 등의 건물이 있다면 한 가지 과정이 더 남아 있다. 해당 건물의 책임 소재를 분명히 해야 한다. 이럴 때는 계약서에 "이주비 지급, 철거비용 부담 등을 매도자가 잔금 지급전까지 모두 해결한다"는 내용의 단서 조항을 명기해야 한다.

실제 면적과 서류상 면적이 다를 때 발생할 수 있는 차액을 부담하는 문제에 대해서도 반드시 계약 전 따져봐야 한다. 이 과정을 무시했을 경우 잘못하다가는 서류상 면적보다 적은 땅을 사고도 차액 부분을 돌려받지 못하는 불상사가 생길 수 있다.

필자가 만난 사람 중에서도 관련 지식이 없어 큰 손해를 본 사람이 있다. 그는 땅을 사고 얼마 지나지 않아 이를 되팔기 위해 측량을 했는데, 계약서에 표기된 수치보다 21평이나 모자랐다. 땅을 살 때 매매 대상 토지 전체를 1필지로 보는 '필지 매매'로 땅을 산 그는 21평에 대한 땅값을 돌려받을 수 없는 처지에 놓였다. 법원 판결에 따르면 필지 매매의 경우 서류상 면적과 실제 땅 면적이 다르다는 사실이 밝혀지더라도 매도인을 상대로 그 차액을 돌려받을 수 없기 때문이다. (대법원 1993.6.25선고 92다56674판결)

이런 불상사를 미연에 방지하기 위해서는 평당 가격을 기준으로 하는 매매인 '수량 매매' 방식을 선택하는 것이 좋다. 기껏 매입한 땅이 계약서보다 크기가 작은 것도 억울한데 차액마저 돌려받을 수 없다면 얼마나 원통하겠는가.

계약서를 작성할 때는 중개수수료 외의 거래 비용에 대한 책임도 분명히 해야 한다. 마을 이장이 요구하는 마을발전기금 등의 비용은 원칙적으로 매도자 부담인데 이를 모르는 사람들이 간혹 덤터기를 쓰는 경우도 있다.

이처럼 땅을 살 때는 수많은 부분을 확인해야 손해를 보지 않는 투자를 할 수 있다. 관련법을 공부하고 해당 땅에 얽혀 있는 이해관계를 철저히 파악하는 것은 땅 투자자의 기본 상식임을 잊지 말아야 한다.

---

**▶▶▶ 콕 짚어 주는 땅 투자 포인트 ◀◀◀**

### 땅 사기 예방법

땅 사기를 당해 억울해 하는 투자자들이 많다. 사기를 당하지 않으려면 현장답사를 통해 현재 거래되는 가격을 직접 확인해야 한다. <지적도>와 지번을 들고 현장답사를 통해 서류와 현장이 일치하는지 확인하면서 해당 부동산을 직접 확인해야 한다. 또 <등기부등본>을 열람하고 실제 토지소유주와 부동산업체의 관계를 확인하는 것이 현명하다. 소유권이전등기가 가능한지 확인하고 지분등기 등은 피해야 한다. 토지이용계획확인원 등을 통해 해당 토지와 관련된 법적 규제를 확인하는 것이 좋다.

토지개발계획은 정부기관 등을 통해 개발 사실 여부를 직접 확인해야 하고, 기획부동산 등으로부터 투자를 유도하는 전화가 걸려오면 일단 의심부터 하는 게 좋다. 그런 다음 법인 사업자등록증 유무를 확인(사기단은 대부분 법인 사업자등록증이 없다)하고 사무실 분위기가 지나치게 화려하거나 사무실 분위기를 이용해 투자를 유도한다면 일단 조심하는 것이 최고다.

---

# 계약의 심리전

## 치열한 심리전에서 승기를 잡는 비법

물건을 살 때는 흥정을 해야 제 맛이다. 정해진 가격이 없는 땅을 살 때는 특히, 흥정의 기술이 성패를 좌우할 만큼 중요하다.

사람과 사람 사이에 오가는 부동산이다 보니 심리전도 빼놓을 수 없다. 물건을 파는 사람의 심리를 꿰뚫고 매도자와 땅의 약점을 간파한다면 백전백승이라고 해도 과언은 아니다.

하지만 땅값 흥정은 말처럼 쉬운 일이 아니다. 땅을 가진 사람의 마음을 파악해 최소한의 자금으로 매입을 한다는 것은 웬만한 고수가 아니면 어려운 일이다. 더구나 땅 투자를 해본 경험이 적은 초보자들에게 땅값 흥정은 시장에서 사과 값을 깎는 것과는 비교할 수 없을 만큼 피곤한 신경전이다.

필자가 만난 사람 중에 별장을 짓기 위해 경기도에 있는 땅을 매입한 L씨는 흥정 기술을 제대로 익히지 못해 생각한 가격보다 높은 가격을 치렀다고 한다. 땅을 둘러볼 때부터 주위 사람들에게 땅값 흥정에 대한 이야기를 귀에 못이 박히도록 들었다는 그는 땅값 흥정 걱정에 사려는 땅을 결정한 뒤로 잠도 제대로 못 이뤘다고 한다. 그리고 드디어 결전의 날이 밝았다.

L씨는 지인들의 조언에 따라 땅의 흠집을 빌미로 가격을 흥정하기 시

작했다. 인근 지역의 땅에 비해 경사가 졌고 별장을 짓는 데 어려움이 있으니 주변 시세보다는 조금 싼 가격에 팔라는 게 그의 흥정 무기였다.

하지만 수없이 토지 거래를 해본 땅 주인의 반격은 만만치 않았다. 그는 정확한 경사각도를 L씨에게 말해 주면서 주변과 비교해 그리 경사진 지대가 아니란 점을 분명히 했다. 게다가 강이 보이는 조망권 등 입지가 가진 장점을 부각하면서 오히려 가격을 높이기 바빴다.

이러다간 바가지를 쓸지도 모른다는 생각에 다급해진 L씨는 결국 땅 주인이 처음 제시한 가격에 거래계약서를 쓰고 말았다. 단단히 준비해 간 비밀 무기들은 모두 무용지물이 된 셈이다.

그러면 어떻게 하면 땅값 흥정에 성공할 수 있을까?

가장 쉬운 방법은 유능한 공인중개사인 협상대리인을 고용하는 것이다. 땅의 매매 가격이 매도인이나 매수인이 아닌 현지의 부동산 중개업자에 의해 결정되는 경우도 허다하다. 그런 만큼 경험 많고 심리전에 능한 중개업자가 대신 가격 흥정을 해 주는 것도 빠르고 편한 방법이 될 수 있다.

하지만 중개업자의 역할에는 한계가 있다는 것을 잊어서는 안 된다. 중개업자는 어차피 제3자일 수밖에 없다. 돈과 땅을 주고받을 당사자는 아니다. 자신이 직접 나서 땅 주인과 흥정을 해볼 생각이라면 먼저 흥정의 주도권을 쥐는 것이 좋다. 일반적으로 땅을 팔 사람의 사정이 급하면 가격이 떨어지고 땅을 살 사람의 사정이 급하면 올라가는 것이 땅값이다. 이 점을 이용해 흥정에 돌입한다면 칼자루를 쥐고 들어가는 셈이 된다.

급매물일 경우 땅을 사는 사람이 흥정의 주도권을 잡게 마련이다. 당연히 파는 쪽이 더욱 급하기 때문이다. 이럴 때는 시세보다 20~30% 가량을 깎는다고 생각하고 흥정에 임해야 한다.

매도자의 호가에는 원래 흥정을 염두에 두고 얹어둔 금액이 있다. 그것이 대략 전체 매매가의 5~10% 정도다. 이것을 걷어낸 금액이 진짜로 매도자가 받고 싶은 금액인 것이다.

## 잔금 기간 당기면 흥정에 유리

매도자를 대리하는 중개업자를 이용하는 것도 좋은 방법이다. 당장이라도 땅을 살 수 있는 자금을 확보하고 있다는 뉘앙스를 풍기면 땅을 팔려는 사람들은 꼬리를 내리게 된다.

중도금과 잔금의 지급 시기도 땅값 흥정에 활용할 만한 요소다. 대개 급매물로 나온 땅의 매입 조건은 매매계약 후 한 달 이내에 잔금을 지급하는 방식이 일반적이다. 잔금 지급기간이 짧거나 일시불로 지급하면 그만큼 가격이 낮아지게 된다.

자금 사정이 된다면 잔금기간을 당기는 것도 땅값을 깎는 방법 중 하나다. 땅을 팔려는 사람들은 대체로 돈이 급한 사람이 많다. 따라서 계약일로부터 잔금납부기일을 당기거나 계약금이나 중도금을 더 많이 주는 조건으로 땅값을 낮출 수 있다.

토지 시장의 상황에 따라서도 흥정을 달리해야 한다. 토지 시장이 가라앉고 있는 상황이 땅 매입자에게는 절호의 기회다. 시장에서 거래량이 급감한 시기이기 때문에 땅 주인은 어떻게든 땅을 팔고 싶어 한다. 이럴 때는 당연히 땅을 사려는 사람이 주도권을 쥐게 되고 그만큼 유리한 고지에 오르게 된다.

매도자의 애를 태우는 것도 흥정의 기술 중 하나다. 은근히 주변 사람들도 인근의 땅을 매입하려고 한다는 말을 흘리거나 사정이 여의치 않아 계약이 성사되지 않으면 슬쩍 "차라리 다른 매물을 기다리겠다"는 말을 하는 것도 방법이다.

은행 금리 상황도 적절히 활용해볼 만하다. 수신금리와 대출금리에 따라 땅값이 달라질 수 있기 때문이다. 수신금리가 낮으면 매도자 입장에서는 급할 것이 없다. 땅을 팔아 은행에 넣어봐야 이자가 낮기 때문이다. 매수자 입장은 이와는 다르다. 저금리를 이용한 땅 투자를 생각하기 때문에 땅값을 좀 더 지불하더라도 땅을 사고 싶어 하기 마련이다.

사려는 땅의 흠집을 이용하는 것도 땅값 흥정에 필수적이다. 일례로 임야나 전·답의 경우 일부의 경사도가 20% 이상이면 이 면적만큼 땅값을 깎아야 한다. 경사도가 20% 이상이면 개발행위허가가 어렵다는 이유에서다. 이밖에도 진입로가 없거나 땅모양이 정방형이 아닌 경우에는 땅에 흠결이 있는 것으로 보고 인근 시세보다 낮은 가격으로 흥정을 해보는 것이 좋다.

### 흥정의 핵심은 땅을 파는 이유 파악

자금 사정이 허락한다면 일시불 거래도 땅값을 낮추는 비결 중 하나다.

일시불 거래란 계약 시 중도금과 잔금을 한꺼번에 지급하는 방식이다.

일시불 거래를 조건으로 한 매물은 특히 경기 침체기에 많이 나온다. 이는 1997년 외환위기 당시 극명하게 드러났다. 빚에 쫓긴 땅이 시세의 50% 선에서 쏟아지는 일이 다반사였다.

이런 땅들은 많게는 30% 이하로 가격을 낮출 수 있다. 그만큼 자금이 확보된 매입자들에게는 구입하기 유리한 땅인 셈이다. 그러나 이런 매물에는 근저당이나 가압류 등이 설정돼 있는 경우가 많기 때문에 철저한 사전조사는 필수다.

▶▶▶ 콕 짚어 주는 땅 투자 포인트 ◀◀◀

**정확한 땅 시세 파악법**

농지나 임야와 같은 땅을 살 때 투자자들이 난감해 하는 것은 시세다. 실거래가 신고 자료가 많지 않아 일반인으로서는 정확한 시세 파악이 쉽지 않다는 게 그 이유다. 혹자는 개별공시지가가 있지 않냐고 말한다. 하지만 이도 참고자료일 뿐이다. 믿을 만한 것이 되지 못 한다는 얘기다. 인터넷 포털 사이트나 직거래가로 게시되는 땅도 마찬가지다. 실제 시세보다 부풀려진 것이 많다. 그러나 요즘은 인터넷 사이트에 땅야, 디스코, 밸류맵 등 실거래가 신고를 하도록 법으로 명시되어 있으므로 실제 거래된 가격을 알고 싶으면 지번을 쳐서 신고된 주변의 실거래가를 참고하면 된다.

가장 좋은 것은 현장을 찾는 것이다. 현장에서 오랫동안 영업 중인 공인중개사인 중개업자에게 문의하는 것이 좋다. 크로스 체크 방법도 유용하다. 가급적 두 세 군데 문의하면 된다. 아울러 계약을 하기 직전 마지막으로 시세를 점검하면 낭패를 피할 수 있다.

이처럼 땅값을 흥정하는 기술은 여러 가지다. 정해진 가격이 없는 땅을 얼마의 가격에 사느냐는 사는 사람의 노력 여하에 달렸다고 해도 과언은 아니다. 무엇보다 중요한 것은 흥정에 앞서 상대방이 땅을 팔고자 하는 이유에 대해 알아둘 필요가 있다. 사정이 급하다며 매도를 서두르는 땅 주인이나 아무리 땅값을 깎아도 수긍하는 주인은 의심해 볼만 하다.

## 땅 투자 시 알아야 할 토지 세금

땅을 취득하면 취득세 등이 부과된다. 보유 시에는 재산세 · 종부세가 부과된다. 양도하거나 상속 · 증여해도 관련 세금이 발생한다.

땅에 관련된 세금이 어떻게 구성되는지 정리해 보자.

### 취득 단계

토지를 취득하면 취득 금액에 4.6%(농지 취득 시 3.4%)의 세율이 적용된다.(지방교육세, 농어촌특별세가 포함된 세율임) 여기서 '취득 금액'이란 실거래가를 의미한다. 이러한 취득 관련 세금은 경작용 농지를 취득할 때 일정한 사유(농사용 농지, 농지 조성용 임야 등)가 발생하면 감면되기도 한다.

또한 세금 자체가 아예 없는 비과세도 있다. 예를 들어 수용으로 인해 토지를 대체 취득하면 취득세가 비과세된다. 토지 수용은 강제적으로 진행되므로 대체 취득에 대해 특별히 취득세를 비과세하고 있다. 다만, 계약일(또는 사업 인정 고시일) 이후에 부동산 계약을 체결하거나 건축허가를 받고 보상금을 받은 날부터 1년 이내 대체할 부동산(대체 부동산 구입 시 취득세 비과세 대상지역이 제한되어 원칙적으로 지방보상금으로 서울의 부동산을 사면 취득세를 부과함)을 취득해야 한다.

다음으로 상속으로 인한 취득 중 무주택 상태에서 상속받은 1주택과 자경농민이 상속받은 농지에 대해서는 취득세가 비과세된다.

### 보유 단계

땅을 보유하면 재산세가 부과된다. 또 나대지나 임야 또는 상가빌딩 부속토지를 많이 보유하고 있으면 종부세가 부과된다. 농지, 공장용지, 골프장 토지 등은 재산세만 부과되고 종부세는 없다. 농지 등은 저율과세가 된다. 반면 골프장 등 사치성 재산은 높은 세율로 과세된다.

보유세의 과세 기준은 공시가격인 개별공시지가다. 따라서 기준시가가 시세에 근접하게 고시되면 보유세 부담이 높아진다.

### 양도 단계

토지를 양도하면 비과세나 감면받을 방법이 많지 않다. 토지의 양도에 대해서는 대부분 과세하고 있기 때문이다. 다만, 농지의 대토나 8년 이상 경작한 농지에 대해서는 양도세를 일부 감면한다.

하지만 이 둘의 규정으로 감면받을 수 있는 한도는 5년간 2억 원이다. 농특세는 비과세된다.

---

**▶▶▶ 콕 짚어 주는 땅 투자 포인트 ◀◀◀**

**중과세를 당할 수 있는 함정**

임야와 목장용지의 경우 재촌을 하거나 축산을 경영하지 않으면 중과세된다. 부재지주가 주말 체험농장을 취득했으나 경작 기간의 2분의 1 이상 자력으로 경작하지 않으면 중과세를 피하지 못 한다. 농지는 농사를 지었다는 증거를 제출하지 못하면 중과세를 맞는다.

대지는 주택이든 근생시설이든 창고든 공장이든 건축물이 있어야 하며 이를 충족시키지 못할 경우 중과세 대상에 해당한다.

**현명하게 증여하는 포인트**

현명하게 증여하는 요령은 우선 증여재산에 대한 포트폴리오를 짜는 데 있다. 그런 다음 전문가에게 조언을 구하고 각종 세금공제 및 세제 혜택을 꼼꼼히 확인해야 한다. 증여할 때는 일찍부터 자녀들의 자금원을 만들어 주는 것이 필요하다. 이때 재산만 증여하지 말고 돈을 관리하는 능력까지 증여해야 한다. 증여는 나눠서 미리 증여하는 것이 좋으며 증여한 뒤 재산 처분을 견제할 수 있는 장치를 마련해 두어야 한다.

---

5장

# 성공과
# 실패 사례로 배우는
# **땅 투자 전략**

# 땅 투자 성공 사례에서 배우기

토지투자에 성공하기 위해서는 몇 가지 조건이 맞아 떨어져야 한다. 여유자금이 많으면 부동산투자에 훨씬 수월하지만 일반인이 부족한 자금으로 땅 투자에 도전하기엔 쉬운 일이 아니다.

그러나 그렇다고 가만히 쳐다보고만 있을 것인가? 남들처럼 단기간에 큰 부자는 아니더라도 작은 부자가 되겠다는 굳은 의지가 있다면 여유자금을 최대한 확보해 토지 재테크에 관심을 기울여야 한다.

다음은 토지투자로 성공한 사람들의 사례를 들어보자

## 사례 1 : 용인지역 투자 사례

경기도 수원시 영통택지개발지구에 거주하는 K씨의 사례를 들어보자.

K씨는 평소 친하게 지내던 친구 J씨의 부동산투자, 그것도 땅 투자에

서 쏠쏠한 재미를 봤다는 얘기를 듣고 귀가 솔깃해졌다. 경기 용인시에 거주하는 J씨가 경기도 용인시에 밭 1,000여 평을 구입한 뒤 농지전용을 하여 건물을 지어서 임대하여 쓰다가 매도하여 큰 수익을 올렸다는 이야기였다.

K씨는 이에 땅 투자에 관심을 갖고 4년 전 수원시 아주대 부근에서 호프집을 운영하는 형님에게 빌려준 2억 5천만 원을 회수하여 경기 용인시 원삼면에 위치한 관리지역 임야를 저가에 매수했고 지가 상승으로 엄청난 수익을 얻었다.

이 지역에 지가가 크게 상승한 이유는 SK하이닉스 반도체 공장이 들어선다는 소문에 땅값이 천정부지로 가격이 상승한데다 SK반도체 공장이 들어서고 배후 신도시가 추진되면 용인시 전반에 걸쳐 땅값이 오르게 될 것이라고 나름대로 판단한 뒤 토지 거래허가지역으로 묶이기 전에 필자를 찾아와서 친구와 함께 공동으로 관리지역 임야에 투자하여 큰 수익을 올린 사례다.

지금은 용인시 처인구 원삼면 전 지역이 토지 거래허가구역으로 지정되어 거래가 뜸하지만 용인 SK하이닉스 반도체 126만 평의 공장이 들어설 예정이어서 K씨는 평택 고덕신도시 삼성반도체 땅값이 급상승한 사례를 생각하면서 향후 원삼면 일대의 지가상승이 큰 폭으로 상승할 것으로 예측하고 있다.

그 외에 경기도 의왕시에서 주택임대업을 운영하는 L씨는 해마다 주말이면 전국의 토지를 답사하기 위하여 발품을 아끼지 않고 미친 듯이 돌아다니는 사람이다. 사람과 만나면 늘 하는 대화가 토지투자에 대한 이야기이고 오늘은 어디에 다녀왔는데 같이 가서 보자는 제안이다. L씨의 경우는 한때 해마다 1천여 평 정도는 땅을 매입해야만 직성이 풀릴 정도로 땅을 구입하는 데 대단한 열정을 가지고 있다. 대부분 오래오래 묻어두는 것을 철칙으로 생각한다. L씨 역시 토지투자로 큰 재미를 본 사람이다.

## 사례 2 : 안성지역 투자 사례

부산이 고향인 J씨는 남편 O씨가 사업에 실패한 뒤 이혼을 생각했으나 마음을 달리 먹고 부동산중개사무실 보조원으로 취직을 하면서 부동산에 눈을 뜨게 되었다. J씨는 친정집에서 토지구입 자금을 빌려 안성지역 38번 도로변에 위치한 토지를 저렴하게 구입하여 묻어두었고 몇 년이 지나자 안성 지역의 땅값이 뛰면서 기쁨을 누리고 있다.

아직까지 때 묻지 않고, 진흙 속의 진주와 같은, 저가임에도 우량한 전답이나 공장용지가 안성시 주변에는 더러 있다. 특히 이 주변은 제2경부고속도로라 불리는 세종-서울고속도로 안성맞춤 IC 주변이라서 땅값의 상승폭이 여타 지역에 비해 크다는 것이다.

J씨가 투자한 토지는 부동산에 눈 딱 감고 몇 년간 묻어 두었다가 멋진 사업장 부지로 쓰든지 여러 용도로 건물을 지어도 손색이 없을 정도로 호감이 가는 곳이기도 하다. 이곳 인근에는 벌써 몇 군데에서 개

발사업을 하는 곳도 있기에 지나가는 차량도 많고 수도권에서 거리가 가깝기에 미성숙지, 미개발지에 가격만 적당하다고 하면 안성 땅은 충분한 투자 가치가 있다.

모든 일에는 원인과 결과가 있는 법이 있듯이 땅 투자 또한 예외가 아니다. 땅도 오르는 땅이 잘 오르는 법이다. 흔히 고기도 먹어본 사람이 잘 먹는다는 말이 있듯이 오르지 않는 땅은 특별하게 개발되지 않는 한 영원히 그 가격대다.

물론 시골의 임업용, 공익용 산지로 되어 있는 돌산 같은 임야도 공시지가는 매년 몇 퍼센트 정도 상승하지만 잘 오르는 땅은 그만큼 이유가 있다. 따라서 그 상승하는 이유만 알고 있다면 토지투자자로 50%는 성공하는 셈이다.

개발 가능성과 토지 가격 상승 가능성 있는 저평가된 땅을 구입하여 10년간 꾸준히 묻어 놓으면 누구나 큰 부자는 아니지만 작은 부자는 될 수 있다. 지금으로부터 20년 전에 저렴하게 땅을 매입하여 지금까지 일부는 처분하고 묻어둔 땅이 지금은 가격이 대폭 상승하여 큰 부자가 된 사례도 비일비재 하다.

누구나 인생을 살아 가면서 자신만의 꿈이 있다. 그 꿈을 성취하기 위해서는 모두 각고의 노력과 굳은 결심으로 전진해야 된다.

자신만만하게 땅에 투자를 하려고 한다면, 토지공법에 대한 지식, 자신감 있는 확신과 배짱 그리고 용기가 있어야 한다. 땅 투자에 대한 생리를 모르면 투자를 망설일 수밖에 없다.

그렇지만 땅의 생리에 대해 눈을 뜬다면 땅 투자가 다른 투자에 비해 훨씬 매력적이라는 것을 알게 될 것이다. 물론 이에 대해 반론을 제기하는 사람도 있다. 즉 주식, 선물옵션투자자라면 그들의 투자 방법이 최고라고 할 것이고, 주택, 상가, 오피스텔 그리고 요즈음 유행하고 있는 지식산업센터 등 건물만을 전문적으로 취급하는 사람들은 그 방법이 최고라고 주장할 것이다.

그렇지만 토지 재테크로 재미를 본 사람들은 미래를 준비하는 재테크로서 가장 매력적인 투자는 바로 땅이라고 자신 있게 말할 것이다.

### 사례 3 : 3억 원 투자로 매달 380만 원 수입

용인 수지구에 사는 K씨는 중소기업 간부 출신으로 2010년에 퇴직한 뒤 노후를 위해 투자 대상을 물색했다. 가진 돈은 퇴직금 3억 원. 은행에 넣어봤자 이자가 매달 100만 원도 안 됐다. 자영업을 한다는 것도 무리였다.

부동산투자가 낫겠다고 판단한 K씨는 경기도 용인시 역북지구에 있는 단독주택지를 매입했다. 인근에 명지대학교 제2캠퍼스와 경전철이 들어선다는 '재료' 때문이었다.

K씨는 상가와 원룸이 결합된 3층짜리 건물을 지어 지금은 매달 380만 원이 넘는 수입을 얻고 있다.

## 이왕이면 점포 겸용 택지

K씨가 산 땅은 점포 겸용 주택용지(65평). 단독주택지는 주거용 건물만 지을 수 있는 땅과 상가를 세울 수 있는 땅으로 나뉜다. 점포 겸용 택지는 주거 전용 택지보다 조금 비싸다. 하지만 장기적인 수익을 고려하면 더 낫다. 점포 임대료가 주택보다 훨씬 높기 때문이다.

K씨가 용인시 도시설계지침을 살펴보니 점포 겸용 택지에 지을 수 있는 건축물 용도는 점포 겸용 택지로서 다가구주택은 물론 연면적의 40%까지 근린생활시설을 들일 수 있었다. 근린생활시설은 슈퍼마켓이나 일반음식점 세탁소 학원 등. K씨는 주변에 아파트 5,000가구와 단독주택 1,000가구가 있어 상가를 지으면 임대는 수월할 것으로 내다봤다.

건물은 용적률(대지 면적 대비 건물 연면적) 200%를 적용해 건평 111평에 3층으로 지었다. 1층은 상가, 2층은 다가구주택 2가구, 3층은 원룸 3실로 구성했다. 상가는 애견센터와 동물병원 용도로 꾸몄다. 일주일 만에 임차인을 구했다. 2, 3층 임차인은 인근 공단 종사자를 타깃으로 정했다.

## 낮은 건축비는 낮은 수익

K씨가 특히 신경을 쓴 부분은 건물의 몸값을 높이는 것이었다. 주변에 비슷한 건물이 많아 세를 놓기가 만만치 않을 것으로 예상했기 때

문이다. 외관은 밝고 산뜻한 색의 마감재를 사용하기로 했다. 건축비가 주변에 있는 건물들보다 평당 50만 원가량 더 들었다.

건축비를 낮추면 우선은 득이 되지만 품질이 떨어지는 수가 많다. 단독주택일수록 벽에 금이 가거나 습기, 누수 등이 많은 것도 이 때문이다. 특히 임대용 건물은 주택 품질이 수익에 결정적인 영향을 미친다. 건물 수리 비용이 늘어나는 것도 수익률을 떨어뜨리는 요인이다.

## 투자 성적표

점포 겸 택지 투자 성적표

<table>
<tr><th colspan="2">구분</th><th>금액</th><th>비고</th></tr>
<tr><td rowspan="4">투자비</td><td>토지대금</td><td>1억 100만 원</td><td></td></tr>
<tr><td>건축비</td><td>1억 9,000만 원</td><td>설계비 포함</td></tr>
<tr><td>세금</td><td>1,100만 원</td><td></td></tr>
<tr><td>합계</td><td>3억 200만 원</td><td></td></tr>
<tr><td rowspan="2">기회비용</td><td rowspan="2">투자비 이자</td><td rowspan="2">1,208만 원</td><td>3억 200만 원 × 4%(정기예금 금리)</td></tr>
<tr><td>투자비를 은행에 예치했다고 가정</td></tr>
<tr><td rowspan="3">수입</td><td>임대료</td><td>3,960만 원</td><td>월 330만 원 × 12개월</td></tr>
<tr><td>보증금 이자</td><td>644만 원</td><td>1억 6,100만 원(임대 보증금) × 4%(정기예금 금리)</td></tr>
<tr><td>합계</td><td>4,604만 원</td><td>월 수입은 383만 원</td></tr>
<tr><td>순수익</td><td colspan="2">3,396만 원</td><td>4,604만 원(수입) - 1,208만 원(기회 비용)</td></tr>
<tr><td>투자<br>수익률</td><td colspan="2">11.2%</td><td>(순수익 ÷ 투자비) × 100</td></tr>
</table>

자료 : 한국토지주택공사

※ 위의 사례는 한국토지주택공사 자료로서 현재는 토지대금, 건축공사비가 이 당시보다는 많이 상승되어 있으니 참고하기 바란다.

땅값과 건축비, 세금을 합친 투자비는 총 3억 200만 원. 수입은 매달 383만 원이 생긴다. 1층 상가 보증금이 4,000만 원에 월세 185만 원, 2층 다가구주택 보증금이 6,100만 원에 월 70만 원, 3층은 보증금 6,000만 원에 월 75만 원을 받고 있다.

투자비를 은행에 넣어 뒀다고 가정하면 이자수익은 1년에 1,208만 원. 이를 수입에서 빼면 연간 순수익은 3,396만 원(수익률 연 11.2%)이다.

## 땅을 고르는 요령

K씨가 부동산투자에서 짭짤한 재미를 본 것은 건축 과정에 세밀한 주의를 기울인 덕분이기도 하지만 우선은 땅을 보는 눈이 있었기 때문이다.

K씨가 작성한 '토지평가표'에 따르면 좋은 땅의 첫째 조건은 '잘 생겨야' 한다는 것이다. 이왕이면 네모반듯해야 하고 대지 앞 도로폭이 10m 이상이어야 한다. 도로가 너무 좁으면 건물의 면적이 줄어들 수도 있다. 도로와 건물 간격을 일정 수준 이상 확보해야 하기 때문이다.

실제 K씨는 20여 년 전 앞뒤로 길이 나 있는 땅을 샀지만 도로폭이 너무 좁아 낭패를 본 적이 있었다. 도로를 내 주기 위해 건물 바닥면적을 줄여야 했기 때문이다.

법적 규제 사항도 잘 살펴야 한다. 학교 인근은 정화구역으로 지정돼 점포 용도가 제한된다. 토지 경사도 등 물리적인 조건도 사전에 조사해 둬야 한다. (도움말 한국토주택지공사 자료를 재인용 한 것임.)

## 사례 4 : 공동투자 방식을 이용해 성공하다

N씨는 중소기업체 직장인이다. 그는 언제나 '노후생활을 어떻게 하면 안정적으로 보낼 수 있을까?' 라는 고민을 하고 있다. 부동산투자, 주식투자, 예금 등을 알아본 결과 "토지 가격은 떨어지지 않는다."라는 문구가 뇌리에 꽂혀 부동산(토지) 투자를 하기로 결심했다.

평소 신중하고 계획적인 N씨는 시간이 날 때마다 부동산을 보러 다니고 신문이나 잡지 등에 나온 부동산 관련 기사들은 전부 스크랩을 해가면서 부동산투자의 기본을 쌓고 있었다. 생소한 용어도 많고 이해하기 어려운 내용도 많았지만 1년 정도 씨름한 결과 부동산에 대한 감각이 조금씩 생기기 시작했다.

2003년 초 N씨는 경기도 고양시 변두리 지역에 소재하는 관리지역 토지 임야 1,650㎡(500평)이 평당 50만 원에 나와 있는 것을 발견했다. 그 땅은 군사시설보호구역으로 묶여 있었다.

하지만 N씨는 그 땅이 노른자위 땅이라는 것을 알아챘다. 고양시가 발전하면 틀림없이 군사시설보호구역의 해제가 있을 것이라는 확신을 가지고 구입하기로 마음먹었다.

땅을 사기로 하고 조사한 결과 땅의 총액이 2억 5,000만 원으로, 자신이 보유한 자금으로는 터무니없이 부족했다. 과잉투자라 생각하고 다른 투자처를 찾아볼까 생각했지만 포기하기는 너무나도 아까운 땅이었다.

고민 끝에 평소 땅 투자에 관심이 있는 친구와 공동투자를 하기로 결심했다. 자신의 보유자금 1억 5,000만 원과 절친한 친구인 J씨 자금

1억 원을 합해 2억 5,000만 원에 땅을 샀다.

예감은 적중했다. 땅을 산 직후 N씨 땅의 인접 지역에 종합병원과 종합운동장, 농수산물센터 등 건설 계획이 발표되고 시행됐다. 이로 인해 구입 후 몇 년 만에 지가가 평당 200만 원으로 올랐다.

N씨는 이때 장기 보유를 생각해 봤다. 하지만 친구인 J씨와 토론 끝에 땅을 팔기로 결정하고 바로 매각했다. 친구와 지분별로 투자 수익금을 배분하고 원금을 제외하고라도 원금의 몇 배가 되는 수익금을 챙겼다. 그 수익금으로 N씨는 현재 땅 투자의 감을 살려서 친구인 J씨와 함께 땅 투자에 박차를 가하고 있다.

## 사례 5 : 투자 장점을 충분히 분석 활용해 성공하다

정년퇴임한 J씨는 퇴직금과 그동안 저축한 월급을 합산해 보니 여유자금 5억 원이 있었다. 퇴직 후 J씨에게는 여유자금 5억 원을 어떻게 활용해야 노후를 편안하게 지낼 수 있을 것인가가 인생 최대의 관심사였다.

그는 부동산투자로 안정적인 수입을 올릴 수 있는 것이 무엇인가 고민하던 끝에 상가건물을 매입해 임대수입을 올리려고 투자처를 모색하고 있었다. 하지만 J씨가 원하는 수익률을 달성해 줄 수 있는 상가를 찾기란 그리 쉬운 일이 아니었다.

고민 끝에 J씨는 절친한 친구인 건축업자 O씨에게 좋은 부동산을 소개해 달라고 부탁했다. O씨는 기다렸다는 듯이 경기도 의정부에 있는 상가 주택부지 198㎡(60평)을 소개했다. 자신이 평소 봐둔 땅으로 상가주택을 건축하면 상당한 임대수익을 낼 수 있을 것으로 예상했던 곳이라고 추천했던 것이다.

J씨는 이 땅을 평당 500만 원에 구입했다. 그런 다음 330㎡(100평)의 상가주택 건축을 O씨에게 의뢰했다. 공사기간은 5개월이 걸렸다. 이 과정에서 J씨에게는 총 투자비용이 땅 구입비, 건축비, 각종 세금 등을 포함하여 7억 원이 필요했으나 은행 대출 1억 원, 임대보증금 1억 원을 제외한 순 현금투자액은 5억 원이었다.

J씨는 상가건물 완공 후 바로 임차인들로부터 월세를 받기 시작해 약 12개월 동안 월 평균 400만 원의 수입을 올렸다. 땅을 사고 16개월이 지난 시점에 그는 상가건물을 실제 투자 금액보다 1억 원 높은 8억 원에 팔았다.

J씨는 부족한 자금을 은행 대출을 이용해 수익률을 올릴 수 있었던 것으로 대출을 이용해서 수익률을 극대화시킨 것이다. 전문용어로 말하자면 부채의 사용으로 수익률을 극대화 시킨 것으로 레버리지 효과(Leverage Effect)를 이용한 셈이다.

## 사례 6 : 부동산 가격 상승으로 횡재하다

평소 부동산투자에 관심이 많던 S씨는 부동산투자는 누가 뭐라고 해도 매매차익을 얻는 것이라고 생각하고 있었다. 부동산의 구입 가격과 매도 가격의 차액을 노리는 것이 부동산투자의 묘미라는 게 그의 지론이었던 것이다.

부지런하고 꼼꼼한 성격을 가지고 있는 S씨는 부동산투자에 깊은 관심을 가지고 전문서적을 보면서 매매차익을 누리기 위해 열심히 공부했다. 그 과정에서 부동산의 수익은 자본 수익과 소득 수익이 있는 것을 알았으며 자신이 원하는 것이 자본 수익을 의미하는 것으로 자본수익을 획득하기 위해서는 부동산 시장을 먼저 파악해야 한다는 것을 간파했다.

그러니까 부동산투자를 하기 위해서는 먼저 부동산 시장이 무엇이며 일반 경기와 비교해 어떤 차이가 있는지, 또 변동 형태는 어떻게 되는지를 먼저 알아야 한다는 것을 알아챈 것이다.

하지만 부동산투자에 입문한 지 얼마 되지 않는 S씨에게 부동산 시장의 특성과 변동 과정을 파악하고 이해하는 것조차 힘들 뿐 아니라 부동산 자체의 특성을 파악하기도 힘들었다.

S씨는 3남 1녀 중의 장남으로 언젠가 맞이하게 될 부모님 묘지로 사용하기 위해 평당 2만 원에 사놓았던 임야 3,000평 옆에 도로가 난다는 계획이 발표된 직후 평당 20만 원으로 무려 10배나 오른 것을 보았다.

일반 경제 상식으로 수요가 많아지면 가격이 올라가는 것은 당연한 이치인 것이다. 하지만 자신이 보유한 임야는 수요자가 많아지지도 않았는데 가격이 10배나 오른 것은 아무리 생각해도 이해가 되질 않았다.

투자 목적보다는 토지 사용의 필요성에 의해 구입한 땅이 주변에 도로 건설로 인해 땅값이 상승한 것이다. 이유야 어찌 됐든 S씨가 원하던 매매차익을 획득한 것이다. 그는 땅으로 높은 수익을 올렸지만 또 다른 투자를 위해 부동산 시장에 대한 연구에 몰두하고 있다.

## 사례 7 : 세종시 개발 지역 주변 투자로 대박이 나다

서울 신림동에 사는 Y씨는 2012년에 "세종시 행정복합도시 개발을 축소할 것인가? 아니면 그대로 진행 되어야 할 것인가?"를 두고 언론에서 난상토론이 있을 때 2억 원의 돈을 가지고 세종시 토지투자를 계획하고, 세종시 장군면으로 내려 갔다.

Y씨는 세종시 장군면을 방문한 뒤 이 일대의 땅이야말로 대한민국의 미래를 여는 약속의 땅이라 확신하고, 본인이 알고 있는 개발 정보를 활용하여 장군면사무소 인근 800여 평의 계획관리지역을 25만 원에 매입하였다.

주변에서는 "이명박 정부에서 축소 개발을 한다는데, 땅을 구입하다니 미쳤다!"고 하였지만 Y씨는 이에 굴하지 않고, 자신만의 소신 대로 개발 정보를 믿으면서, 리스크를 안고, 땅을 구입하였던 것이다.

처음에는 누구보다도 강한 자신감을 보였지만 그래도 약간의 불안감은 있었다고 본인 스스로 털어 놓는다. 그러면서도 필자에게 오히려 강조하며, "부동산투자에 있어서 리스크 없는 투자가 어디에 있는가? 리스크가 클수록 이익도 큰 것이 세상 진리이다." 라고 강조하면서 "세종시 토지투자에 성공하려면 정보와 사람을 훔쳐라!"라는 것이었다. Y씨 자신도 안전하게 투자하고 싶은 마음은 굴뚝같지만 세종시 장군면 토지투자는 나름대로 행복도시 개발 정보를 믿고 있었기 때문에, 과감히 투자하였던 것이다.

그러한 시점에 한 치의 오차도 없이 세종시 행복도시 개발을 주장하여 온 박근혜 의원이 대통령 후보에 당선되면서, Y씨는 신림동에 있는 본인의 아파트를 12억 원에 과감히 팔고, 이것저것 정리한 다음, 남은 10억 원을 가지고, 장군면 일대에 다시 본인 나름대로 확신을 가지고 땅을 사들이기 시작하였다.

이중에는 계획관리지역도 있고, 보전관리지역도 있었는데, "10억 원 모두를 계획관리지역으로 매입하였으면, 더 큰 돈을 만질 수 있었는데." 라면서 아쉬워하기도 했다.

결론적으로 Y씨는 12억 원을 투자해서 3년 만에 100억 원대의 자산가로 변신하였다. 특히 장군면 일대의 남양유업 자리 인근의 땅은 그 당시 25만 원 정도였는데, 2022년 현재 800~1,000만 원 정도에 거래되고 있다.

땅 투자는 주식 투자와 비슷하다. 기본적으로 '시세차익의 게임'이다. 앞으로 가격이 많이 오를 곳을 골라 땅을 싸게 사들인 뒤 비싸게 되팔아 차익을 남기는 '머니 게임'이다.

그런데 이 머니 게임을 승리로 이끌기 위해서는 '개발 정보의 선점'이 필요하다. 부동산 시장에서 개발은 땅값을 뛰게 하는 가장 강력한 재료이기 때문이다. 당장은 쓸모없는 땅이라도 몇 달 후, 아니면 몇 년 후 개발 예정지에 포함되면 가치가 급등하게 된다.

때문에 개발계획에 대해 남 모르는 정보를 선점한 사람은 큰돈을 벌 수 있다. 땅 투자에 성공하려면 어떻게 해야 할까?

정보와 사람을 훔치라는 Y씨의 말에 답이 들어 있다.

# 땅 투자 실패 사례에서 배우기

## 사례 1 : 성급한 판단으로 인한 실패

굉장히 급한 성격을 가지고 있는 N씨는 부동산에 관심이 많아 기회만 있다 하면 부동산투자를 시도하고 있었다. 벌써 다섯 번이나 사고팔기를 하여 어느 정도 수익을 올리긴 했지만 은행의 정기예금 이자율보다 약간 높은 수익을 올렸을 뿐이다. 이는 부동산투자의 위험을 감안하면 성공적인 투자라고는 말할 수 없다.

N씨는 부동산투자와 관련하여 전문서적, 뉴스, 신문 등 여러 가지 분석을 거쳐 어느 지역에 부동산 가격이 오른다는 소식을 듣고 부동산을 구입하면, 이상하게도 그 지역의 부동산 가격 상승이 멈추고 다른 지역의 가격이 오르거나, 심지어는 부동산 가격이 오른다 싶으면 정부 정책이니 뭐니 해서 가격 상승이 멈출 뿐만 아니라 설상가상으로 거래까지 뚝 끊겨 팔리지도 않는다.

게다가 돈이 필요해서 온 동네 공인중개사 사무소를 돌아다니면서 발품을 팔아 물건을 내놓고 생활정보지에 광고도 내보는 등 갖은 노력을 해도 안 팔리다가 매수자가 겨우 나타나서 부동산을 팔고 나면 얼마 있지 않아서 부동산 가격이 오르기 시작하는 것이다.

N씨는 이제 부동산투자에 자신감이 떨어졌을 뿐만 아니라 다른 투자 대안을 생각할 정도로 부동산투자에 회의적이다. 필자가 판단하건대 N씨의 실패 원인은 조급한 성격 때문이라며 부동산 시장의 전체적인 흐름을 파악하고 예측하여 차분하게 투자해야 한다고 조언을 했다. 하지만 N씨는 아랑곳 하지 않고, 부동산 시장이 흘러가는 것을 정확하게 예측한다는 것 자체가 이해되지 않는다고 생각하고 있다.

## N씨의 사례 분석

### 부동산 시장의 경기변동 파악

부동산 시장 상황의 변동인 부동산경기 변동은 부동산 시장을 구성하고 있는 부문별 부동산 시장의 가중평균치적인 성격에 불과하므로 지역별 · 부문별 부동산 시장을 세부적으로 파악할 필요가 있다. 다시 말하면, 부동산 시장은 상업용, 공업용, 주거용 부동산으로 나눌 수 있고 각 시장마다 경기변동이 다르다는 것이다.

일반적으로 주거용 부동산 시장은 일반 경기변동에 역행하는 속성이 있고, 상업용과 공업용 부동산은 일반경기에 동행하는 속성이 있다. 이를 가중평균하면 일반적으로 부동산 시장은 일반경기에 후행하는 성향을 띠게 되는 것이다.

### 부동산경기의 규칙적인 변동

부동산경기의 주기적 변동(규칙변동)은 일반적으로 회복시장과 상향시장, 후퇴시장, 하향시장이 반복하여 나타나는 현상을 말한다. 기타 부동산 시장 경기에는 이를 4가지 시장 국면 이외에도 별도의 안정시장 국면도 있다.

- 회복시장 : 시장이 불황의 끝(저점)을 지나면서 가격이 상승하고 부동산경기가 활기를 띠기 시작하는 시장의 국면
- 상향시장 : 회복시장이 지속된 후 부동산 가격이 계속 상승하면서 부동산경기가 과열되는 시장
- 후퇴시장 : 정점을 지나면서 가격이 하락하며 부동산경기가 활기를 잃기 시작하는 시장
- 하향시장 : 부동산경기가 침체를 지속하면서 부동산 가격이 크게 하락하는 시장
- 안정시장 : 부동산 가격이 안정되어 있거나 가벼운 상승을 지속하는 시장을 말하는 것으로, 일반적으로 불황에 강한 시장

## 적용 이론

### 부동산투자에 적합한 시점

부동산가격을 상승시키는 3가지 요인 중 우리가 가장 확실하게 예측할 수 있는 것은 부동산에 대한 유용성의 증가나 감소이다. 즉 택지개

발이나 지하철이 건설될 경우는 물론 내 땅에 인접한 2미터 도로의 폭이 4미터로 확장될 경우에도 토지에 대한 접근성 측면에서의 유용성이 증가할 수 있다. 또한 내가 사는 동네에 대형 할인점이나 공원이 들어올 경우에도 내가 소유한 주택은 생활환경이 좋아짐에 따라 유용성이 증가할 것이다.

반면에 유효수요의 증가나 상대적 희소성의 증가는 명확한 예측이 가능하기도 하나 그렇지 못한 경우도 많다. 유효수요의 증가는 해당 지역에 인구나 가구가 신규로 유입될 경우 증가하기도 하지만 부동산은 고가의 재화이므로 가망수요자들이 부동산의 구매의사결정을 보류하고 있을 경우 유효수요가 되지 못하기 때문이다.

상대적 희소성의 증가가 감소 역시 신규부동산 분양이나 대규모 택지개발 등의 경우를 제외하고는 판단이 곤란하다. 부동산은 내구재로서 시장에 출하되는 공급량은 생산에 의한 공급인 경우도 있으나 자신이 보유한 부동산을 시장에 출하하는 보유량의 공급이 많으므로 현재 시장에 존재하는 부동산 중 얼마나 많은 양이 시장에 출하되고 있는가는 더욱 판단이 어렵기 때문이다.

따라서 많은 부동산투자자들은 대부분 유용성의 증가에 초점을 맞추어 가격 상승을 예상하고 투자를 하고 있다. 물론 현재 유용성이 증가한다고 해서 유효수요와 상대적 희소성이 증가하지 않으면 곧바로 가격이 인상되는 것은 아니나 유효수요의 증가는 투자자 자신이 아닌 다른 부동산 수요자의 구매의사결정에 따라 이루어지는 것이므로 언젠가는 가격이 상승하겠지 하는 막연한 생각만으로 부동산에 투자하는 경우도 있다.

부동산투자에서 유효수요의 증가를 예측하기 위해 동원되는 기법은 경기의 순환변동을 예측하는 방법이다. 실제 부동산 시장에서는 호경기가 되면 수요가 급증하고 불경기가 되면 수요가 감소하는 현상을 보이고 있다. 따라서 어떤 부동산의 유용성이 증가할 경우 불경기에서는 유용성 증가가 가치에 반영되는 비율이 낮으나 향후 호경기가 되면 유용성 증가분의 대부분이 가치에 반영되어 목표수익을 대부분 달성할 수 있게 된다.

경기순환변동 예측은 장기계획을 수립하는 부동산투자자에게는 매각시기를 결정하는데 중요한 요소가 되는 것으로, 투자부동산의 매각시기를 호경기로 예측되는 시점과 일치하도록 투자계획을 수립한다면 목표 수익률을 보다 높일 수 있을 것이다. 특히 환금성이 낮은 부동산투자에서는 경기순환변동을 감안한 매각시점 예측이 매우 중요하다고 볼 수 있다.

이런 점을 감안하면 부동산투자 기간을 최소한으로 단축할 수 있는 방법도 찾아볼 수 있다. 즉 유용성이 높아질 것이 예상되는 부동산을 경기가 회복되는 초기에 구입해서 경기가 호전된 후 다시 침체국면으로 접어들기 이전에 매각한다면 짧은 기간(1년 내지 2년)에도 목표하는 자본수익을 획득할 수 있을 것이다.

### 부동산 시장의 경기변동 과정

경기란 시장의 좋고 나쁜 상황을 의미하는 것으로, 경기가 변동된다는 것은 시장의 상황이 좋아지거나 나빠지는 것을 말한다. 이때 시장이 좋고 나쁘다는 것은 시장에 참여한 자들의 경제적 수익 발생 상태를 의미하는 것으로 시장참여자들의 소득이 증가할 경우에는 경기가 좋다고 표현하며, 반면에 소득이 감소할 경우에는 경기가 나쁘다고 표현하는 경향이 많다.

부동산 시장 역시 여러 가지 원인에 의해 경기가 끊임없이 변동되는 것으로, 부동산경기 변동이란 부동산 시장의 각종 참여자들이 획득하는 투자 수익의 평균적 변동 양상을 의미하는 것으로 봐야 할 것이다.

부동산 시장은 국민경제의 전체시장을 구성하고 있는 가장 중요한 부문으로 부동산 시장과 전체 시장은 서로 밀접한 관련을 맺고, 서로서로 영향을 주고받는다. 또한 부동산 시장도 주거용, 상업용, 공업용 부동산 시장 등 여러 가지 특수 부문으로 구성되어 서로서로 영향을 주고받는다. 이에 따라 일반경제의 경기변동과 마찬가지로 부동산경기변동도 지역별 · 부문별 경기변동을 종합한 가중 평균치적인 성격을 지니고 있다.

결국 부동산 시장 상황의 변동인 부동산경기변동은 각각의 시장에 따라 다르다. 따라서 우리가 일반적으로 접하는 부동산경기라는 것은 지역별 · 부문별 부동산 시장의 경기변동을 종합한 가중 평균치적인 성격에 불과한 것으로, 실제 부동산에 투자할 경우에는 투자할 대상 부동산의 종류별 해당 지역의 부동산경기를 별도로 분석해야 함을 유의해야 한다.

부동산경기 변동은 일정한 기간마다 순환적 양상을 보이는 순환적 변동과 시장 외부의 충격(IMF, 전쟁, 금융실명제 등)에 의한 불규칙적 변동도 있다. 또한 지역별로는 토지 거래허가지역의 지정이나 투기지역의 지정 등과 같은 정책적 요인에 의한 불규칙적 변동이 이루어지는 경우도 있다.

부동산투자자는 부동산경기의 순환적 변동에 대한 기초적인 지식을 습득할 경우 장래의 시장 흐름을 예측해야 할 것이며, 불규칙적 변동요인이 시장에 출현했을 경우 시장의 흐름을 예측할 수 있는 능력도 함께 습득해야 할 것이다. 특히 이와 같은 불규칙 변동 중 어느 정도 예측이 가능한 것은 투기를 방지하기 위한 지역별 토지 거래허가지역의 지정이나 투기지역의 지정과 같은 정부의 정책으로, 해당 정권의 투기방지 의지나 부동산문제의 정도에 따라 정책 시행 여부나 시기가 결정되기는 하나, 정부가 발표하는 보도자료나 해당 정책과 관련된 기본적인 지식만 가지고도 어느 정도 정책의 변화 가능성을 예측할 수 있을 것이다.

부동산경기의 규칙적인 변동

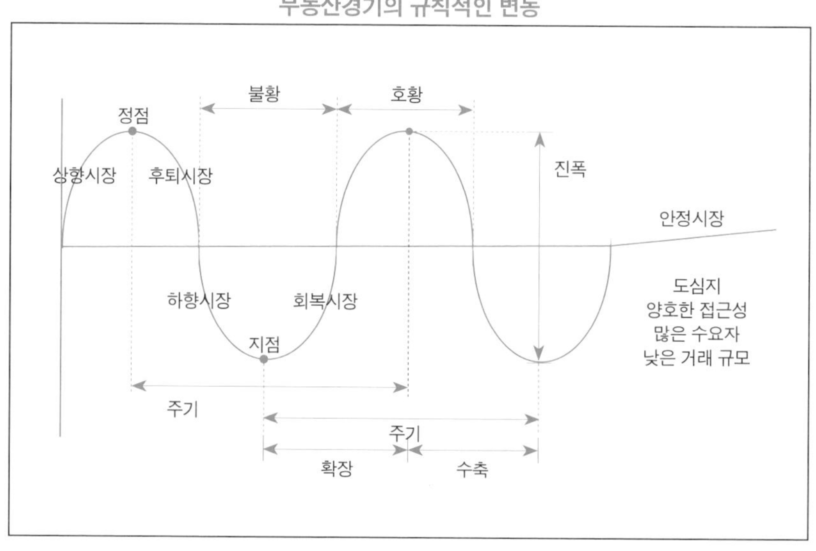

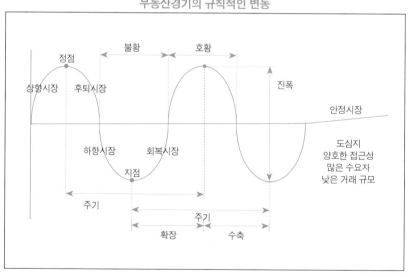

부동산경기의 주기적 변동(규칙변동)은 일반적으로 회복시장과 상향시장, 후퇴시장, 하향시장이 반복하여 나타나는 현상을 말한다. 기타 부동산 시장 경기에는 이를 4기지 시장 국면 이외에도 별도의 안정시장 국면도 있다.

### 1) 회복시장

회복시장回復市場이란 하향시장이 일정기간 계속된 후 저점(계곡, Trough)을 지나면서 가격이 상승하고 부동산경기가 활기를 띠기 시작하는 시장이다.

회복시장에서는 다음과 같은 현상이 나타난다.

- 하락이 중단, 반전하여 가격이 상승하기 시작한다.
- 거래가 활기를 띠기 시작하고 금리는 낮고 자금에 여유가 있기 때문에 부동산 투기가 고개를 들기 시작한다.
- 부동산 시장에 고객의 출입이 증가하기 시작한다.
- 과거의 사례 가격은 새로운 거래의 기준가격이 되거나 하한선이 된다.
- 공실률이 감소하기 시작한다.
- 부동산 전문 활동은 매도자를 중시하는 경향으로 전환 된다.
- 건축허가 신청건수가 점차 증가한다.

부동산 시장에서 회복시장을 정확하게 판단할 경우 부동산투자에서 유리한 위치에 서게 되는 것으로, 일반적으로 부동산경기에서 회복시장은 다음과 같은 사항들을 면밀히 관찰함으로써 판단할 수 있다.

- 중개업자를 찾는 인원 및 그 동향
- 택지구입동향 및 그 유형
- 건축자재 등의 수요동향
- 건축허가 신청 및 착공 동향
- 공가율의 변동
- 정부의 각종 시책의 동향
- 형성되어 있는 가격 수준

### 2) 상향시장

상향시장上向市場은 회복시장이 지속된 후 부동산가격이 계속 상승하면서 부동산경기가 과열되는 시장을 의미하는 것으로, 다음과 같은 특징을 보인다.

- 부동산가격은 지속적으로 상승하고 부동산투자나 투기도 활발해진다.
- 과거의 사례가격은 새로운 거래의 하한선이 된다.
- 부동산 전문 활동은 매도자의 관리에 주안점을 둬야 한다.
- 건축허가 건수의 큰 폭 증가와 함께 그 증가율의 계속적인 상승한다.
- 후퇴시장의 전 국면이므로 부동산의 경기가 후퇴할 가능성을 내포하고 있으므로 부동산투자자는 부동산경기순환의 타성에 말려들지 않도록 주의해야 한다.

### 3) 후퇴시장

후퇴시장後退市場이란 상향시장이 일정기간 계속된 후 정점(정상, Peak)을 지나면서 가격이 하락하며 부동산경기가 활기를 잃기 시작하는 시장을 말하는 것으로, 다음과 같은 특징이 나타난다.

- 부동산 가격의 하락이 시작된다.
- 거래가 한산해지며 금리는 높고 자금이 부족하여 부분적으로 부동산 활동이 침체하기 시작한다.
- 부동산 전문 활동은 매수자 중심으로 반전된다.
- 일반 경기와 병행하면 공실률 증가의 폭이 커진다.
- 과거의 사례가격은 새로운 거래의 기준가격이 되거나 상한선이 된다.

### 4) 하향시장

하향시장下向市場이란 후퇴시장이 이어져 전반적인 경기는 침체하고, 이와 함께 부동산경기도 침체하면서 부동산가격이 크게 하락하는 시장을 말한다. 하향시장에서는 다음과 같은 현상이 나타난다.

- 부동산가격이 전반적으로 하락하고 특수한 경우 이외의 거래는 중단된다.
- 장기화되면 규모가 큰 호화주택, 신개발지의 택지가 큰 타격을 입는다.
- 부동산이 잘 팔리지 않고 금리는 높으며, 부동산을 소유하는 것은 하나의 부담으로 작용하여 때로는 파산을 가속화시키는 요인이 되기도 한다.

• 과거의 사례가격은 새로운 거래의 상한선이 된다.
• 부동산 전문 활동에서는 매수자에 주안점을 두어야 한다.
• 건축허가 신청건수가 크게 감소한다.

#### 5) 안정시장

안정시장安定市場은 부동산 가격이 안정되어 있거나 가벼운 상승을 지속하는 시장을 말한다. 부동산 시장 고유의 특성으로서 부동산경기 순환 국면에 안정시장이 포함된다. 안정시장은 부동산경기 순환의 4국면과 독립되어 형성되는 것으로 다음과 같은 현상이 나타난다.

• 주로 위치가 좋고 규모가 작은 주택이나 도심지 점포가 이에 속한다. 예를 들어 도심지 내 역세권에 위치한 소규모 아파트 등이 포함된다. 반면에 큰 맨션이나 저택, 교외의 분양 토지 등은 불황에 약한 유형이라는 것이 통설이다.
• 안정시장에서의 사례가격은 새로운 거래의 기준가격(신뢰할 수 있는 가격)이 된다.
• 부동산 전문 활동은 매수자와 매도자 쌍방 모두에 주안점을 두어야 한다.

### 부동산경기 변동의 특징

일반경제의 경기 변동과 대비해 볼 때 부동산경기 변동은 일정한 특징을 지니고 있다. 각 학자들의 특징에 대한 발견을 정리하면 다음과 같다.

• 부동산경기는 일반경기보다 변동주기가 더 길다. 즉 부동산경

기의 순환은 약 18~20년을 주기로 하고 있다. 이것은 일반경기(Juglar Cycle)의 주기에 비해 약 2배에 해당하는 기간이다. 이는 부동산경기를 건축 순환으로 보는 견해에 의한 주장이다.

- 통상적으로는 개별적 · 지역적 현상이다. 즉 부동산경기의 변동 크기와 진폭은 국가나 도시마다 다르고 같은 도시라도 지역에 따라 다르다.
- 부동산경기의 순환은 일반경기의 순환에 비하여 그 계곡(저점)이 깊고 정상(정점)이 높다. 즉 부동산경기 순환의 진폭은 일반경기의 진폭보다 크다.
- 경기순환의 진폭이 큰 이유는 부동산경기는 일반경기의 변동에 대응하여 민감하게 작용하지 못하는 타성현상惰性現狀 때문이다. 타성현상은 부동산을 완성하는 데에는 많은 시간이 소요되고, 이에 따라 수요와 공급 간의 불균형을 심화시키기 때문에 발생한다.
- 부동산경기는 타성현상으로 인해 회복 기간이 길고 후퇴 기간이 짧은 경우가 대부분이다. 우리나라의 부동산 시장은 여기에 더해 상향시장 역시 짧은 경우가 많다.
- 부동산경기는 부분 시장별로 변동의 시차가 존재한다. 즉 상업용 · 공업용 부동산경기는 일반경기와 대체로 일치하지만 주거용의 경우는 역순환 현상을 보이는 것이 일반적이다.
- 부동산경기는 부분별 부동산 시장의 경기 상황을 종합한 것으로, 일반경기에 비해 후행(후순환적)하는 것이 통상적이다. 그러나 역행 · 독립 · 선행할 수도 있다.

※ 참고 : 우리나라의 부동산경기는 일반경기에 비해 약 6개월 정도

후행하나, 주식경기는 일반경기에 비해 약 6개월(또는 1년) 정도 선행한다는 연구 결과가 많이 발표되었다.

## 사례 2 : 조급한 결정은 실패를 부른다

### 사례 제시

서울 동대문에서 상가를 운영하고 있는 E씨는 여유자금으로 토지에 투자하기로 결심하고 토지투자에 관심을 기울이고 있는 중에 경기도 포천지역이 발전할 것이라는 소문을 들었다. 2002년 중개사무소를 통해 포천시에 1억 원짜리 창고용 임야 3,300㎡(1,000평)을 소개 받았다. E씨는 중개업자의 차를 타고 매도자가 안내하는 대로 임야에 가보니 트럭이 들어갈 만큼 번듯하게 뚫려 있고 경사도 완만해서 창고를 건축하는 것은 물론 투자용으로도 손색이 없는 것으로 판단하였다. 게다가 중개업자와 매도자가 이야기하는 것을 얼핏 들어보니 다른 투자자들이 방문하고는 매수의사를 밝히는 등 욕심내는 사람이 많이 있는 것 같다는 생각에, 성질이 급한 E씨는 현장실사 후 곧바로 매매계약을 체결하고 잔금도 지급했다.

E씨는 토지를 매입하자마자 창고를 건축하기 위해 준비 작업에 들어갔고, 창고 건축을 위해서는 나무가 있어서는 안 된다는 본인만의 생각에 임야에 있는 나무들을 잘라내는 작업을 시작하였다.

E씨가 한참 작업을 하고 있는데 J씨가 나타나 자신의 소유의 임야에 있는 나무를 자른다고 경찰에 고발하겠다고 한다. E씨는 매매계약서, 등기부등본을 보여주면서 자신의 임야라고 설명을 해 주어도 J씨는 자신의 임야라고 주장한다. 결국 측량을 해 보았더니 E씨가 구입한 임야는 산꼭대기 쪽으로 한참 올라가 있는 급경사 부분에 위치한 것으로서 누가 봐도 투자 대상으로는 부적정하다.

E씨는 억울해 하면서 임야의 정당한 소유자인 J씨에게 자초지종을 설명하고 불법으로 나무를 벤 것에 대해 500만 원을 보상해 준 뒤에 중개업자와 매도자를 불러놓고 삼자대면을 한다. 중개업자는 매도자의 말만 믿고 설명을 한 것이니 자신의 잘못이 없다고 하며, 매도자는 자신도 15년 전에 구입한 것으로 그 당시 한 번 보고 나서 오랜 시간이 지나서인지 위치를 잘못 안 것 같다고 발뺌을 한다. 추후에 착오에 의해 매매계약의 취소가 가능하다고 하더라도 나무 값 500만 원 그리고 토지 매입비용 1억 원에 대한 시간비용 등은 상당한 손실이 아닐 수 없다.

## 사례 분석

### 부동산투자 결정 과정

부동산투자자는 크게 볼 때 투자 결정 과정을 거쳐 투자 실행을 하게 된다. 투자 결정 과정은 다시 '투자 목적 확정 → 투자 환경 분석 → 투자 방식 선정 → 투자 대상물 선정 → 타당성 분석 → 투자 결정'의 6단계를 거치는 것이 합리적이다.

① 투자 목적 확정 : 투자의 궁극적 목적은 경제적 이득의 획득에 있는 것으로 수익 극대화에 있다.

② 투자환경 분석 : 부동산투자 수익에 영향을 미칠 수 있는 여러 가지 요인들을 분석하는 것으로, 부동산 시장 상황, 관련 법률제도, 부동산 금융, 세금 등이 있다.

③ 투자방식 선정 : 직접투자, 간접투자, 공동투자, 단독투자 또는 토지 건물에의 투자 등이 있다.

④ 투자 대상물 선정 : 투자 목적과 방식에 맞는 투자 대상물을 선정 → 지역 선정 → 대상물 선정의 순으로 선정한다.

⑤ 타당성 분석 : 물리적 · 경제적 · 법률적 타당성 분석을 행하는 것으로 경제적 타당성 분석이 가장 중요한 부분을 차지하고 있다.

⑥ 투자 결정 : 타당성 분석 결과를 보고 3개 정도의 부동산을 비교하여 수익률이 가장 높거나 투자가치가 가장 높은 부동산을 선택한다.

### 사례의 해결

사안에서 E씨에게 있어서 문제점이 발견된 시점은 부동산투자 실행 과정에서 임야를 개발하려고 하는 과정에서 발견되었다. 문제의 원인을 살펴보면 E씨는 타당성 분석 시에 대상 물건의 주변 환경과 물리적 현황을 조사하여야 함에도 불구하고 매도인과 중개업자의 말만 믿고 투자를 결정한 점에서 문제가 발생한 것이다. 일반적으로 투자를 할 경우에는 타당성 분석은 필수적이라고 할 수 있는데, 물리적 · 경제적 · 법적 타당성을 면밀히 따져봐야 하는 것이다.

### 적용 이론

부동산투자나 금융, 개발 등 모든 부동산 활동은 일반적으로 투자의사결정 과정을 거쳐 투자 활동을 실행을 하는 2가지 단계를 거치게 된다. 이러한 2가지 단계를 우리는 '투자 결정'과 '투자 실행'으로 구분할 수 있다.

### 부동산투자 결정 절차

부동산투자의 결정절차는 일반적으로 다음의 그림과 같이 투자 목적 확정 → 투자 환경 분석 → 투자 방식 선정 → 투자 대상물 선정 → 타당성 분석 → 투자 결정의 6가지 단계를 거쳐 이루어지는 것이 바람직하다.

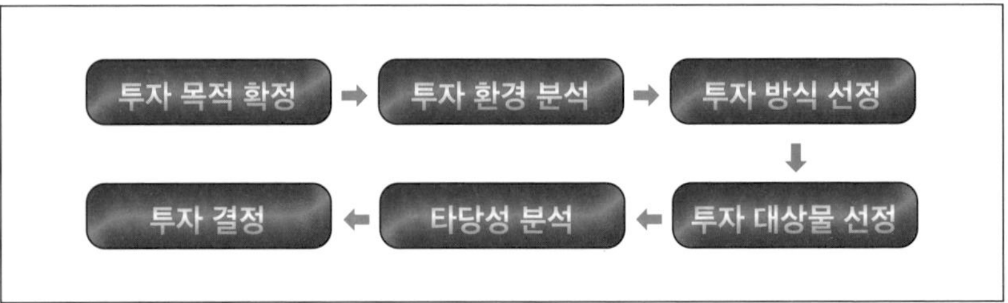


#### 1) 투자 목적 확정

부동산투자자의 투자 동기는 기대되는 현금수입, 인플레이션 헷지, 부동산가치의 상승, 상속이나 증여, 경영 등 다양하다. 그러나 이들 모든 투자 동기의 궁극적 목적은 경제적 이득의 획득에 있는 것으로 투자자의 목적은 수익 극대화에 있는 것으로 봐야 한다.

### 2) 투자 환경 분석

투자 환경이란 부동산투자 수익에 영향을 미칠 수 있는 여러 가지 요인들을 의미하는 것으로 부동산투자에 영향을 미치는 투자환경에는 부동산 시장 상황, 관련 법률 제도, 부동산금융, 세금 등 가격발생요인에 변화를 가져오는 요인들이다.

### 3) 투자 방식 선정

투자 목적에 맞는 투자방식을 선정한다. 부동산투자 방식은 앞의 사례에서 본 것과 같이 직 · 간접투자, 소득 · 자본수익, 토지 · 건물, 형태(토지, 건물), 용도, 지역 등을 기준으로 구분된다.

투자자의 투자 방식 선정에 따라 선정할 투자 대상물이 달라지며, 투자 대상물의 분석과 타당성 분석 방법 등도 차이가 있게 된다.

### 4) 투자  대상물 선정

투자 목적과 방식에 알맞은 투자 대상물을 선정한다. 투자 대상물 선정은 도시 선정 → 인근지역 → 대상물의 순서대로 선정한다.

### 5) 타당성 분석

부동산에 대한 타당성 분석은 기술적 측면의 타당성 분석과 경제적 측면의 타당성 분석, 법률적 측면의 타당성 분석이 필요하다.

기술적 타당성 분석이란 대상 부동산의 위치나 면적, 모양, 층수, 구조 등 물리적 상황에 대한 분석을 의미하며, 법률적 타당성 분석이란 대상 부동산의 권리 관계에 하자가 없는가에 대한 분석을 의미한다.

경제적 타당성 분석이란 대상 부동산투자로 인한 수익의 획득 가능성을 분석하는 것이다.

부동산투자자의 투자 목적이 수익의 극대화에 있다는 전제에서는 이들 3가지 타당성 분석중 경제적 타당성 분석이 가장 중요한 것이다. 경제적 타당성 분석에서는 목표로 하는 수익의 획득이 가능한지 여부를 분석하는 것으로, 3개 정도의 부동산을 선정하여 타당성이 가장 높은 대상물을 선정하는 것이 바람직하다.

일반적으로 투자 타당성 분석 방법은 대상 부동산에서 장래 기대되는 기대수익률과 투자자의 최소한도 수익률인 요구수익률을 비교하여 결정하거나(수익률분석법), 투자 대상 부동산의 투자가치와 구입 가격인 시장가치를 비교하여 결정한다(가치분석법).

첫 번째, 수익률 분석법이란 기대수익률이 요구수익률보다 크거나 같은 경우 투자 타당성이 있다고 판단하는 것으로, 투자 타당성이 인정되는 투자 대상 부동산이 2개 이상 있을 경우에는 기대수익률이 큰 부동산이 타당성이 더 높은 것으로 본다.

기대수익률은 투자 대상 부동산에서 발생하는 장래의 현금 흐름을 분석하여 산정할 수 있으며, 기대수익률이란 기대수익을 구입가격(시장가격)으로 나눈 비율이 된다.

$$\bullet\ \text{기대수익률} = \frac{\text{기대수익}}{\text{시장가격}}$$

일반적으로 부동산의 기대수익은 투자기간 중 발생할 수 있는 소득

수익과 투자기간 말에 획득할 수 있는 자본수익을 합산하여 계산한다.

- 기대수익 = 소득수익 + 자본수익

예를 들어 1억 원의 분양상가를 분석해본 결과 향후 3년간 평균 1,000만 원의 임대료 수입이 보장되며, 3년이 지난 이후에는 분양상가를 1억 600만 원에 팔 수 있다고 가정해보자. 분양상가 투자에서 연간 소득수익은 1,000만 원이 되고, 3년간 분양상가 가격은 600만 원이 인상되므로 연간 평균 자본수익은 200만 원이 될 것이다. 이와 같은 경우 분양상가의 연평균 기대수익은 1,200만 원이 되고, 기대수익률은 1,200만 원을 시장가격 1억 원으로 나눈 12%가 되는 것이다.

- 기대수익 = 1,000만원 + 200만원 = 1,200만원
- 기대수익률 = $\dfrac{1{,}200\text{만 원}}{1\text{억 원}}$ = 12%

이와 같은 기대수익률을 산정하는 경우 유의할 것은 연간 수익은 순수익을 의미하며, 순수익이란 예상되는 총 수익에서 분양상가를 임대하기 위해 필요한 각종 경비(관리비, 재산세, 종합부동산세 등 세금, 공과금 등)를 공제한 금액을 의미한다.

한편, 요구수익률은 부동산투자자가 그 부동산투자에서 요구하는 최소한도의 수익률로서, 무위험률과 위험할증률을 합산한 비율이다.

- 요구수익률 = 무위험률 + 위험할증률

무위험률이란 투자기간이 경과하면 당연히 달성될 수 있는 수익률을 의미하는 것으로 일반적으로 은행의 정기예금금리를 무위험률로 보고 있다. 위험할증률이란 그 부동산투자로 인해 발생할 수 있는 위험에 대한 보상치를 의미하는 것으로 위험이 클수록 위험할증률은 커지게 된다. 이때의 위험이란 기대하는 수익률이 달성되지 않을 가능성을 의미하는 것으로, 위험할증률을 구하기 위해서는 우선 대상 부동산투자에서 달성될 수 있는 일반적 기대수익률을 구하고, 그 다음에 최악의 경우를 가정하여 대상 부동산투자에서 달성될 수 있는 최저 기대수익률을 구한 다음, 일반적 기대수익률에서 최악의 기대수익률을 뺀 값에 향후 투자기간 동안 예상되는 물가상승률(인플레율)을 합산하면 된다.

이와 같은 요구수익률 산정 과정에서는 위험할증률을 산정하기 위하여 최악의 경우를 가정한 기대수익률을 산정해야 한다. 이때의 '최악'이란 투자자 자신의 주관이 개입되면 안 되며, 일반적인 사고방식을 지닌 사람이라면 누구라도 그렇게 될 수 있을 것이라고 예상하는 상황을 기준으로 해야 함에 유의해야 한다.

예를 들어 일반적으로 예상되기 어려운 사고(벼락, 지진 등)로 인한 상황 등은 배제해야 하나, 앞으로 경제 상황이 점차 나빠질 것을 예상하거나 분양상가의 인근 지역에 경쟁이 되는 대형 할인점이 건설이 예정되어 있는 경우 할인점이 개장했을 때의 상황을 예상하는 등 최악의 상황은 그 실현 가능성이 높은 것에 한정되어야 한다.

두 번째, 가치 분석법이란 대상 부동산에 대해 투자자가 판단하는 투자가치와 그 부동산의 가격인 시장가격을 상호 비교하여 투자 타당성 여부를 판단하는 방법이다. 또한 2개 이상의 투자 대상물을 상호 비교할 경우에는 투자가치가 더 높은 부동산이 타당성이 더 높은 것으로 판단한다.

투자가치는 대상 부동산의 순수익을 투자자의 요구수익률로 나누어 계산한다. 이때의 요구수익률을 계산하는 방법은 상기에서 설명했다.

- 투자가치 = $\dfrac{\text{순수익}}{\text{요구수익률}}$

상기 분양상가의 사례를 보면 요구수익률은 11%이고 연간 평균 수익은 1,200만 원이므로 분양상가의 투자가치는 약 1억 900만 원이 되는 것으로, 시장가치 1억 원보다 투자가치가 커 투자 타당성이 인정되는 것이다.

부동산가격은 다양한 가격 형성 요인에 의해서 결정되며, 한번 형성된 가격은 끊임없이 변화하는 것으로, 감정평가사나 한 지역에서 오래 중개업을 경영한 공인중개사와 같은 전문가가 아닌 한 정확한 시장가격을 판단하기는 어렵다. 또한 이들도 정확한 가격을 판단하기 위해서는 다양한 자료를 조사하고 분석하여 가격을 결정하는 것으로, 부동산에 대한 비전문가가 단순한 자료 조사를 통해서 정확한 가격을 판단하기는 어려운 점을 감안해 시세조사에 임해야 할 것이다. 즉 비전문가의 시세조사는 정확한 가격이 아닌 정확한 가격에 근접한 가격대를 조사하는 것을 목적으로 해야 한다.

비전문가가 손쉽게 시장가격을 조사할 수 있는 매체는 다음과 같으며, 각 매체에 수록된 가격은 다음과 같은 특성을 지니고 있다.

### 감정평가가격 조사 사이트

대법원 경매사이트(www.courtauction.go.kr)와 한국자산관리공사 공매정보사이트(www.onbid,co.kr)에 수록된 경매나 공매 대상 부동산정보에는 감정평가사의 평가를 거친 정확한 감정평가가격이 수록되어 있다. 인터넷을 통한 가격조사 사이트 중 가장 신뢰할 수 있는 가격정보를 수집할 수 있으나, 이들 가격정보는 최초의 경매나 공매 시점을 기준으로 한 것으로, 여러 차례 유찰된 경우에는 한국토지공사 사이트(www.iklc.co.kr)에서 제공되는 지가변동률을 적용해 현재의 시세로 변경해야 한다.

### 시세 사이트

아파트나 상가 등의 시세에 대한 정보는 한국감정원이나 부동산114(www.r114.co. kr), 닥터아파트(www.drapt.co.kr)등의 민간 사이트를 통해서 수집할 수 있다. 이들 사이트에서는 일반적으로 담당직원이 전화를 통하여 중개사무소에 문의하는 방법을 이용하고 있으며, 한 곳의 중개사무소에서 여러 아파트단지나 여러 개의 상가에 대한 시세를 제공하는 사례도 많다. 따라서 전화 대화 과정에서 즉석에서 답변이 된 부동산 시세는 정확성이 문제가 될 수 있으며, 특히 한 중개업자가 여러 부동산에 대한 시세를 한꺼번에 제공할 경우에는 신뢰성이 크게 떨어지는 점을 유의해야 할 것이다.

#### 부동산거래정보망 사이트

부동산거래정보망이란 중개업자 상호간에 매물정보를 공유하는 시스템을 말하는 것으로, 부동산거래정보망 사이트를 통해 제공되는 매물정보는 비교적 정확한 시세를 반영한다고 보여지나 중개업자에 따라서는 매물정보의 관리를 게을리해 이미 매도된 정보를 그대로 수록되어 있는 경우도 많음을 유의해야 한다.

- 한국공인중개사협회 부동산거래정보망(www.nareb.or.kr) : 전국의 중개업자 상호간의 정보 공유(국토해양부장관 지정 사업자)
- 텐커뮤니티 부동산거래정보망(www.ten.co.kr) : 분당, 평촌, 고양시 덕양구, 서울(양천, 강서, 송파구) 지역 내 대단위 아파트단지지역

#### 부동산매물정보 사이트

최근에는 다음이나 야후, 네이버 등 대형 포털사이트를 통하여 중개업자가 홍보하는 매물정보를 흔히 찾아볼 수 있다. 이들 사이트는 중개업자가 자신의 영업을 위하여 제공하는 매물정보로서, 일부 매물정보의 경우 보다 많은 수요자의 접근을 노리고 사실보다 현저하게 낮은 매매가격으로 게재되는 경우가 있으며, 일부 매물정보의 경우에는 게재 즉시 매각되는 경우도 있음을 주의해야 한다. 또한 대상 부동산의 장점

만 나열된 경우도 많음을 주의해야 한다.

### 생활정보지 등 직거래 사이트

이들 사이트에 등록되는 매물정보는 상당수가 부동산 소유자가 광고비를 부담하고 등록하고 있다. 이들 대부분은 부동산 가격이나 법률 등에 정통하지 못한 비전문가들이므로 시세보다 높거나, 하자가 게재된 경우가 많을 수밖에 없다. 특히 부동산의 가격은 개별적이고 주관적인 것으로, 소유자의 입장에서는 처음에는 높은 가격으로 매각을 하려는 경우가 대부분이므로 상당수 정보들이 실제 거래될 수 있는 가격과는 큰 차이가 있는 경우가 많다. 따라서 직거래 매체를 통해서 매물정보를 수집할 경우에는 반드시 상세한 해당 부동산에 대한 별도의 조사 과정을 거쳐 적정한 가격을 재평가해야 하며, 평가결과 광고된 가격과 재평가된 가격의 차이가 발견될 경우 소유자에게 실제 거래 가능한 가격으로 매각할 것인가의 여부를 반드시 확인해야 한다.

### 중개사무소 문의 방법

일반인들이 가장 정확한 가격을 조사할 수 있는 방법은 대상 부동산의 인근 지역에 소재한 중개사무소 혹은 대상 지역 부동산거래를 전문으로 하는 중개사무소에 시세를 문의하는 것이다. 중개사무소 시세 문의에서는 중개사무소의 선정이 가장 중요하다. 이는 중개사무소의 시세분석 능력은 대상 부동산에 대한 지리적 접근성과 유사 부동산의 거래 경험, 해당 지역에서의 영업기간, 중개업자의 지적 수준 등에 따라 결정되는 것으로 다음과 같은 기준에 따라 선정한다.

### 6) 투자 결정

하나 혹은 여러 투자 대상 부동산 중 가장 타당성이 높은 투자 대상 부동산을 선택한다. 부동산 시장은 정보의 비공개 특성이 있으므로 합리적인 투자 결정을 위해서는 적정하다고 생각되는 3개 정도의 투자 부동산에 대한 타당성을 분석하여, 그 중 기대수익률이 가장 높거나 투자가치가 가장 높은 부동산을 선택하는 것이 바람직하다.

### 부동산투자 실행 및 관리 방법

부동산투자자가 투자에 대한 의사결정을 한 이후 직접 부동산을 구입하고 운영하는 절차를 '투자 실행'이라고 한다. 투자 실행 과정은 크게 볼 경우 사용 · 수익 · 처분권 확보 → 보유 · 운영 · 개발 등 → 부동산 매각 · 반환 → 소득세 등 사후처리의 4가지 단계로 구분할 수 있다.

## 사례 3 : 자기 자본 없이 임대빌딩 건축했다가 실패

돌아가신 J씨의 아버지는 전국에 다량의 부동산을 소유하고 있었고, J씨에게 서울 외곽 지역에 있는 땅 약 1,000평을 유산으로 남겨 주었다.

J씨는 당시 사업을 시작한 지 얼마 되지 않아 정신없이 바빴다. 상속받은 땅은 신경 쓸 겨를조차 없었다. 그렇게 1년여 가량을 방치해 두었더니 세금은 둘째 치고라도 동네 사람들이 각종 쓰레기를 가져다 버리는 통에 헐값으로 고물상에 임대를 해 주었다.

어느 날 상속받은 땅 인근에 살고 있는 친구 K씨를 만나 소주를 한 잔 했다. 그때 K씨는 "임대용 빌딩을 지으면 상당한 수익이 날 수 있을 텐데"라고 J씨에게 말했다. 솔깃했지만 자신의 사업에 신경을 써야 하고 건물을 지을 만한 자금이 없었다.

그렇게 또 1년의 시간이 지났다. J씨의 사업은 정상 궤도에 진입했고 안정세를 유지하고 있었다. 마음의 여유가 생기고 나니 슬슬 새로운 사업에 욕심이 생기기 시작했다. 전에 K씨의 말에 따라 상속받은 토지에 임대용 건물을 개발하려고 마음을 먹었다. 하지만 마음만 먹었을 뿐 건축이라는 것에 대해 문외한인 데다가 건축할 만한 자금을 구하기가 쉬운 일이 아니었다.

J씨는 밑져야 본전이거니 하고 평소 절친한 건설업자인 G씨를 찾아가 임대용 건물을 건설하기 위해 필요한 자금과 절차 등을 물어봤다. G씨가 제시한 자금은 꽤 큰 액수였다. 그 때 G씨는 J씨에게 "요즘 건설업자가 자기 돈 가지고 건설업 하는 거 봤냐?"라고 말했다. 땅만 있으면 얼마든지 개발을 할 수 있다고 J씨의 가슴을 딸랑딸랑 흔들어 놓고 간 것이다.

J씨는 자신의 사무실에 와서 깊은 고민에 빠졌다. 세상에 공짜가 어디 있느냔 말이다. 내 돈을 들이지 않고 건물을 지을 수 있다는 것을 이해할 수 없으면서도 땅만 있으면 얼마든지 개발할 수 있다는 G씨의 말이 머릿속에서 떠나질 않았다. 결국은 건축업자인 G씨와 지주공동사업으로 임대용 건물을 짓기 시작하였는데, 처음에는 계획대로 잘 진행되다가 얼마가지 않아서 문제가 생기기 시작하였다. 건축업자인 G씨가 건축 대금을 빌미로 J씨의 토지를 담보로 거금의 대출을 받아서 줄

행랑을 친 것이다. 결국 J씨의 토지는 대출금을 갚지 못해서 경매에 넘어가게 되었다.

J씨의 실패 사례 핵심은 친구인 건축업자 G씨를 너무 신뢰한 것과 자기 자본 없이 빌딩을 신축하려는 욕심이 과했던 것이다.

### 사례 4 : 유혹의 한마디 : 돈이 되는 땅인데, 투자하라!

얼마 전 필자의 연구실로 50대 중반의 여성이 찾아와서 상담을 요청하였다. 내용인 즉슨 10년 전 화성시에 토지를 구입하였는데 오르지도 않고, 팔리지도 않아서 상담을 하기 위해 왔다는 것이다. 결론을 먼저 이야기하자면 이 토지는 공익용 임야로서 맹지이기 때문에 앞으로 오르지도 않을 뿐더러 되팔 수도 없는 땅이었다.

10년 전 잘 아는 친구가 화성시 땅이 요즈음 가격이 상승하고 있기 때문에 임야 6천여 평이 평당 5만원에 싸게 매물로 나왔으니 이 땅만 사 놓으면 노후대비는 물론 큰 돈을 벌 수 있는 절호의 기회라고 해서 평생 아끼고 아껴가며 모았던 3억여 원을 덜컥 투자하였다고 한다. 화성시 토지가 아무리 뜨고 있다 하더라도, 개발이 될 수 없는 땅, 도로도 없는 이 땅을 왜 매입했는지 궁금하기만 하다. 물론 도로가 있는 자연녹지나 준보전산지는 가격이 비싸니까 엄두가 나질 않아서 6천여 평의 임야가 싸게 매물로 나왔다는 친구의 말을 믿고 사 놓은 것인데, 왜 잘못 매입했는지 〈토지이용계획확인원〉만이라도 발급받아 분석을 했으면 이런 실수는 없었을 것이다.

이 토지는 경사도가 높을 뿐더러, 도로계획도 없는 맹지로 개발을 할 수 없는 공익용 산지다. 결론적으로 자손 대대로 가지고 가야 할 임야라는 사실에 그 여성은 실망을 하고 돌아갔다.

돈이 되는 땅, 팔릴 수 있는 땅 100평이 이 50대 여성분의 화성시 임야 6천 평보다 더 낫다. 즉 휴지 조각과도 같은 쓸모없는 주식보다는 똘똘한 주식 몇 주가 더 낫다는 것을 생각해보자.

토지투자는 친구 따라 강남 가는 식으로 해서는 안 된다. 친구를 믿고 샀다고 하는데, 투자는 특히, 토지투자는 지인을 믿고 하는 것이 아니다. 비단 부동산뿐 아니라 주식투자 역시 남 믿고 하다가 쪽박을 차는 경우를 수 없이 볼 수 있다. 위와 같은 실수로 귀중한 자산이 묶이는 경우가 없었으면 한다.

## 사례 5 : 기획부동산에 속아 쪽박 찬 중국 교포

주일 예배를 마치고 집에서 망중한을 즐기고 있는데 오후에 전화벨이 울렸다.

"중국 교포입니다. 역세권 땅 15평을 평당 350만 원을 주고 5,250만 원에 샀는데 상담이 가능한가요?"

수화기 너머에서 들려오는 말을 듣고 문득 "아하, 기획부동산에 속아 땅을 산 피해자가 또 생겼구나." 직감하였다.

역세권 어디에 있는 토지냐고 물었더니 평택 지제역 부근의 농업진흥구역(절대농지) 토지였던 것이다.

물론 지제 역세권이 개발된다고 하지만 중국교포가 평당 100만 원 안팎의 토지를 350만 원에 매입을 한 것은 향후 5~10년 후 가격 상승분을 기획부동산에서 챙겨갔기 때문에 그만큼 비싸게 구입을 한 것이다.

중국 교포라는 분은 4년 5개월 동안 한국에 와서 잠도 제대로 못자고, 입을 것, 먹을 것 아껴가며, 피 땀 흘려 번 돈 5,250만 원을 송두리째 투자하였다고 하는데, 정말 안타깝기만 하다.

역세권 부동산은 개발 호재가 많아서 가격 상승이 되는 것만은 확실하다. 하지만 아무 땅이나 그렇게 오르는 것은 아니다. 특히 기획부동산 땅은 몇 배의 시세차익과 미래 가치를 미리 챙겨 매도한 것이기 때문에 가격 상승이 된다 해도 수익 창출은 더더욱 힘이 들 것이다.

### 사례 6 : 도로 확보를 위한 길고 긴 싸움

초보 토지투자자라면 토지투자에 선뜻 나서기가 망설여지기 일쑤다. 토지와 인연을 맺는다는 것은 큰 인연이다. 사람의 팔자를 고쳐줄 수도 있고 잘못되어 거지가 될 수도 있다. 사전에 철저한 토지투자 원칙을 지키지 않는다면 성공적인 토지투자는 기대하기 어렵고 투자금이 묶이기 일쑤다. 그렇다고 토지투자에 너무 두려워할 것은 아니다. 토지투자자로서 기본적인 원칙을 사수하면서 접근한다면 걱정할 필요가 전혀 없다.

이 사례는 도로 확보로 인한 긴긴 싸움이다. 계약서에 '매입 필지까지의 진입도로에 대해 문제가 발생할 시에는 매도자가 모든 사항을 책임지도록 한다'는 특이사항을 계약서에 한 줄 첨부했더라면….

K씨는 시골에 땅을 사 행복한 전원생활을 꿈꿨다. 하지만 집을 짓기도 전에 공사를 포기해야만 했다. 개발행위허가를 득하고 건축을 시작하려던 차, 문제가 발생한 것이다. 계약 당시 모든 서류 확인 및 측량설계사무소에서 농지전용가능 유무까지 확인하고 계약한지라 아무 문제 없다고 생각했다.

집짓기를 시작하기 전 이웃한 토지소유주들에게 인사를 하기 위해 찾아가면서 문제는 시작됐다. 공사 도중 토지에 손상을 입힐지도 모르니 양해를 구하고 공사 후 원상복구나 도로포장까지 해드리겠다는 말이 떨어지기가 무섭게 일언지하에 거절한 것이다. 거절뿐 아니라 차량이 드나들기만 하면 민원을 제기하겠다는 등 협박까지 했다. 집은 지어야겠고 여러모로 설득하기 위해 노력해봤지만 아무 소용이 없었다.

"현황도로 문제, 차량이 드나들지 못하니 공사 포기할 수 밖에요. 길가에 말뚝 박고 통행을 가로막는 땅 주인의 횡포에 두 손 두 발 다 들었습니다."

문제는 바로 지적상 도로와 현황도로의 차이 때문이었다. 지적상 도로는 국토교통부 소유이지만 개인 소유의 창고 마당이 떡하니 자리를 잡고 있어 배려를 부탁할 수밖에 없었다.

관할시청을 방문해 지적상 도로를 찾아달라고 부탁도 해봤지만 합의를 통해 해결하라는 말만 되풀이해 최종적으로 할 수 있는 방법은 고발에 의한 경찰서, 검찰청, 법원을 거쳐 정식 재판 과정을 해야 하며 기일은 몇 년이 걸릴 수도 있다고 한다.

계약서 작성을 꼼꼼히 하지 않을 경우 가장 많이 발생하는 경우인데, 처음 토지 매입을 하는 초보자들이 가장 많이 범하는 실수이다.

# 부록

용인 SK하이닉스 반도체 클러스터 산업단지

용인을 주목하라

부동산투자는 왜 안성인가?

김형선 박사가 선정한 땅 투자 명언 100선

# 용인 SK하이닉스 반도체 클러스터 산업단지

- 사업명 : 용인 반도체 클러스터 (SK하이닉스 공장 증설)
- 사업기간 : 산업단지 조성(~2024년), 반도체 공장 건설(2024년~)
- 위치: 경기도 용인시 처인구 원삼면 독성리, 고당리, 죽능리 SK 하이닉스 단지
- 사업면적: 총 126만 평
- 사업비 : 122조 원

용인시는 SK하이닉스와 함께 SK하이닉스반도체 공장을 만들기로 하면서 뜨겁게 타오르는 곳 중 하나이다. 특히 이상일 용인특례시장이 반도체가 용인시의 먹거리라고 자랑할 만큼, 정성을 쏟는 프로젝트이다.

물론 이러한 계획은 하루아침에 나오지 않는다. 그 출발점은 바로 산업부에서 2019년에 발표한 '반도체 특화 클러스터 조성 추진'으로 시작된다.

## 반도체 특화 클러스터 조성 추진

반도체공장 증설 필요성에 대해 SK 하이닉스에서 산업부에 요청하자, 국토부에서는 이례적으로 제 3차 수도권정비계획까지 수정하면서 용인시에 투자를 할 수 있는 산업단지를 새로 지정했다. 총 122조 원의 사업비가 발생하며, 4개의 공장을 순차적으로 짓되 첫 번째 공장은 2023년부터 착공되어 양산을 시작한다는 계획이다.

이에 2021년까지 관련 계획을 위한 법안 수정, 토지공사 등이 진행된다는 예상계획이 제시되었고, 최종적으로 2021년 3월말에 용인 반도체 클러스터가 들어설 산업단지 계획에 대한 최종 승인이 떨어졌다.

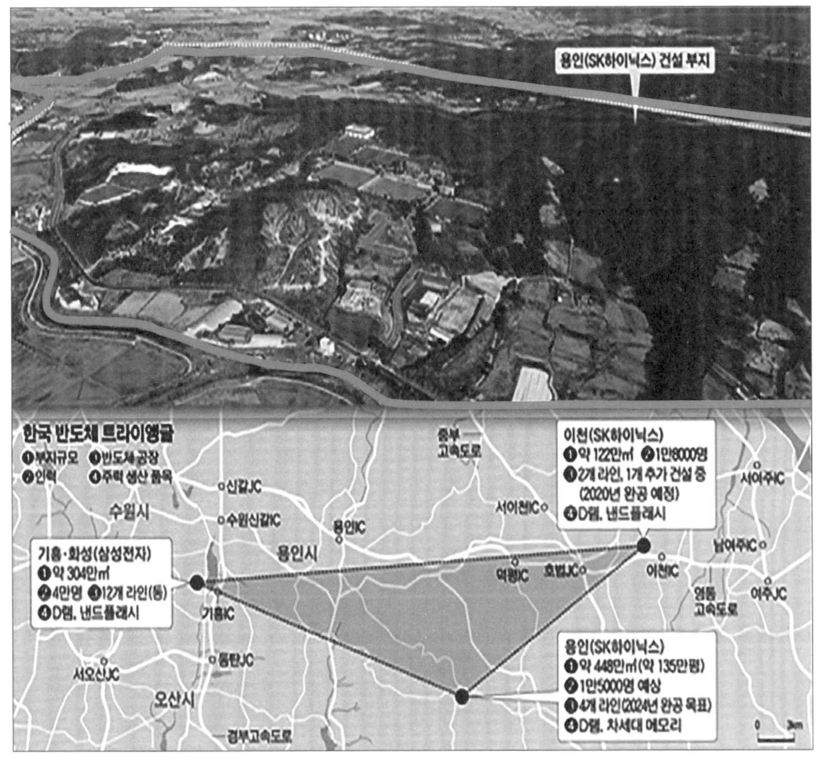


## 용인 반도체 클러스터 일반산업단지 관리기본계획 고시

산업단지로 특별 지정되어 산업으로 육성되는 만큼 용인시 관리기본계획 고시가 떨어졌고, 산업단지 외 준용산업(전기공급시설)까지 승인고시가 떨어진 상황이다.

## 용인 반도체 클러스터 산업단지계획 최종승인

관련주제시계열 →

산업통상자원부 산업정책실 소재융합산업정책관 반도체디스플레이과 | 2021.03.30 | 4p | 정책해설자료

산업통상자원부는 3.29(월) 용인 반도체 클러스터 산업단지계획이 승인·고시됨에 따라 산업단지 조성을 위한 행정절차가 마무리됐다고 밝혔다.

- 이번 산단계획 승인으로 사업이 본격 시행될 용인 반도체 클러스터 조성사업은 총사업비 120조원이 투입되는 반도체 산업 대표 민간 투자 프로젝트로 '21년 중 착공, '25년초 1단계 팹이 준공될 예정임.

- 산업부는 '19.3월 정부합동 투자지원반을 구성해 관계부처·지자체·인프라조성 공공기관의 전방위적 협조를 이끌어 냈으며, 그결과 ①1차분 공업용수 확보, ②2개 송전선로 구축 협의, ③농지·산지 적용 등 인·허가 등을 적기 지원함.

- 아울러, 정부는 제6차 소부장 경쟁력위원회를 거쳐 지난 2월 용인 반도체 클러스터를 '소부장 특화단지'로 지정하여 글로벌 수준의 클러스터 육성을 위해 맞춤형 지원할 수 있는 제도적 근거도 마련함.

<붙임> 용인 반도체 클러스터 조성사업 개요

총 122조 원을 투자해 50개 이상의 소재, 부품, 장비 협력사까지 유치하는 이 조성사업은 약 17,000만 명의 신규고용, 513조의 생산효과, 188조의 부가가치를 유발한다. 계획 발표 후 거의 1년 만에 가시적인 성과가 나온 이유는 우리나라 수출 최고의 품목이 바로 반도체이기 때문이다. 게다가 미국이나 중국도 자국 내 반도체 생산 역량을 강화함에 따라 국내 공장 증설의 필요성이 더 부각되게 되었다.

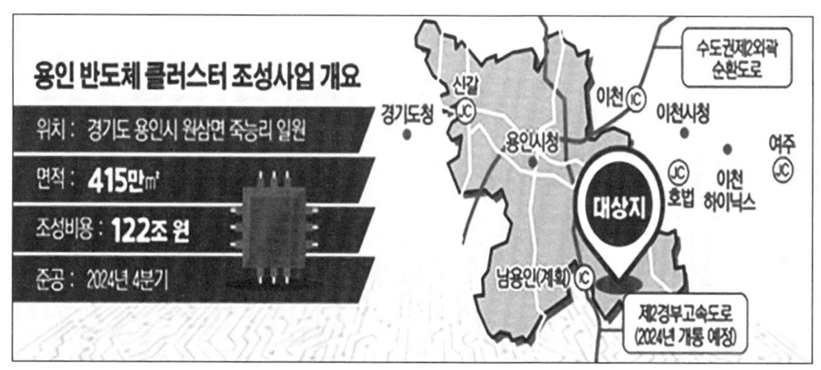


그러나 공장이 들어오게 되면 꼭 필요한 게 있다. 바로 공장을 운영하는 데 쓰이는 대량의 전기와 물이다. 그렇다 보니 2021년 3월에 발표된 보도자료에서는 공업용수와 송전선로, 그리고 인허가 적시 지원을 위해 용인 반도체 클러스터를 '소부장 특화단지'로 지정해서, 관련 법령도 개설했다.(소부장특별법 §48)

## 쉽지 않은 진행 상황

윤석열 대통령이 "반도체 드라이브" 슬로건을 내세웠던 것을 고려하면, 정부에서도 반도체의 중요성을 면밀히 챙기는 분위기이다. 그러다보니 제 1차 산업전략원탁회의도 SK하이닉스 이천캠퍼스에서 진행할만큼 그 중요성이 대단히 컸다.

하지만 문화재 발굴, 지정물 보상, 지자체 인·허가와 토지보상절차 지연, 여주시의 공업용수 지원 반대로 인해 발목이 잡히자 이를 질타

하는 목소리도 나왔다.

여주시의 반대 이유는 타당한데, 관로 설치에 따른 농업용수 고갈과 개빌제한 등으로 인해 여주시는 오히려 불이익만 떠안을 수밖에 없다는 입장이다. 하루에 필요한 공업용수 57만 3천 톤(여주시 추산), 결코 적은 양이 아니다.

산업부가 경기 평택과 용인 반도체 단지에 전력과 용수를 지원하겠다고 발표했지만 기획재정부와 예산 협의없이 일방적으로 발표한 듯하다. 재정부로부터 예산안이 받아들이지 않아 전면 백지화가 될 위기에 처해 있다.

화가 난 여주시민들의 시위현장 사진

예산 규모는 반도체 공장의 전력, 용수기반 구축 용도로 1조 원이 반영되어야 하는데, 기획재정부의 입장은 강경하다. 국민의 혈세로 이미 건설 중인 공장에 정부예산을 투입하는 건 기업의 비용 줄이기밖에 되지 않는다는 점이다.

게다가 남한강 공업용수 취수로 사용하는 것으로 인해 여주지역 시민들은 상생촉구를 결의하며 시위에 나섰다. 남한강을 1급수로 유지하기 위해 여주시는 개발제한 등으로 계속 묶여 있다 보니 발전이 더딘 지역이다.

그렇게 지킨 물을 공업용수로 쓴다니 화가 날 수밖에. 주민들은 아예 "팔당상수원 보호구역 해제" 촉구까지 나선 상황이다. (참고로 이런 상수원 보호구역이 붙으면 모든 개발행위가 제한된다.)

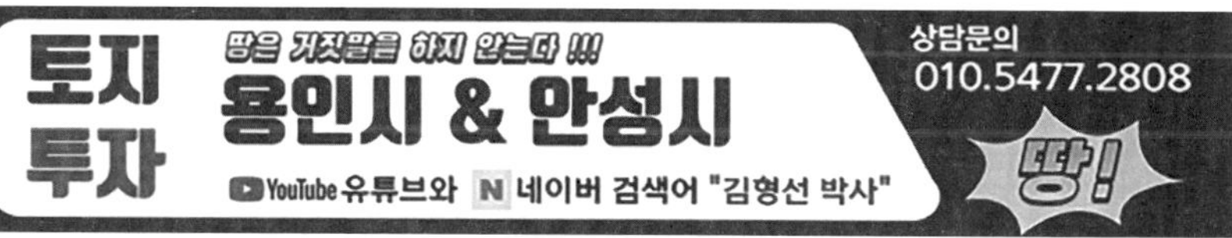


## 수용보상도 엉망, 수용재결 사유지 75% 적용

기본적으로 SK하이닉스는 사유지의 75% 정도를 토지소유주와 협의 취득한 후 수용재결을 신청해야 하는데, 전체 사업부지의 56%에 대해서만 동의서를 징구한 뒤 중앙토지위원회 심의를 신청했다. 보통 재결승인이 되면 사업시행 이후 올라간 시세에 대해서는 보상이 안 되는데, 빨리 신청해 승인이 나면 시세보다는 적은 헐값 보상을 받을 것 같다 보니 화가 나서 시위에 나선 것이다.

**※ 수용재결**

50% 이상 토지보상이 된 경우 사업시행자가 신청하면, 공익을 위해 국가 명령으로 토지의 권리를 강제로 징수해 시행자측으로 소유권을 옮기게 된다. 보통 경기도에서 수용재결을 평가할 경우 원래 토지보다 평균 2.5% 올라간다.

몇 십 년 걸릴 일을 1년 만에 추진해서 무리하게 진행하다 보니 잡음이 끊이지 않을 듯하다. 토지소유주들 입장에서는 상당히 억울하긴 하지만 SK와 상생 방안이 적극 요구된다.

## 초격차를 위한 SK의 결단

게다가 경기가 안 좋아지다 보니 업황에 대한 불안이 커지는 가운데, SK하이닉스가 최근에 발표한 청주 공장 투자 보류의 입장을 번복하고 다시 향후 5년간 15조 원 규모의 M15X(eXtension)건설 계획을 발표했다. 참고로 하이닉스의 공장은 경기도 이천(D램), 충북 청주(낸드 플래시)로 나뉜다.

**SK하이닉스 청주 공장 증설 계획**

- 사업부지 : 청주 테크노폴리스 산업단지 내 32만 3천 ㎡
- 투자비 : 4조 3천억 원(당초 계획안)
- 공장 종류 : M17 증설

SK하이닉스 주요 반도체 공장

| 위치 | 공장 | 생산 제품 | 생산 시기 |
|---|---|---|---|
| 경기 이천 | M10 | D램·이미지센서 | 2005년 3분기 |
| | M14 | D램·낸드 | 2015년 3분기 |
| | M16 | D램 | 2021년 1분기 |
| 충북 청주 | M11 | 낸드 | 2008년 2분기 |
| | M12 | 낸드 | 2012년 2분기 |
| | M15 | 낸드 | 2018년 4분기 |
| | M15X | 미정 | 2025년 초 예정 |

*자료=SK하이닉스



그러다 보니 2022년 5월에 한차례 연기된 착공식도 7월에 또 연기되어서 미로 속에 갇혔다. 아마 5월에 이미 신청한 수용재결이 10월중에 결과가 나오면, 이에 따라서 착공식도 확정이 될 수 있을 것으로 보인다.

말도 많고 탈도 많지만, 수출품목 1위 반도체를 증설하기 위해 "여주시, 너희가 희생해!"라는 입장을 보는 것 같은데, 산업 논리로 보면 맞는 것 같아서 어느 한 편을 들기도 참 어렵다. 어쨌든 용인시 처인구 원삼면에 공장이 들어오면 상전벽해로 바뀌게 될 모습이 기대된다.

용인시에 의하면 기흥구와 원삼면을 'ㄴ자' 형태로 잇는 용인 반도체 벨트를 조성하는 것이다. 기흥구 일대에 들어설 '용인 플랫폼 시티' 안에 소부장 연구 및 제조시설을 늘리고, 삼성전자 기흥캠퍼스의 확충, 램리서치 · 세메스 등 반도체 장비기업 등의 기흥 투자를 이끌겠다는 내용도 담을 예정이다. 이동읍에 제2 용인테크노밸리를 만들고 원삼면에 용인 반도체클러스터를 조성해 글로벌 경쟁력을 가진 견고한 반도체 생태계를 만든다는 전략이다.

용인 반도체 고속도로 예상 노선도

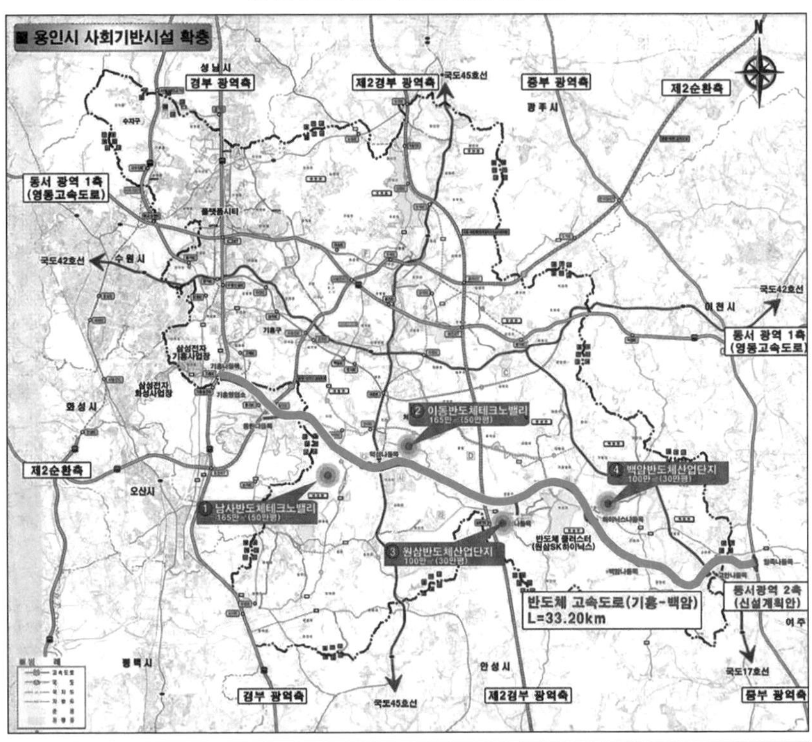

# 용인을 주목하라

부동산 대책 발표 후 수많은 전국의 전문가들이 앞을 다퉈 자신이 분석한 예측들을 매체에 올리고 있으나 수많은 시·도들이 언급되는 가운데 유독 용인시에 대한 언급이 없어 그에 대한 이야기를 해보고자 한다.

향후 5~10년간 전국 지자체에서 가장 뜨거울 곳이 용인시라는 생각이 드는 건 필자만의 생각일까?

일단 많은 전문가들이 의왕, 과천, 안양 등을 언급했는데 일자리의 총량이 늘어나지 않는 상승이라 조금 아쉽다. 일자리 증가에 따른 건전한 계단식 상승이 좋다고 보는데, 수도권은 평택을 제외하고 기업들이 유지되거나 빠지고 있는 추세라는 생각이 들지만 용인시는 그렇지가 않다.

용인시는 오히려 반도체 관련 양질의 기업들이 꾸준히 생겨나고 있으며 SK하이닉스라는 초거대 확정 호재와 용인 플랫폼시티라는 대형 개발이 공존하는 곳이다. 향후 용인은 단순 부동산 규제에 의한 반사적 심리-투자수요에 의한 상승(풍선)과 더불어 상당한 양의 일자리 신설-이전에 따른 실수요를 바탕으로 상승세가 펼쳐질 수 있을 것이라 본다. 일자리와 교통호재가 대기 중인 곳은 모든 악재를 이겨내며 어떻게든 우상향하기 마련이다. 아래에 그 근거들을 들어보았다.

## 늘어나는 일자리와 빨라지는 교통

용인 플랫폼시티(경제신도시)와 GTX 용인역(현 구성역)을 중심으로 5.9조의 정부 예산이 투입되는 '경기 용인 플랫폼시티'가 곧 삽을 뜬다.

경기 용인 플랫폼시티 조성사업은 용인시 기흥구 보정동, 마북동, 신갈동 일원 약 275만 7,000㎡(약 83만 평)에 조성되며, 총사업비 5조 9,646억 원이 투입되는 큰 사업이다. GTX 용인역 자리는 착공을 위한 준비 중에 있다.

## GTX 용인역

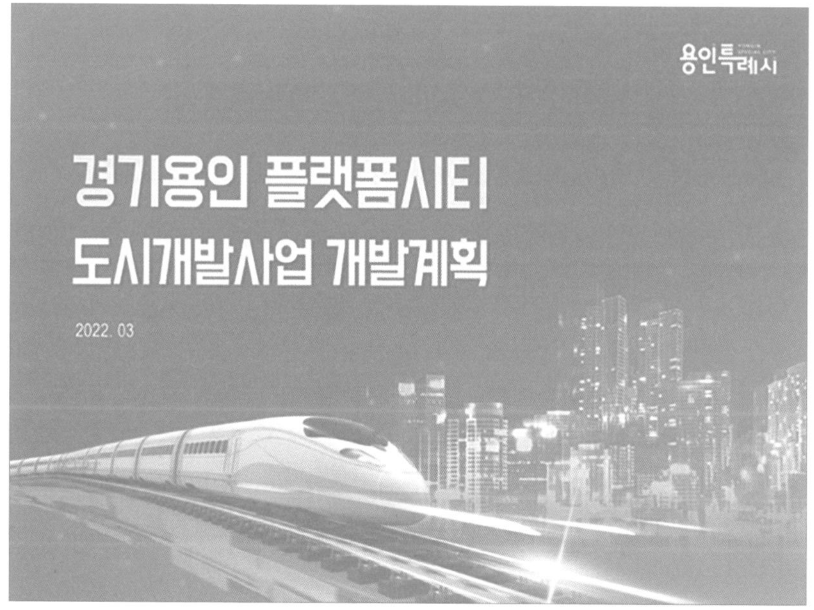


출처 : 용인시민신문

### 시사점

국가 예산만 6조 가까운 돈이 투입된다. 전국에서 이 정도 규모의 땅에 6조 원이나 되는 돈이 투입되는 사업은 없다. 죽전역, 보정역, 구성역, 신갈역, 기흥역 분당선 라인과 신분당선 일부가 둘러싸고 있다. 그리고 기흥역과 연결된 동백지구로 향하는 용인 경전철이 있다. 향후 많은 종류의 수많은 일자리가 플랫폼시티에 집중될 것이고, 이는 인근 부동산의 실수요를 불러일으킬 것이다.

용인경제신도시(플랫폼시티) 개발계획 구역과 조감도

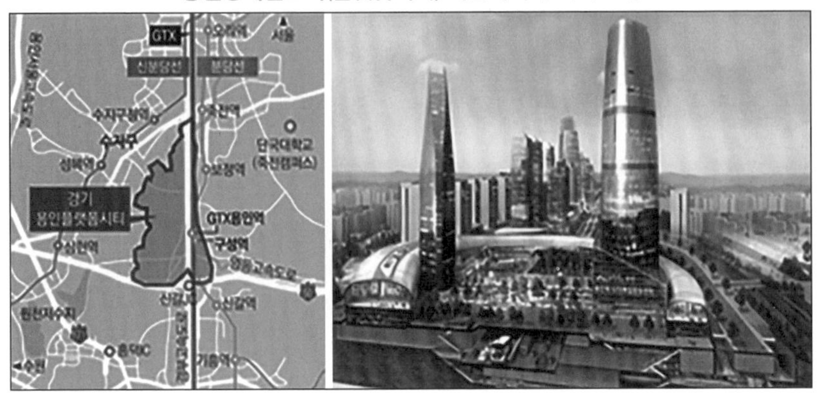


## 용인 처인구 SK하이닉스 120조 투자

SK하이닉스는 용인시에 1조 6,000억 원, 산업설비에 120조 원 등을 포함, 총 122조원을 투자해 '용인 반도체 클러스터'를 구축할 계획이다. 생산유발효과 513조 원, 부가가치유발 188조 원, 일자리 2만여 개, 취업유발효과는 148만 명에 달하는 경제효과가 예상된다고 한다.

### 시사점

122조 원에 달하는 투자가 논밭/야산이던 땅을 갈아엎고 투입되는 것이어서 천지개벽이 예상된다. 하이닉스가 위치하게 될 처인구 원삼면은 당연하고, 위로 역북,역삼 · 기흥 · 신갈 · 수지 · 죽전 아래로 동탄, 옆으로 수원까지 그 호재를 모두 나눠줄 것이다.

SK하이닉스 공장 완공 후 가동이 시작되면 해당 지역의 경제가 전에 없던 호황을 누릴 것이며, 이는 확정 호재다. 그냥 기다리면 실현되는 것. SK하이닉스와 반도체클러스터 주변 지역에 투자하지 않을 이유가 없다. 느긋하게 기다리는 것도 투자다.

## 램리서치 한국 이전과 용인 반도체 클러스터의 의미

세계적인 반도체 장비 기업 미국 '램리서치(Lam Research)'가 경기 용인시에 반도체 R&D 센터를 건립한다. 용인시와 램리서치는 연구·개발센터인 '한국테크놀로지센터'를 기흥구 지곡일반산업단지에 건립하기 위해 산업용지를 수의계약으로 공급하는 내용의 업무협약을 체결했다.

### 시사점

램리서치 용인 이전은 그 상징성이 크다고 볼 수 있겠는데, 삼성전자 반도체 공장과 앞으로 지어질 처인구 SK하이닉스의 중간에 용인 기흥구가 위치하고 있어 용인시가 향후 글로벌 반도체 클러스터로 성장할 수 있다고 본다.

## 판교 이남 분당선 라인의 기업 유치 러시

네이버 제2사옥, 현대중공업 통합 R&D센터, 두산그룹 7개 핵심계

열사, 드림시큐리티 등이 정자동에 사옥 이전.

예상 인원 2만 명. 2023년초 입주 완료.

**시사점**

현재 상대적으로 저렴한 용인으로의 인구 유입이 될 가능성이 높으며 '신축' 선호 현상에 따른 분당선 신축/준신축을 찾을 것이다. 최근 준신축 신갈역세권이 높은 가격에 거래되는 것이 포착되고 있다. 정자역과 직결되는 분당선 초역세권 신축은 현재 기흥역세권이 유일하지만 앞으로 일부 공급이 예정되어 있다.

## 용인 동백 세브란스 병원 개원과 의료산단

대학병원인 세브란스가 용인 동백의 중심에 자리를 잡고 있다. 755병상으로 시작하여 2천 병상까지 늘릴 계획이라고 하는데 인력 규모 2천 명 수준으로 시작하여 확대 예정이라고 한다.

#### 시사점

앞으로 계속 '확장할' 계획이라 지속적인 직간접 일자리 창출이 있다고 볼 수 있으며, 의사들을 비롯한 고소득자들도 일부 이사를 오면서, 용인시에서 추진하던 의료산단 추진도 예정하고 있다.

### 기흥 ICT 밸리

큰 규모는 아니지만 상주 인원 6천 명 정도의 일자리 이전 및 신설. 분당선 기흥역 도보 6~7분 거리.

#### 시사점

분당선 초역세권 유일한 신축인 기흥역 근처에 호재가 참으로 많다. 주택지 공급은 물론 기업과 일자리가 계속 이전하고 있다. 기흥역 도보 6분 거리에 문화시설을 갖춘(CGV, 도서관, 건강검진센터 등) 지식산업센터 세 동이 들어오는데 상주 인원은 6천 명 이상을 예상하고 있다.

용인 수지구 신축들에서 가격의 상방을 열어주고 용인 여기저기 신축들이 하방 또한 다져주고 있는 모습이다. 기흥역세권이 중간에 끼어 있다고 볼 수 있다.

### 좋아지는 교통편

GTX-A외에도 이슈들이 많이 있다. 분당선 동탄-오산 연장과 에버라인 광교 연장, 인덕원선 개발 등이다. 동탄만 협조해 주면 무조건 통과라는 말이 있고, 에버라인 광교 연장과 인덕원선은 확정된 호재이고 삽을 뜨면 되기 때문에 이런 교통 호재도 놓칠 수 없다.

#### 시사점

사실 미확정 호재인 분당선 연장, 분당선 급행, 신분당선 연장의 호재가 파급력이 굉장히 크며, 확정이 된다면 또 한 번의 시세 변화가 있을 것이다.

# 부동산투자는 왜 안성인가?

## 안성시, 미래 지도 '2040 도시기본계획' 수립

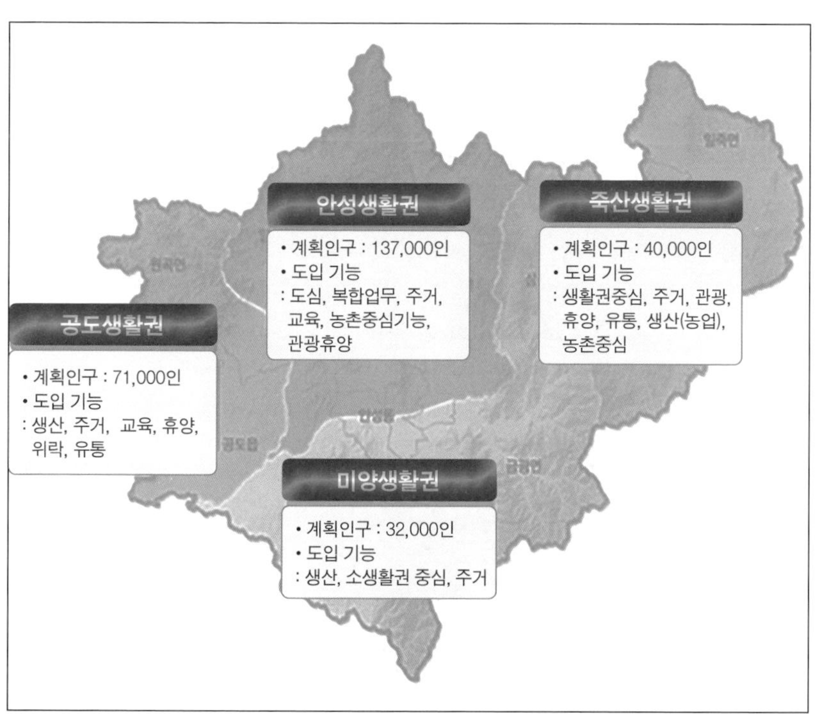

안성시는 2040년까지의 도시의 기본적인 공간구조와 장기발전 방향을 제시하는 종합계획인 도시기본계획을 수립하고 있다고 밝혔다.

'2040 안성 도시기본계획'은 안성의 미래 개발예상 시도 전체 면적인 553.4㎢를 대상으로 지속 가능한 도시발전 방안을 구상하고 도시비전에 맞는 공간전략을 계획 수립하는 것이다.

이에 안성시는 ▷2030년 안성도시기본계획 평가 ▷2040 안성 미래비전 설정, 핵심 이슈 및 부문별 계획 수립 ▷2040 안성도시기본계획 부문별 계획 모니터링 지표 설정 ▷안성 및 주변 도시의 미래 변화 예측을 통한 장기발전 구상 등을 추진할 계획이다.

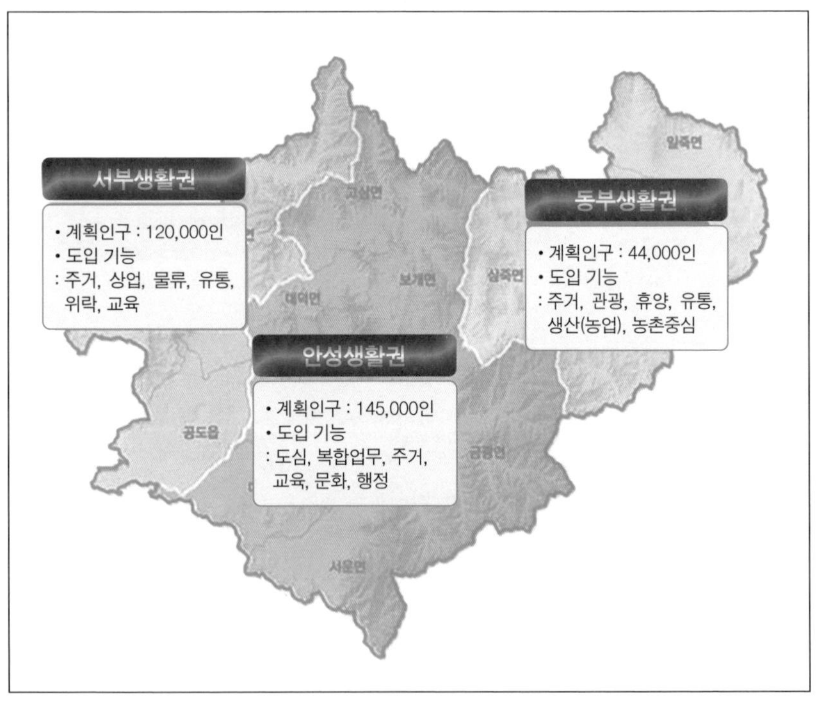

안성시는 효율적인 도시기본계획 수립을 위해 안성시 성장관리계획을 추진해 서부지역 내 무질서한 개발 방지와 지역 특성을 고려한 계획적 개발을 유도하고 있다.

안성시 도시정책과는 '2040 안성도시기본계획'은 이전의 '2030 안성도시기본계획'에서 불합리하게 지정되었거나, 현재 토지이용현황과 맞지 않는 도시계획시설에 대해 주민 불편 사항을 해소하고 합리적인 토지이용이 될 수 있도록 도시관리계획을 결정(변경)한다고 밝혔다.

## 2030 안성시 도시기본계획의 공간 구조

특히 자연녹지지역 내 1만 ㎡를 초과하는 '대규모 물류 시설'이 계획입지가 아닌 개별 입지로 기반시설 부족 및 환경훼손 등 여러 사회적 문제(민원)를 초래함에 따라 대규모 물류시설 입지 운영방침을 자체적으로 마련하여 난개발을 방지할 수 있도록 선 지구단위계획수립 후 개발행위 허가를 통한 계획적 개발을 지속적으로 추진한다는 방침이다.

안성시 관계자는 "민간개발의 과도한 개발이익에 대한 공공기여 적정성 확보를 통한 공공기여 종류, 범위, 방법 등에 대해 논란을 방지하여 민간 사업시행자의 원활한 사업 추진이 기대된다"고 말했다.

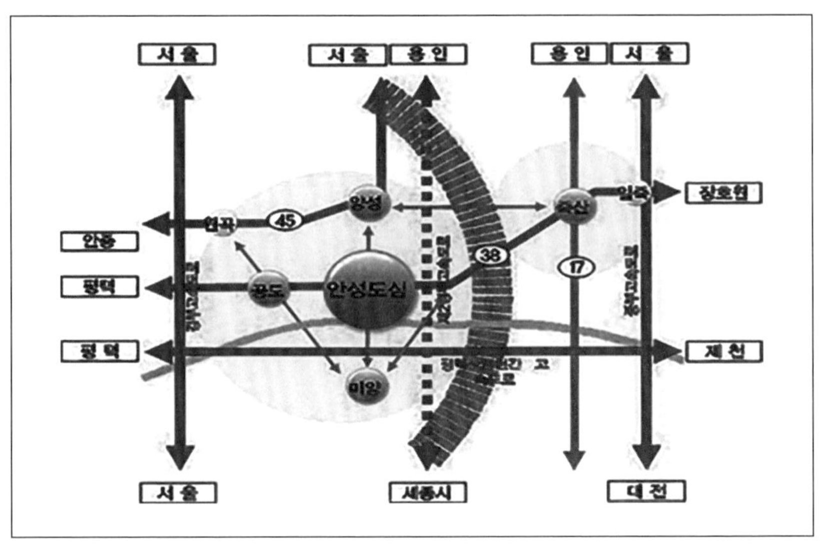


한편, 안성시의 2015년 '2030 안성도시기본계획'은 계획 수립 당시 여건 변화를 반영해 안성시 개발축의 변화(안성생활권 → 공도생활권), 아양택지개발사업의 축소(402만 3,000㎡ → 82만㎡) 등의 요인들을 반영했다.

따라서 안성시가 '2040 안성도시기본계획' 수립 과정에서 여건 변화 요인으로 어떤 사업들을 반영할지와 인구계획, 개발 가능 용지 확보 방안, 토지이용계획의 변경 등에 관심이 모아지고 있다.

그렇다면 안성시 토지투자의 개발 호재는 무엇일까?

1. 경기도 안성시 토지투자를 위해 생각하고 있다면 미리 개발 호재

를 정리하고 변화 발전에 맞춰 얼마만큼의 투자 수익을 확보할 수 있을지 확인하여야 한다. 교통, 산단, 철도노선, 기타 무엇이 어떻게 바뀔 수 있는지 함께 정리해보기로 한다.

2. 안성시 주요 호재

고속도로 교통망 개선, 안성시 투자 가치가 올라갈 수밖에 없는 첫 번째 이유는 바로교통, 즉 고속도로 교통망 개선  때문이다.

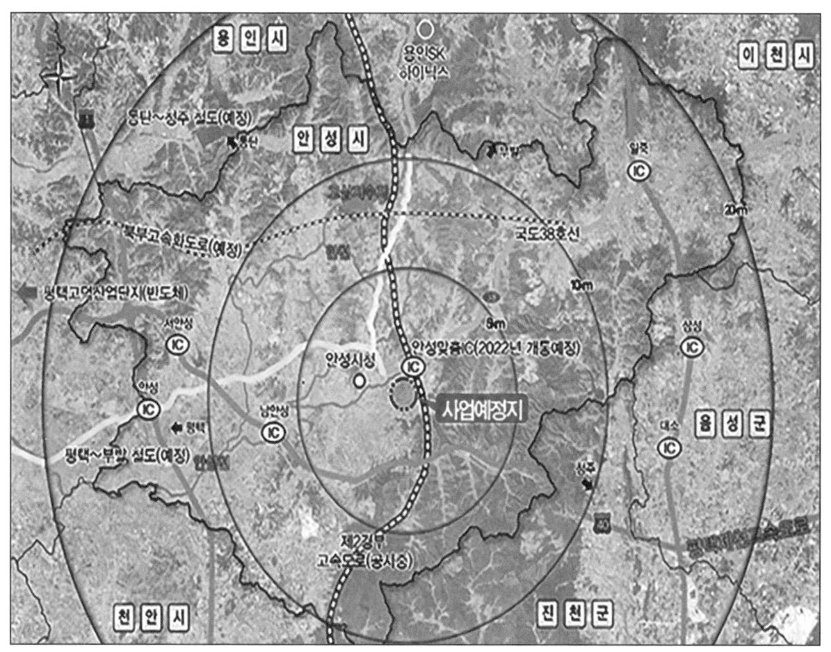


신규로 개설되는 서울-세종 간 고속도로 호재를 살펴보아야 한다.

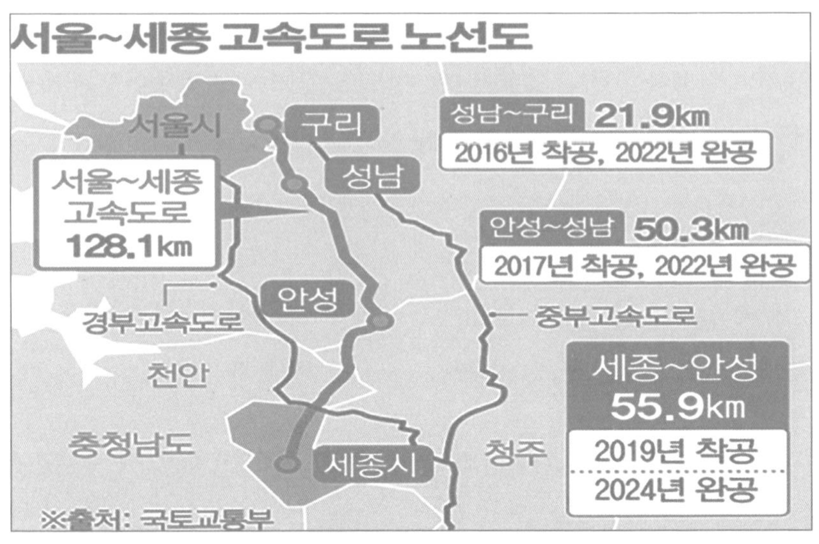


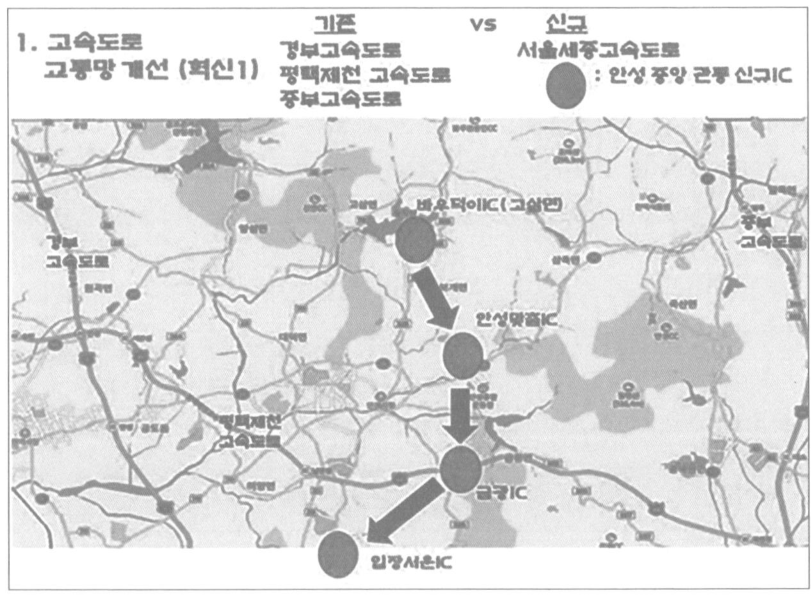


세종~포천 고속도로는 안성시 중앙을 관통한 신규 IC를 이용하여 인접 도시로 더욱 발 빠르게 이동할 수 있게 되었다.

### 산업단지 조성

기존 산업단지만이 조성되어 있던 안성시의 투자 가치가 높아질 수 있는 이유를 살펴보자면 주요 대기업 투자로 인한 신규 산단  때문이라고 말할 수 있다.

용인 SK하이닉스반도체산단을 시작으로 한화그룹의 안성테크노밸리, 신세계그룹이 고삼 스마트 IC 투자를 하며 보개면 남풍리 삼성그룹까지 투자를 하는 등 향후 안성은 비약적인 발전을 할 것이다.

### 철도 노선

동탄과 청주 공항으로 연결되는 철도가 안성 철도역을 통해 연결될 예정이다.

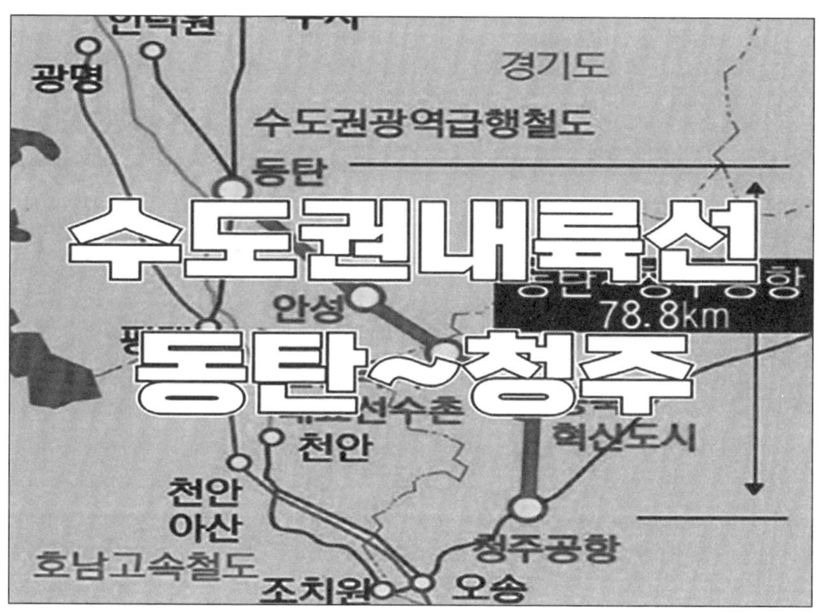

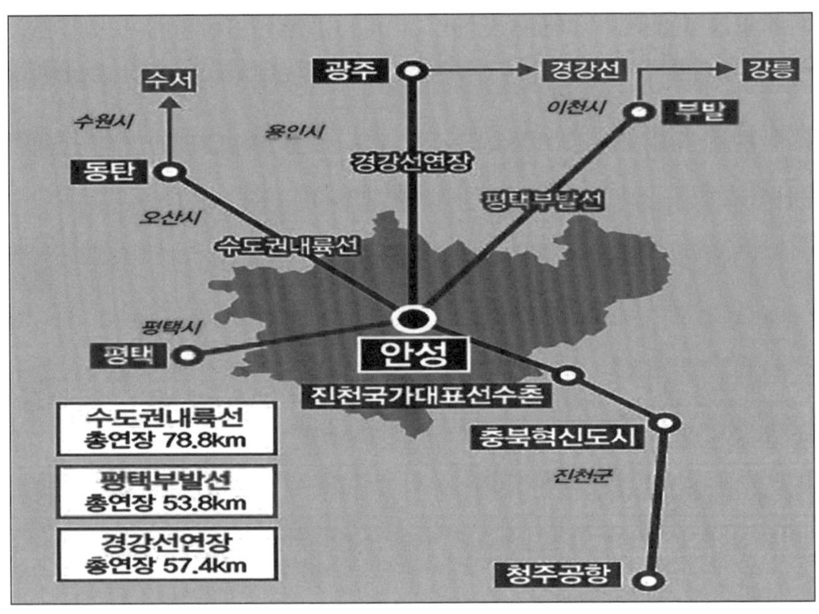


## 대규모 택지개발

앞서 미래 호재 내용으로 보개면 동신산단, 양성면, 서운면, 미양면 등 추가적인 몇 개의 산업단지 조성에 따라 추후에 대규모 택지개발이 예상되고 있어 안성시 투자에 더 높은 관심을 두는 투자자가 크게 늘어나고 있다. 몇 군데의 후보지 가운데 신규 대기업들의 투자 유치가 진행 중이다.

한화, 용인 SK, 신세계그룹, 삼성그룹 등을 눈여겨 볼 수 있으며 보계면 동산리 48만평 산단과 미양면 구례리 SK테크노폴리스, 보개면 가율2산업단지, 서운면 제5산업단지까지 확인해볼 수 있다.

국도와, 밀집된 산업단지의 상황에 따라 대규모 택지개발이 진행된다면 안성시 토지의 투자 가치는 크게 향상될 수밖에 없다. 수도권과의 접근성이 좋으며 산업단지의 인력이 상주할 수 있는 위치가 선정되어야 하는 만큼 많은 이들이 주목하고 있다.

위와 같은 안성시의 개발 호재 이유로 자연스레 안성시 투자 관심은 높아지고 있으며 이미 투자라는 것은 타이밍이 가장 중요하다는 것을 알고 있을 것이다.

안성역 철도 확장 외 수많은 호재 정보가 공유됨에 따라 토지를 매입하려는 움직임이 빨라짐을 확인할 수 있다.

# 김형선 박사가 선정한 땅 투자 명언 100선

001. 가격 상승기에는 신중하고 치밀하게 분석하여 과감하게 계약을 진행시켜라.

002. 인간도, 사업도 나를 속일지언정 땅은 절대 나를 속이지 않는다.

003. 개인이 택지를 조성한 땅이나 형질변경을 해놓은 땅은 팔 때 제값을 받지 못 한다.

004. 거주하고 있는 시·군·읍·면 지역의 땅을 사면 유리하다.

005. 유능한 포수는 새가 날아가는 방향으로 총을 겨누듯이, 진정한 땅 투자가는 개발지역 주변 땅에 투자를 한다.

006. 겨울이 땅을 매매하기 가장 좋은 계절이다.

007. 공동묘지는 명당자리이므로 오래된 공동묘지 진입로 주위 땅을 노려라.

008. 공동지분의 땅은 장기전을 견딜 수 있는 사람이 승리한다.

009. 공유로 땅을 산다면 마음이 통하는 지인과 함께 투자하라.

010. 관공서나 공공시설물 옆에 있는 땅은 친화력이 떨어지므로 사지 말라.

011. 장화 신고 들어가는 값 싼 땅을 사서 구두 신고 나와라.

012. 기회는 땅을 사는 것이며, 배짱은 땅을 파는 것이다.

013. 남남 간에 공유로 땅을 사놓으면 반드시 분쟁이 생긴다.

남남 간에 공유로 땅을 사놓으면 반드시 분쟁이 생긴다

014. 내 땅을 누가 사려고 덤벼들면 그 내용을 파악하는 데 주력해라.

015. 넓은 하천변 땅은 생각하지도 말아야 한다.

016. 다른 재테크에 눈을 돌리지 말고 여유가 있으면 땅을 사라.

017. 당장 쓸모없는 땅일지라도 개발이 되면 양지가 될 땅을 골라라.

018. 대를 이어가며 잘사는 부자들은 계속해서 땅을 사둔다.

019. 도시 근교의 계획관리지역을 집중공략하면 단기차익을 얻는다.

020. 돌아다니면서 떠도는 땅을 잡아라.

021. 땅 주변 사람들과 인간관계를 원만하게 유지하고 형성해 두면 매매에 큰 도움이 된다.

022. 땅 중에는 쓰지 못하는 땅은 없다.

023. 땅 중에서 주택 옆에 붙은 것은 투자에 매력이 없으므로 사지 마라.

024. 투자가 아닌 땅 투기는 패가망신의 지름길이다.

025. 땅 투기지역은 투기가 식은 다음 가서 사야 좋은 땅을 만난다.

026. 땅 투자는 망설이다보면 기회가 없다.

꾁!
매매
땅
땅 투자는 언제라도
매매가 가능한 상품을 대상으로 해라 !!

027. 땅 투자는 분산투자가 원칙이다.

028. 땅 투자는 빠져 나올 때를 항상 생각하고 투자에 나서야 한다.

029. 땅 투자는 언제라도 매매가 가능한 상품을 대상으로 해라.

030. 땅 판 돈의 절반 이상은 다시 땅 사는 데 재투자해라.

031. 땅값이 싸다고 대출을 일으켜 사면 이자에 치여 종자돈까지 날릴 수 있다.

032. 장롱 속에서 땅문서가 묵은 땅이라면 무조건 사야 한다.

033. 땅은 결코 자기 주인을 배반하지 않는다.

034. 땅은 겉포장만 보고 판단하면 낭패를 보는 수 있다.

035. 땅은 땅값을 톡톡히 받으려면 꼭 필요한 사람에게 팔아야 한다.

036. 땅은 부동산 경기가 침체 내지 불황에 사야 돈방석에 앉는다.

037. 땅은 소문내지 말고 자랑도 하지 말고, 보석이나 가보처럼 다뤄라.

038. 땅은 인간을 속이지 않으며, 단시일 내에 일확천금도 없다.

039. 땅을 억지로 팔려면 손해 보고, 사기 위해 서두르면 비싸게 매입한다.

040. 땅은 오래 가지고 있을수록 효자가 된다.

041. 땅은 오래 삭힐수록 좋다.

042. 땅은 원시림을 사 두어야 투자가치가 있다.

043. 땅은 겉 포장만 보고 판단하면 낭패를 볼 수 있다.

땅은 겉포장만 보고 판단하면
낭패를 보는수 있다.

044. 땅은 조금씩 사모아야 한다.

045. 땅은 주색잡기나 사업투자, 친구 보증 서면 도망간다.

046. 땅은 사람에게 기氣가 꺾이면 손실을 본다.

047. 땅을 산 뒤 급하게 팔려고 내놓으면 돈벼락은 날아간다.

048. 땅은 5년 가지고 있으면 인삼, 10년 이상 가지고 있으면 산삼이 된다.

049. 땅을 살 때는 검토를 열 번만 해서 결정하고, 팔 때는 백 번을 생각하면서 신중하게 팔아라.

050. 땅을 살 때는 정확하고 신중하게 생각하고 번개처럼 계약해야 한다.

051. 땅을 살 때는 옆 땅을 이길 수 있는 묘책을 강구해라.

052. 땅을 살 때는 평지의 땅을 사야 반드시 위험과 비용을 줄일 수 있다.

053. 땅을 샀다면 소문내거나 설치지 마라.

054. 땅 투자는 신중하면서도 단순무식하게 투자하라.

055. 땅을 샀으면 적합한 용도를 찾는 데 노력해야 한다.

056. 땅을 일단 샀다면 배짱을 두둑이 가지고, 몇 배 이상 수익이 나지 않으면 팔지 마라.

057. 땅을 팔 때 여러 중개업소에 다니면 땅값은 똥값이 된다.

058. 땅을 팔 때는 절대 서둘러서는 안 된다.

059. 땅을 살 때는 매도인의 땅을 팔려는 정확한 의도와 형편을 세심하게 살핀다.

060. 부자들은 계속해서 땅을 사고 모은다.

061. 땅의 매력을 알려면 일단 사봐야 한다.

062. 땅의 성질을 아는 사람이 싸게 먹는다.

063. 땅의 쓰임새는 다양하므로 쓸모가 없다고 하는 땅을 노려라.

064. 땅이 팔리지 않는다고 교환하면 사기당하기 십상이다.

065. 땅의 성형수술을 하는 비법을 발휘하면 돈방석에 앉는다.

066. 맹지는 절대금물 특히, 산속 깊이 묻힌 맹지는 쳐다보지도 마라.

067. 못 팔아서 쩔쩔매는 땅부터 하나씩 사들여라. 넓은 땅을 확보하면 승산이 있다.

068. 못생긴 땅을 샀다면 옆 땅 또는 앞 땅과 합해라. 얼마든지 쓸모 있는 땅이 된다.

069. 벌어놓은 돈을 땅에 묻으면 달아나지 않는다.

070. 본능적으로 땅을 사면 땅이 알아서 자기 몸값을 부풀린다.

071. 부득이 땅을 팔아야 한다면 믿을 만한 중개업소 2~3곳에만 의뢰해야 한다.

072. 분할된 땅은 땅 기술자가 손을 댄 땅이므로 사서는 안 된다.

073. 불난 땅은 나대지 땅으로 재수가 있으므로 빨리 사라.

074. 산(임야) 밑자락에 붙은 땅을 사면 개발될 경우 진입로가 될 수도 있다.

075. 소액투자는 여윳돈이 있는 친척과 함께 사야 한다.

076. 수익성에 눈이 멀어 안전한 투자를 무시하면 실패할 확률이 높다.

077. 실수로 땅을 팔았으면  무조건 그 돈으로 다시 땅을 사야 만회가 가능하다.

078. 가격이 저렴한 쓸모없는 땅, 흠 있는 땅을 노려라. 적임자에게 받을 만큼 받고 팔면 큰 수익을 챙긴다.

079. 땅은 일을 하지 않아도 주인을 위하여 돈을 벌어다 준다.

080. 약점 있는 땅을 싸게 사서, 적임자에게 비싸게 팔아라.

081. 어려울 때 재기의 발판이 되는 것에는 땅이 최고다.

082. 오염공장이나 축사 주변 땅은 땅값이 똥값이므로 미리 사두는 것이 좋다.

083. 완만한 산 밑자락에 붙은 소필지의 땅을 골라 사둬라.

084. 장기적 안목으로 땅을 살 계획이면, 비싼 전면 땅은 피하고 값싼 뒤 땅을 사는 게 좋다.

085. 재력과 자기 여건에 맞는 땅을 사라.

086. 한 번도 소유권 이전이 되지 않는 원시림 땅은 기가 왕성해서 샀다 하면 큰돈을 벌 수 있다.

087. 좋은 땅을 발전시켜 놓으면 나쁜 땅은 서서히 자기 몫을 한다.

088. 주인이 자주 바뀌는 땅이나 분할 합병이 자주 있는 땅은 손대지 마라.

089. 중개사무소에 가서 아는 체를 하면 땅 보따리를 보여주지 않는다.

090. 중개사무소에서 귀찮게 땅을 팔라고 조를 때 땅값을 10배 높이면 도망갔다가 다시 온다.

091. 중개사무소에서는 적당히 땅을 살 돈 있는 눈치만 보여주면 좋은 땅을 추천한다.

092. 중개업자가 땅을 자꾸 팔라고 조르면 호재가 있는 것이므로 내막을 빨리 파악해라.

093. 직삼각형(송곳형) 땅을 샀다면 합필해라. 그래야 흉사를 막는다.

094. 최고의 재테크 수단은 땅이며, 땅은 돈을 불러온다.

095. 측량하고 경계말뚝을 박는 것은 땅 투자의 기본이다.

096. 큰 필지는 분할해라. 300~500평의 소필지는 팔기가 쉽다.

097. 팔려고 돌아다녀서는 좋은 값 받고 땅을 팔기 힘들다.

098. 땅을 사라. 먼 훗날 당신에게 복이 되어서 돌아올 것이다.

099. 풀릴 것 같은 막연한 기대로 땅 투자에 나서면 백전백패다.

100. 하자 없고 약점 있는 땅을 최대한 싸게 사야 한다.

기본을 넘어 고수의 스킬까지
**땅은 거짓말하지 않는다**

지은이 김형선
발행일 2022년 11월 27일
펴낸이 양근모
펴낸곳 도서출판 청년정신
출판등록 1997년 12월 26일 제 10-1531호
주 소 경기도 파주시 문발로 115 세종출판벤처타운 408호
전 화 031) 955-4923 팩스 031) 624-6928
이메일 pricker@empas.com
ISBN 979-89-5861-227-8 13320

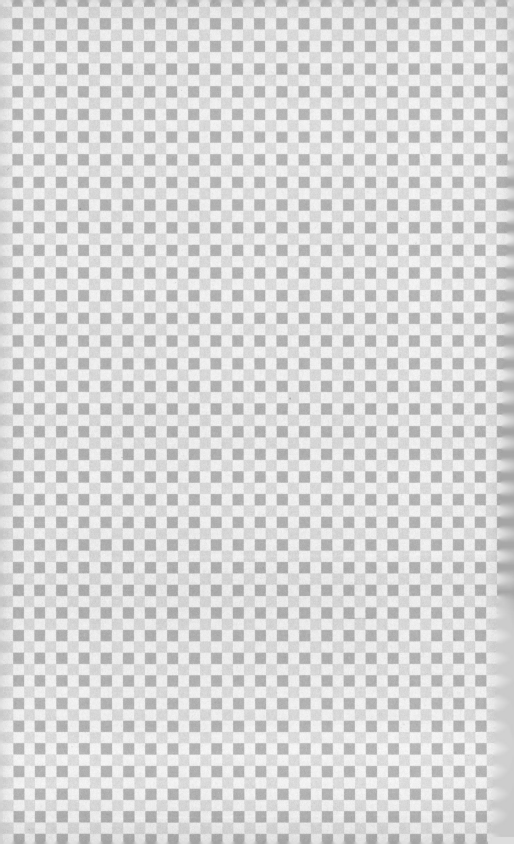